# Representações sociais, identidade e preconceito

## Estudos de Psicologia Social

# Representações sociais, identidade e preconceito

## Estudos de Psicologia Social

Adriano Roberto Afonso do Nascimento
Ingrid Faria Gianordoli-Nascimento
Maria Isabel Antunes-Rocha (Orgs.)

autêntica

EDITORAS RESPONSÁVEIS
*Rejane Dias*
*Cecília Martins*

REVISÃO
*Bruna Emanuele Fernandes*
*Lúcia Assumpção*
*Samira Vilela*

CAPA
*Alberto Bittencourt (sobre foto de Félix Prado / Unsplash)*

DIAGRAMAÇÃO
*Larissa Carvalho Mazzoni*

**Dados Internacionais de Catalogação na Publicação (CIP)**
**(Câmara Brasileira do Livro, SP, Brasil)**

Representações sociais, identidade e preconceito : estudos de psicologia social / organizadores Adriano Roberto Afonso do Nascimento, Ingrid Faria Gianordoli-Nascimento, Maria Isabel Antunes-Rocha. -- 1. ed. -- Belo Horizonte : Autêntica Editora, 2019.

ISBN 978-85-513-0640-6
Bibliografia.

1. Identidade social 2. Preconceito 3. Psicologia social 4. Racismo 5. Relações sociais 6. Representações sociais I. Nascimento, Adriano Roberto Afonso do. II. Gianordoli-Nascimento, Ingrid Faria. III. Antunes-Rocha, Maria Isabel.

19-29793 CDD-302.1

**Índices para catálogo sistemático:**
1. Representações sociais : Identidade e preconceito :Psicologia social 302.1
Maria Alice Ferreira - Bibliotecária - CRB-8/7964

GRUPO **AUTÊNTICA**

**Belo Horizonte**
Rua Carlos Turner, 420
Silveira . 31140-520
Belo Horizonte . MG
Tel.: (55 31) 3465 4500

**São Paulo**
Av. Paulista, 2.073, Conjunto Nacional, Horsa I
23º andar . Conj. 2310-2312
Cerqueira César . 01311-940 São Paulo . SP
Tel.: (55 11) 3034 4468

www.grupoautentica.com.br

# Sumário

# Apresentação

A coletânea de trabalhos reunidos sob o título *Representações Sociais, identidade e preconceito: estudos de Psicologia Social* apresenta um conjunto de contribuições ao debate de temas contemporâneos da área de Psicologia Social realizadas por pesquisadoras e pesquisadores do Brasil, da França e de Portugal. A obra reúne textos de reflexão teórica e relatos de investigação, sempre privilegiando, como tem sido tradição na área, a interlocução com outros campos de saber. Apresentamos a seguir uma breve notícia sobre cada um dos capítulos.

Denise Jodelet, no capítulo "Reflexões sobre os fenômenos representativos", oferece uma importante reflexão sobre a comunalidade das Representações Sociais, sobretudo diante da presença cada vez mais frequente das ciências cognitivas. Propondo o emprego da expressão "fenômenos representativos", ela nos oferece uma abertura no quadro dessa teorização.

Brigido Vizeu Camargo inicia uma discussão sobre a plausibilidade de se considerar a denominada Teoria das Representações Sociais como um paradigma teórico. No capítulo "Um paradigma de teorias sobre as Representações Sociais?", o autor parte da ideia de que Serge Moscovici, já na sua primeira obra, trouxe uma série de "teorias", no sentido que a Psicologia Social costuma empregar, a saber: suposições sobre um fenômeno a serem verificadas.

Jorge Jesuíno, no capítulo "Moscovici entre Kuhn e Popper", oferece uma reflexão epistemológica sobre a noção de paradigma na ciência e especialmente na Psicologia Social da ciência. Essa reflexão busca examinar de forma exaustiva a possibilidade da Teoria das Representações Sociais ter se transformado em um paradigma.

No capítulo "O preconceito acima de todos: racismo e relações de poder", Beatriz Baptista Tesche Rossow, Larissa dos Santos Alves e

Paulo Rogério Meira Menandro apresentam um conjunto de reflexões sobre transformações históricas nas concepções a respeito do preconceito, especialmente do preconceito racial, privilegiando informações, ilustrações e pesquisas referentes ao contexto brasileiro. Enfatiza-se a relação dos preconceitos com as assimetrias nas relações de poder (econômico, cultural, político e de controle da comunicação), pregressas e atuais, que determinam a dinâmica de hierarquização dos grupos constitutivos das sociedades complexas.

O capítulo "Desvelando o preconceito ligado às políticas afirmativas: análise dos posicionamentos de pré-universitários e universitários sobre as cotas nas universidades", de Ana Raquel Rosas Torres, Layanne Vieira Linhares e Hévilla Rodrigues de Freitas, analisa a influência da cor da pele de ex-cotistas (negra ou branca) e do tipo de cotas (social ou racial) nas justificativas dadas por estudantes pré-universitários e universitários à reprovação de um ex-cotista em uma seleção de emprego e se essas variáveis influenciam na percepção de que as cotas aumentam o preconceito na sociedade. Os resultados do estudo são discutidos trazendo à tona o conceito de meritocracia, que seria o princípio organizador da tomada de posição frente às cotas nas instituições de ensino superior públicas.

O capítulo "Representações Sociais de homem na Igreja Universal do Reino de Deus: o Projeto IntelliMen", de Alberto Mesaque Martins e Adriano Roberto Afonso do Nascimento, apresenta uma tentativa de aproximação da Teoria das Representações Sociais dos fenômenos que compõem o campo religioso neopentecostal brasileiro. No texto, os autores identificam e analisam as Representações Sociais de homens no contexto do Projeto IntelliMen, da Igreja Universal do Reino de Deus, com o objetivo apreender o discurso oficial difundido pelos representantes eclesiásticos desse segmento religioso e como eles contribuem para as (re)produções de modos de conceber e exercitar as masculinidades nesse contexto.

O capítulo "Identidades em movimento: estudos sobre discentes que se formam para atuar nas escolas do campo", de Maria Isabel Antunes-Rocha e Luiz Paulo Ribeiro, ao abordar a construção identitária a partir das tramas das Representações Sociais, trabalha o tema considerando os resultados obtidos em um profícuo programa que envolve ações de pesquisa, ensino e extensão articulado com a formação de professores para atuar em escolas que atendem as populações campesinas. Desses estudos, emerge inicialmente o conceito de Representação Social em Movimento e, na sequência, o conceito de Identidades em Movimento.

No capítulo "'No olvidamos, no perdonamos, no nos reconciliamos': construções de memória nas publicações dos sites do grupo Hijos por la Identidad y la Justicia contra el Olvido y el Silencio", que encerra esta coletânea, Janaína Campos de Freitas Breugelmans, Ingrid Faria Gianordoli-Nascimento, Flaviane da Costa Oliveira e Jaíza Pollyanna Dias da Cruz Rocha investigam a construção e a preservação da memória social do grupo HIJOS (Hijos por la Identidad y la Justicia contra el Olvido y el Silencio), organização de direitos humanos composta por filhos de exilados, desaparecidos, mortos e presos políticos durante os regimes autoritários na América Latina, a partir do conteúdo veiculado pelo grupo em seus sites. Mais do que evidenciar o ambiente virtual como espaço ampliado de mobilização política, os conteúdos encontrados e apresentados pelas autoras mesclam memórias pessoais e de diferentes gerações, promovendo o surgimento de uma memória histórica sobre as ditaduras e as violações de direitos humanos.

Esperamos que as/os leitoras/es apreciem esse conjunto de textos e possam utilizá-los como interlocutores em seus próprios trabalhos de investigação e de reflexão teórica.

***

Agradecimentos: Coordenação de Aperfeiçoamento de Pessoal de Nível Superior (CAPES), Fundação de Amparo à Pesquisa do Estado de Minas Gerais (FAPEMIG) e Conselho Nacional de Desenvolvimento Científico e Tecnológico (CNPq).

Atenciosamente,
As/os autoras/es

# Reflexões sobre os fenômenos representativos

*Denise Jodelet*

Nós observamos hoje em dia uma nova emergência de discussões sobre a noção de representação nas ciências sociais, cujas recentes evoluções científicas remetem, ao sabor dos dias atuais, às interrogações e proposições sobre o pensamento social e os fenômenos representativos. Essa situação me conduziu a modificar um pouco o plano da minha intervenção. Mais do que me deter, como anunciado, sobre as questões que colocam a definição da noção de representação social, largamente discutida por Moscovici, particularmente nos textos publicados recentemente por Nikos Kalampalikis no livro *Le scandale de la pensée sociale* (2013), começarei por um sobrevoo sobre as posições expressas a respeito da representação no debate atual, que engajam diferentes correntes de pensamento, estranhas umas às outras.

Do ponto de vista epistemológico, a emergência das ciências cognitivas tem trazido, nos meios da sociologia e da filosofia social, uma preocupação nova para a defesa do caráter social do pensamento. Essa afirmação é comprovada por duas obras coletivas publicadas na França na nossa década. Uma delas, tendo por título *Le mental et le social* (Ambroise; Chauvrié, 2013) busca demonstrar a natureza social do pensamento. A outra mais recente, *La distinction des savoirs* (Walliser, 2015), reúne pensadores de diversas disciplinas para examinar a relação entre saber ordinário, dito vulgar, e saber sábio.

Essas obras não fazem explicitamente nenhuma referência à corrente de estudo das Representações Sociais, nem mesmo de maneira alusiva, mas retomam as interrogações que Moscovici havia colocado desde 1961. Entretanto, elas abordam os problemas que preocupam nosso campo com uma tonalidade relativamente humilde, como pode ser depreendido do anúncio feito na introdução do segundo livro que citei, o qual precisa: "os textos que se seguem se contentarão em uma abordagem impressionista do conhecimento vulgar" (Walliser, 2015, p. 11). Duas observações a respeito dessa afirmação, o emprego do qualificativo "vulgar", olhado a partir do conhecimento científico, continua um pouco depreciativo, tratando-se do conhecimento corrente que se tornou, no curso desses últimos anos, um objeto central de interesse e de análise. Em seguida, o autor é limitado a uma reserva teórica que resulta da negligência das contribuições da Psicologia Social e da Teoria das Representações Sociais (TRS), cuja abordagem do conhecimento corrente é em grande parte cientificamente armado.

Assim, a reflexão epistemológica atual opõe, de uma parte, uma "teoria mental do social", cujo objetivo seria dar conta das interações sociais, a partir do saber retido sobre as capacidades cognitivas e práticas dos indivíduos; de outra parte, uma "teoria social do mental", dando conta dos processos cognitivos e práticas devido à inserção no seu contexto social. Eu retomarei essa questão, não sem antes lembrar que o estudo das Representações Sociais e/ou coletivas tem sempre procurado ultrapassar tal dicotomia.

Atualmente, os pensadores do político juntam suas vozes ao renascimento da reflexão sobre a base social das maneiras de pensar, ver, sentir, agir e sobre a importância que se reveste o conhecimento ordinário para o trabalho sociológico. Segundo alguns desses pensadores, situados na linha de Durkheim, esse conhecimento ordinário serve de apoio para se ter acesso a um conhecimento da vida social; para outros, ele remete às competências dos atores ou ainda às relações que o público mantém com o conhecimento sábio via a inscrição deste último nos dispositivos institucionais e materiais (Steiner, 2015).

A essa nova corrente de interesse corresponderá novas propriedades para o pensamento. De uma parte, ela torna-se uma "arma" contra os males sociais (De Lagasnerie, 2017). Assim, os especialistas da filosofia social estimam que é urgente, em um mundo maléfico, se interrogar sobre as formas de pensamento e de saber, os diferentes modos de pensar, de produzir conhecimento, de fazer política. Trata-se, então, de "restituir o pensamento no mundo", porque: "O pensamento é alguma coisa totalmente partilhada, potencialmente coletiva e que de algum modo não pertence ao sujeito, encontra-se fora ou em suas práticas, suas palavras. A questão é então de saber como vamos caracterizar o tipo de pensamento que vai se exercer neste mundo, julgá-lo e transformá-lo" (Laugier, 2017).

De outra parte, o pensamento social se encontra estreitamente articulado com a noção de comum. Essa noção de "comum" recebe hoje conotações contestatórias com relação à ordem social. Segundo os autores, ela se aplica seja ao que é importante para o público (Laugier, 2013), seja às formas de sensibilidades partilhadas (Rancière, 2012), seja à atividade de grupos sociais conduzindo a um uso comum de certos recursos que foram até então objeto de um uso privado ou estático (Dardot; Laval, 2014).

Essas novas tendências da atenção sobre as formas e a força do pensamento apenas redescobrem o que Moscovici dizia quando da primeira Conferência Internacional sobre Representações Sociais que ocorreu no Brasil, no Rio de Janeiro (2019, no prelo). Moscovici sublinhava a importância dessa "comunalidade" de saberes e de ideias partilhadas. Eu o cito:

> Com efeito, quando eu digo que as representações e as comunicações são sociais, eu não o entendo de modo empírico; como quando eu digo que as pedras caem porque elas são pesadas ou que a linguagem é social porque ela acompanha nossas interações. Eu o entendo no sentido de que as representações e comunicações são necessariamente sociais, isto é, existe uma causa na sociedade que é inseparável de suas propriedades. Por exemplo, as limitações ou o ritual que explica sua estabilidade e normatividade [...] Entretanto, esse é o meu ponto de partida, a profundidade de uma representação, sua carga simbólica, em suma, depende da comunicação no interior de uma sociedade [...] um processo pelo qual as pessoas que diferem entre elas tentam criar uma representação comum.

Essa comunalidade das representações, que remete a uma construção partilhada, merece receber doravante uma maior atenção por parte dos pesquisadores.

Para continuar com as considerações sobre a renovação do interesse pelas dimensões ideais do social e como eu já disse em outra ocasião, a propósito do desenvolvimento de uma prática científica interdisciplinar (Jodelet, 2016), o fato é que a contribuição trazida pelo conceito transversal de "representação" é reforçada pela evolução das orientações da pesquisa em ciências sociais, desembocando em uma visão um tanto ou quanto "ecumênica" de sua prática. Com efeito, as mutações observadas nas ciências sociais e humanas, no curso dos últimos quarenta anos, resultaram em uma reconfiguração da relação entre as disciplinas (Wieviorka, 2007). Haveria um declínio das especializações ou da pretensão da dominância de certas disciplinas em benefício das relações múltiplas. Nessa perspectiva, os fenômenos de representação aos quais se referem as diversas ciências humanas acabam por ser um lugar de encontro privilegiado entre as ciências sociais, a psicologia, a psicanálise, as ciências cognitivas, as neurociências e a filosofia.

O historiador Charles Morazé (1990), abordando as relações entre a história e o saber, mostrou que os modelos de abordagem da realidade se transformaram com o tempo em função do estado dos conhecimentos científicos, em particular os conhecimentos da Física. No pensamento antigo e até a Renascença, a atenção se voltava para as "coisas"; o cartesianismo colocou a noção de "fato" no centro do saber até o século XX. Os recentes desenvolvimentos científicos substituíram a noção de fato pela noção de "força". O modo de abordar as representações faz eco a essa centralização na ideia dinâmica de força social. É por isso que prefiro me referir aos fenômenos representativos, que apresentam, como lembrei antes, uma grande diversidade e são ativos na sociedade, do que o usar uma noção puramente intelectual de representação. O pensamento está inscrito em dispositivos e se incarna em manifestações cujas formas concretas são múltiplas. E são manifestações que nós estudamos quando trabalhamos com Representações Sociais.

A expressão "fenômenos representativos" se inspira na expressão de Simmel "fenômenos representacionais", mas prefiro a primeira, porque ela sublinha o caráter simbólico (em referência ao objeto) e social (nós representamos para alguém ou para nós mesmos), enquanto o qualitativo "representacional" acentua mais a noção de "representação" como entidade intelectual.

E nós sabemos que a noção de representação, logo depois da atenção à linguagem e ao discurso de um lado, e da filosofia pragmática, de outro, foi fortemente criticada em razão do viés individualista que comporta a hipótese de um pensamento situado na cabeça e desvinculado do mundo. Opõe-se, nesse momento, ao que é designado sob o termo "representacionalismo", o caráter social da troca verbal e discursiva. A diversidade das formas da representação destaca-se mesmo quando se tratou o que foi chamado de "crise da representação". No início, essa crise foi elaborada a respeito da representação literária, artística, política, antes de ser retomada nas ciências humanas, sob o efeito da mudança de paradigma introduzida pela crítica pós-moderna do modelo positivista.

Mais recentemente, o campo de exploração das representações foi restrito em razão de sua centralização sobre seus aspectos puramente mentais. Critica-se o representacionismo neocartesiano persistente na filosofia do espírito cognitivista contemporâneo, porque ele corresponderia a uma visão intrassubjetiva dos fenômenos representativos. A reflexão sobre a formação dos conhecimentos correntes, numa perspectiva sociológica, encontra, então, "recursos conceituais pertinentes" nas perspectivas inspiradas por Wittgenstein, Dewey e Mead, que propõem "uma sólida tradição pragmática fazendo da linguagem e do pensamento – concebidos em termos de interação – uma 'arte social'" (Ambroise; Chaviré, 2013, p. 10). Ao fazê-lo, ignoramos as contribuições do paradigma introduzido por Moscovici, também muito sintonizado com as contribuições de Mead e Wittgenstein. Mas, enquanto privilegiamos o caráter social da troca verbal e discursiva, esquecemos que este último constitui o elemento fundamental introduzido por Moscovici na abordagem das Representações Sociais por insistir na comunicação social, a saber, a importância das práticas de troca seja qual for sua natureza.

Deve-se também enfatizar que os críticos pós-modernos postulam que existe entre aqueles que defendem a ideia da representação uma identificação com um reflexo, uma cópia da realidade. Esse não foi o caso de nenhum dos teóricos franceses ou alemães da representação, e está em total contradição com os postulados da TRS como construção da realidade. Além disso, essa crítica é de ordem epistemológica: a crise das representações afeta as representações do conhecimento acadêmico e suas reivindicações à verdade. Mas ela não pode se aplicar ao conhecimento do senso comum do qual o Paradigma das Representações Sociais se ocupa. Esse conhecimento do senso comum visa a uma "verdade fiduciária", baseada na confiança, ao contrário da "verdade legal" da ciência (Moscovici, 2013, p. 215).

Outra observação diz respeito às razões políticas para a crítica da representação. Tratava-se principalmente da antropologia, considerada como ligada, senão cúmplice, do colonialismo. Nessa disciplina, a reintrodução do estudo das representações coletivas correspondeu a uma inversão de perspectiva. A palavra foi agora dada aos parceiros das investigações para expressar o significado de suas práticas que anteriormente se satisfaziam em registrar, sob uma espécie de "extração de mineração", como diz o antropólogo Jean-Pierre Olivier de Sardan (1995). Tal perspectiva, amplamente defendida na corrente antropológica francesa, também está minando os críticos do chamado "período pós-pós-moderno", que começou nos anos 1990, falando de "dupla crise de representação", e questionando a legitimidade dos pesquisadores e sua capacidade de explicar as experiências de seus parceiros na reprodução textual que eles dão de sua própria experiência no campo. Tais críticas não se referem diretamente ao campo de estudo das Representações Sociais, mas chamam a atenção para o modo como as modalidades de encarnação de ideias devem ser abordadas nos corpos, comportamentos e obras que correspondem a fenômenos que atuam na vida e nas relações sociais.

Desse ponto de vista, o uso da noção de "fenômeno representativo" apresenta um duplo interesse. Por um lado, permite se centrar no que é observável ou nos construtos gerados pela análise das práticas e do discurso, sem ter que optar por uma das inúmeras definições da noção de representação, cuja lista seria muito longa para retomar aqui, nem estar preso a uma definição substancial da noção de representação social – um procedimento que envolve o risco de restringir o olhar lançado sobre as realidades estudadas.

Por outro lado, a expressão "fenômeno representativo" também possibilita dar conta da diversidade de formas pelas quais as Representações Sociais se manifestam. Porque mesmo se considerarmos a estreita relação das Representações Sociais com a linguagem, mesmo que seja tratada como uma prática ou força material, ela não constitui a única prática social a ser levada em conta na abordagem da construção social do conhecimento e o estudo dos efeitos do conhecimento ou das significações emprestadas às realidades cotidianas. Moscovici (2019, no prelo) disse em seu discurso na primeira conferência internacional no Rio de Janeiro:

> Eu não quero abordar aqui a questão de saber se é preciso ou não optar pelo *homo loquens*, o homem falante; a linguagem como um protótipo de toda ação social. Entendo que cada época tem seu *homo* e seu protótipo, como tem sua política, seus valores e seus modos. Mas eu nunca deixarei de lado a certeza de que o coração da linguagem é a comunicação, por um lado, e que a linguagem verbal não pode servir de modelo para outros sistemas de ação simbólica – o filme, a mídia icônica, a música, o dinheiro e o resto. Ora, ao mesmo tempo em que a comunicação e o conhecimento estão em expansão acelerada, a parte da linguagem verbal está em contração como prática da cultura.

Além disso, no próprio nível da ação social, existem diferentes formas pelas quais um sujeito social (individual, grupal ou coletivo) vê ou faz ver seu mundo de vida, e os objetos, estados de coisas, eventos, personagens que o constituem. Pode ser através de demonstrações que não são apenas verbais, discursivas, mas também icônicas, comportamentais, gestuais, rituais, rotineiras ou ainda práticas. Estes, então, respondem aos códigos de ação instituídos por um quadro de atividade produtiva ou de intervenção sobre o meio ambiente, ou ainda institucionalizados por medidas políticas, legais ou administrativas etc.

Assim, em um estudo sobre as representações da loucura em uma comunidade rural, onde os pacientes com transtornos psíquicos estavam alojados nas casas dos moradores (Jodelet, 2005 [1989]), as práticas reservadas para a sua manutenção ou de seus pertences pessoais revelaram a existência de uma crença no contágio da loucura pelo contato com fluidos corporais. Foi então uma questão de coletar, não sem dificuldade, a formulação das representações subjacentes às práticas.

Mas, para voltar ao uso da expressão de "fenômenos representativos", ele oferece também a vantagem de respeitar o duplo status das Representações Sociais de ser ao mesmo tempo conhecimento do mundo e sistemas de interpretação deste mundo. Isso coloca uma questão teórica importante: como articular conhecimento e significação, dando aos objetos representados seu status de saber? De fato, os componentes das representações podem ser organizados em categorias claramente diferenciadas de saber, significação e sentido. Cada representação, seja de um objeto, uma pessoa ou de um evento, inclui: a) elementos de conhecimento, adquiridos por transmissão social ou experiência, b) significações atribuídas ao objeto em função de pressupostos compartilhados socialmente pela comunicação e levados pela linguagem, como Benveniste (1969) demonstra, c) sentidos que ela reveste para o sujeito, como diz Vygotsky (1984), em função de sua compleição psicológica, suas experiências, crenças ou adesões ideológicas.

A questão da construção do sentido e da significação é um problema central no estudo das Representações Sociais. Tornou-se, nas últimas décadas, uma preocupação compartilhada por todas as ciências humanas. Assim, vemos a sociologia preconizar que "tratar fatos sociais como significações, isto é, eventos singulares que dependem dos elementos conceituais depositados em nosso senso comum e pelos quais eles se tornam compreensíveis" (Noiriel, 1989). Essa perspectiva faz eco ao retorno da ideia de sujeito ativo e pensante e uma nova interrogação sobre o vínculo social. Segundo Dosse (1995), isso

> [...] implica uma outra escala de análise, mais próxima dos atores sociais. O cotidiano, as representações exercem o papel de alavancas metodológicas que permitem focalizar mais o instituinte que o instituído. As noções de situação, momento, geração são, assim, revisitadas a partir dos procedimentos narrativos de construção e reconstrução, de reconfiguração, de "intriga" dos próprios atores sociais (Dosse, 1985, p. 418).

No campo de estudo das Representações Sociais, esse movimento correspondeu a um retorno à noção de sujeito (Jodelet, 2015, 2017). Isso leva a uma mudança na abordagem dos fenômenos representativos que os coloca na intersecção de três esferas de pertença: a esfera subjetiva, a esfera intersubjetiva, a esfera transubjetiva. Esse modelo supõe que o emaranhamento entre os elementos originados do privado, do social e do coletivo não é um simples amálgama, mas uma estratificação. Isso conduz a pensar em uma organização do sistema de representação de um dado objeto como uma série de estratos, alguns dos quais atravessam o conjunto do corpo social, como a ideologia e os modelos culturais. Transmitidos por meio da comunicação social, eles apresentam um carácter mais estável e servem de suporte de inferência às produções situadas no tempo e no espaço, por indivíduos inscritos no contexto no qual entram em jogo as imposições de sua pertença social e as contribuições de suas interações com o meio ambiente.

Em sua intervenção na CIRS de Rio de Janeiro, Moscovici (2019, no prelo) afirmou claramente quando defendeu sua visão construcionista contra o construtivismo linguístico: "Portanto, é correto dizer que uma representação pressupõe o pré-representado. O fato é que nem tudo é construído em uma construção. Mas é um fato feliz, porque resulta da divisão social do trabalho linguístico, cognitivo ou prático que torna essa construção ao mesmo tempo necessária e social". Portanto, teríamos que lidar com vários tipos de representações, algumas das quais são referências estáveis a partir das quais operam inferências e representações de objetos contextualizados. Esses últimos são suscetíveis de mudar segundo os quadros e as condições de vida ou os momentos históricos e a pertença social dos sujeitos; sabendo que, em qualquer caso, as representações permitem expressar a identidade dos sujeitos que as endossam. Considerar a subjetividade e suas ligações com as formas de participação social leva à exploração de novas dimensões da produção representativa, especialmente a do imaginário. Como Moscovici afirma no "Esboço de uma descrição de Representações Sociais" (em Moscovici, 2013) , falando de iniciativas individuais em troca social:

> Nessas trocas, toda representação está situada na intersecção de duas realidades: com a realidade psíquica pelas relações que ela mantém com o imaginário e a afetividade de cada uma e com a realidade externa porque está inserida em uma coletividade e que os membros do grupo lhe aplicam regras. Entre as duas, há um link semelhante ao observado por Obeyesekere entre a significação pública dos símbolos culturais e as razões pelas quais as pessoas os empregam para fins privados. Ao estudar os detalhes dos casos de misticismo e o modo como as pessoas vivem sua religião, ele mostrou que se poderia investir símbolos compartilhados de um sentido altamente pessoal, sem que eles deixassem de ter a aprovação de uma grande parte da sociedade [...] Qualquer que seja a forma mental em questão, no registro que vai da ciência às representações compartilhadas, parece que os conteúdos privilegiados mantêm o indivíduo ancorado na coletividade. Se eles são compartilhados por toda uma sociedade, cada reflexão desenha suas categorias, e eles têm um valor que ninguém poderia rejeitar (Moscovici, 2013, p. 135).

Para concluir a partir dessas poucas observações, direi que a diversidade de formas de manifestação das Representações Sociais, a pluralidade de suas dimensões, a estratificação de seus conteúdos, a articulação entre conhecimento, significação e sentido parecem-me convidar a trabalhar fenômenos representativos circunscritos em espaços sociais definidos onde podemos apreender os aspectos subjetivos e sociais da realidade vivenciada pelos atores sociais, sempre inscritos em um contexto de interação e existência.

## Referências

AMBROISE, B.; CHAUVIRÉ, C. *Le mental et le social.* Paris: Éditions de l'EHESS, 2013.

BENVENISTE, E. Le *vocabulaire des institutions indo-européennes*. Paris: Éditions de Minuit, 1969.

DARDOT; LAVAL, D. *Commun. Essai sur la révolution au XXIe siècle*. Paris: La Découverte, 2014.

DE LAGASNERIE, G. *Penser dans un monde mauvais*. Paris: PUF, 2017.

DE SARDAN, J.-P. O. *Anthropologie du developpement: Essai en socio-anthropologie du changement social*. Paris: Éditions Karthala, 1995.

DOSSE, F. *L'Empire du sens: L'humanisation des sciences humaines*. Paris: La Découverte, 1995.

JODELET, D. [1989] *Loucuras e Representações Sociais*. Petrópolis: Vozes. Perspectiva, 2005.

JODELET, D. Problématiques psychosociales de l'approche de la notion de sujet. *Cadernos de Pesquisa da Fundação Carlos Chagas*, v. 45, n. 156, p. 316-327, 2015.

JODELET, D. *Representações sociais e mundos de vida*. Curitiba: FCC/ PUCPRESS, 2017.

JODELET, D. La représentation: Notion transversale, outil de la transdisciplinarité. *Cadernos de Pesquisa da Fundação Carlos Chagas*, v. 46, n. 162, p. 1258-1271, 2016.

LAUGIER, S. Notre rôle est d'interroger les formes de la pensée: Un philosophe. *Revue électronique de philosophie, de littérature et d'art*, v. 1, 2017.

LAUGIER, S. Why We Need Ordinary Language Philosophy. Chicago: Chicago University Press, 2013.

MORAZÉ, C. La logique dans l'histoire. In: FERRO, M. (Ed.). *Collection d'entretiens: Savoir et mémoire*. Paris: Paillard, 1994.

MOSCOVICI, S. The Proof of The Pudding Is Still In The Eating! In: KALAMPALIKIS, N.; MOSCOVICI, S. *Psychologie des représentations sociales*. Paris: Éditions des Archives Contemporaines. (No prelo.)

MOSCOVICI, S. *Le scandale de la pensée sociale*. Edité par N. Kalampalikis. Paris: Éditions de l'EHESS, 2013.

NOIRIEL, G. Pour une approche subjectiviste du social. *Annales, Economie, Sociétés, Civilisations*, v. 6, p. 1435-1459, 1989.

RANCIÈRE, J. *Le partage du sensible*. Paris: La Fabrique, 2012.

STEINER, P. Les sociologues et les formes de la connaissance. In: WALLISER, B. (Ed.). *La distinction des savoirs*. Paris: Éditions de l'EHESS, 2015. p. 251-273.

VYGOTSKI, L. S. Le problème de la conscience dans la psychologie du comportement. *Société Française*, v. 50, p. 35-47, 1984.

WALLISER, B. (Ed.). *La distinction des savoirs*. Paris: Éditions de l'EHESS, 2015.

WIEVIORKA, M. Introduction. In: WIEVIORKA, M.; DEBARLE, A.; OHANA, J. (Eds). *Les sciences humaines en mutation*. Paris: Éditions Sciences Humaines, 2007. p. 9-21.

# Um paradigma de teorias sobre as Representações Sociais?[1]

*Brigido Vizeu Camargo*

O tema, relativo à teoria sobre os fenômenos das Representações Sociais, é complexo e controverso. A primeira parte deste capítulo trata, em linhas gerais, desse tipo particular de fenômenos. Numa segunda parte indicaremos algumas críticas a essa teorização. No final, nós nos ocuparemos de uma parte das teorias desenvolvidas no estudo de tais fenômenos.

## Os fenômenos das Representações Sociais (RS)

Os fenômenos das Representações Sociais referem-se a um tipo particular de conhecimento social, aquele produzido ou adotado no cotidiano, na interação entre indivíduos e grupos, geralmente não especialistas nos objetos considerados (Moscovici, 1961; Jodelet, 1989). Os indivíduos e grupos participam da existência desses fenômenos sociais por adotarem e colaborarem com a busca de informação e conhecimento sobre eventos e coisas que lhes são desconhecidas e guardam certa importância, tais como doenças, desemprego, sucesso amoroso, obesidade, beleza, alimentos transgênicos, envelhecimento etc. Esse conhecimento interfere nas interações sociais e nas atividades do homem no seu mundo e com seus pares.

Existem diversas definições dos fenômenos das Representações Sociais (RS). Ele é entendido como "teorias" leigas cotidianas, como uma forma particular de conhecimento do senso comum; também é considerado uma espécie de "ciência" coletiva específica dos não especialistas.

1 Apoio do CNPq.

As RS apresentam-se como um conjunto de proposições, reações e avaliações sobre objetos relevantes para os grupos (Moscovici, 1961).

Conforme Jodelet (1989), uma representação social é sempre representação de alguma coisa, de um objeto, e representação de alguém, dos indivíduos e dos grupos. Ela simboliza ou substitui o objeto e interpreta ou o significa. O sujeito da representação é psicológico, mas integra processos de pertença e participações sociais nos grupos. As Representações Sociais são modelos dos objetos, uma forma de saber. E servem para agir sobre o mundo e os outros, o que a torna uma forma de saber prático. Jodelet (1989) definiu representação social como uma forma de conhecimento socialmente elaborada e partilhada, com um objetivo prático, que promove a construção de uma realidade comum a um conjunto social.

A representação como representação social envolve vários critérios para a adjetivação "social". Primeiro, o critério quantitativo: ela é social se for partilhada. Segundo, o critério genético: ela é social quando é coletivamente produzida. E o mais importante, o critério funcional: ela é social quando apresenta função social, formando e orientando comunicações, dando forma e resolvendo relações sociais, orientando condutas (Vala, 1996).

A investigação *princeps* sobre Representações Sociais – a tese de doutorado de Moscovici (1961) – já apresentava a complexidade da noção que abarca esses fenômenos coletivos. E seu interesse era compreender como se dava a transferência de um conhecimento especializado, a psicanálise, para um universo consensual de conhecimento, aquele da população da região parisiense na época após a Segunda Guerra Mundial.

A difusão da noção de Representações Sociais deve-se muito a Denise Jodelet. Ela sucedeu a Serge Moscovici na direção do Laboratório de Psicologia Social da École des Hautes Études en Sciences Sociales, em Paris. Ela foi a grande difusora da Teoria das Representações Sociais (TRS) tanto na Europa como no Brasil, além de alguns países da América Latina como o México, a Argentina, a Venezuela.

## Críticas à teorização sobre RS

A denominada Teoria das Representações Sociais (TRS) sofreu inúmeras críticas sobretudo no período entre 1981 e 1990. Na década seguinte elas foram parcialmente respondidas tanto por Moscovici como por parte dos seus colaboradores.

Jahoda (1988) questionava a falta de clareza e a especificidade da noção "Representações Sociais", sobretudo no que diz respeito às representações coletivas, ideologia, cultura etc.; e se a noção atribuía a condição de antecedência ou consequência às Representações Sociais em relação às ações e atividades que elas envolviam. Moscovici (1989, 2013), em várias publicações, discerniu representações coletivas (Durkheim, 1898) de Representações Sociais. No que se refere a sua relação com as ações e atividades, Doise (1989) e Salesses (2005), ao relacionarem atitudes e Representações Sociais, forneceram alguns elementos que a nosso ver enfraquecem parte das objeções de Jahoda (1988).

Potter e Linton (1985) também insistiram no problema da definição conceitual das Representações Sociais. Mendonça e Lima (2014) destacam ainda que esses dois críticos remarcaram que Moscovici defendeu o caráter vago da noção "Representações Sociais". Esses autores também questionaram a relação do grupo social com as Representações Sociais. Moscovici (2013) enfatizou que as Representações Sociais são fenômenos de ordem social, e não individual. Nesse sentido, o laço social e os processos grupais se referem a uma realidade social que apresenta uma dimensão na intersecção entre o psíquico e o social, e a teorização sobre esses fenômenos consiste no estudo da formação coletiva das ideias.

Tanto Moscovici como Jodelet, no seminário que ministraram intitulado Épistémologie et Représentations Sociales, realizado durante o ano universitário 1993-1994 (Ehess, 1993, 1994), focalizaram essas críticas além de outras (Camargo, 2016). Ele criticou as posições de natureza associacionista, como aquelas da Psicologia Cognitiva (Moscovici, 1993), em função de suas considerações quanto à hierarquização dos diversos tipos de conhecimento, e do problema relativo ao universalismo x particularismo. Moscovici também questionou a relação dualista entre sujeito e objeto dessa psicologia, oferecendo um enfoque relacional ternário que envolve o sujeito, o outro e o objeto (De Rosa, 2013). Conforme Castorina (2016), Moscovici considerou a tese de Einstein, segundo a qual a ciência envolve relações dinâmicas entre fenômenos, e os fenômenos das Representações Sociais são coconstruídos nas relações dinâmicas envolvendo os três termos já indicados.

Para Moscovici a noção de representação social refere-se a uma forma de conhecimento que envolve o pensamento coletivo e apresenta relações com o pensamento científico, mas é voltado ao senso comum e à compreensão de atividades da vida cotidiana (Camargo, 2016).

As críticas de Moscovici à Psicologia Social Discursiva no referido seminário foram feitas a partir de uma crítica mais geral ao pós-modernismo (Camargo, 2016). Ele considerou o pós-modernismo como uma série de retornos, sobretudo ao particular. Sua crítica mais contundente se voltou a Potter, referindo-se principalmente à percepção da linguagem como construção do sujeito, conferindo primazia ao subjetivo, característica do construtivismo.

Nesse mesmo sentido, Banchs (2014) indagou se há lugar para a teorização no pós-modernismo, sugerindo que mesmo que Potter considere a análise do discurso como um esquema teórico, a pós-modernidade parece se aproximar de um dogmatismo metateórico. Ela critica parte do socioconstrucionismo pós-moderno, por não considerar o pluralismo teórico como uma necessidade para estudar um objeto tão complexo e multiforme. No referido seminário, alguns anos antes, Moscovici já insistia na reflexão sobre a ortodoxia teórica (Camargo, 2016).

Para Jodelet, essas críticas envolvem uma série de diferenças nas perspectivas adotadas pela Psicologia Social Discursiva e pela Psicologia Social das Representações Sociais, como a concepção de sujeito. Mais tarde ela esclareceu que o lugar do sujeito na TRS não se atém à dimensão individual e nem mesmo ao nível subjetivo, mas envolve ainda os níveis intersubjetivo e transubjetivo (Jodelet, 2015).

No referido seminário do ano universitário 1993-1994, por meio do cuidadoso trabalho em responder às críticas à teorização sobre as Representações Sociais, observaram-se três aspectos importantes para Moscovici: 1) a promoção de um novo olhar sobre o problema da racionalidade e irracionalidade no âmbito do conhecimento natural; 2) a perspectiva interacional na construção desse tipo de conhecimento, entendendo as concepções da Psicologia Social Discursiva, relativas à linguagem, como limitadoras do entendimento das interações sociais e da comunicação; 3) a recusa em se curvar à ortodoxia teórica, resultando na valorização de um ecletismo teórico e metodológico na teorização sobre Representações Sociais (Camargo, 2016).

Diante das críticas à teorização em torno das Representações Sociais e das suas respostas, sobretudo aquelas provenientes da Psicologia Social tradicional, coloca-se a questão de considerar esse marco teórico, denominado Teoria das Representações Sociais, ou TRS, uma noção, realmente uma teoria ou, ainda, um paradigma. Essa preocupação, particularmente, teve origem na nossa experiência em discussões com colegas psicólogos sociais, na Sociedade Brasileira de Psicologia, adeptos da Psicologia Social Individual de natureza mais cognitivista. Observamos que a cada interpelação dirigida **à** teorização sobre as Representações Sociais, isso era feito a partir de uma concepção popperiana do termo "teoria".

Uma teoria, num sentido popperiano (Popper, 1978), remete a ideias que explicam um conjunto de fatos, relaciona um conjunto de ideias necessariamente a um conjunto de fatos. Uma noção é uma ideia ou conceito, trata-se de uma entidade mais elementar, e consiste numa representação abstrata de uma realidade. Já um paradigma, no sentido empregado por Kuhn (1998 [1962]) e no âmbito da Filosofia da Ciência, é um conhecimento que origina o estudo de um campo na ciência, oferecendo métodos e valores que são concebidos como uma referência inicial de base para um conjunto de estudos e pesquisas.

A Psicologia Social tradicional forneceu teorias instrumentais ou "microteorias" para descrição e previsão do comportamento social. Como exemplos, temos diversas teorias de atitudes, de tomada de decisão, das minorias ativas, das relações intergrupais, da atribuição de causalidade, da formação de impressões, da comparação social, de autocategorização, entre outras.

Teoria, para essa área do conhecimento, significa suposição a ser verificada empiricamente. E essas "microteorias" mencionadas tiveram sustentação empírica, por meio de experimentos e outros tipos de estudo, sobretudo na segunda metade do século XX (Neiva; Mauro, 2011; Zanna, 2006; Nascimento-Schulze; Camargo, 2000). É assim que os pesquisadores com uma perspectiva mais tradicional da Psicologia Social consideram o que seja teoria. E quando a denominada Teoria das Representações Sociais passou a ter importância, tanto na Europa como, mais tarde, na América Latina, uma das motivações centrais para criticá-la foi sua abrangência e certa indeterminação dos aspectos dos fenômenos que eram considerados: aqueles relativos ao pensamento natural cotidiano.

## Teorias sobre Representações Sociais

Moscovici (1961), ao conceber a denominada Teoria das Representações Sociais, já formulou uma série de teorias (no sentido da Psicologia Social) que foram complementadas e ampliadas por seus primeiros colaboradores. Pode-se indicar várias teorias que permitem a compreensão dos fenômenos relativos ao conhecimento cotidiano ou das Representações Sociais. Indica-se aqui algumas delas: teoria dimensional das Representações Sociais, teoria da familiarização do desconhecido ou dos processos dinâmicos do conhecimento cotidiano, teoria sociodinâmica das Representações Sociais, teoria estrutural ou do núcleo central das Representações Sociais, entre outras. O exame comparativo das duas primeiras edições da obra inaugural *La psychanalyse: son image et son public* já indicou que a maior parte do que chamamos de "teorias" havia sido concebida na primeira edição (Jesuíno, 2011).

A teoria das três dimensões (Moscovici, 1961) propôs que qualquer RS apresenta as dimensões: informação, atitude e campo ou figura. A dimensão da informação refere-se à organização dos conhecimentos que um grupo possui a respeito do objeto, a dimensão atitude diz respeito à orientação valorativa que o grupo tem frente a esse objeto (favorável ou desfavorável), a dimensão do campo concerne à ideia, imagem, como unidade estruturada dos elementos. Essas dimensões guiaram as pesquisas empíricas na descrição do conhecimento cotidiano sobre objetos importantes para indivíduos, grupos e categorias taxonômicas, fornecendo uma descrição sistemática desse tipo de conhecimento.

A teoria da familiarização do estranho ou do desconhecido concebeu que as RS surgem com a finalidade de transformar o desconhecido em conhecido, por meio de dois processos simultâneos: a objetificação e a ancoragem (Jodelet, 1989). A objetificação envolve a naturalização das noções. Apresenta três fases: construção seletiva, esquematização e naturalização. A ancoragem enraíza a representação e seu objeto numa rede de significações que os situa em termos de valor e fornece coerência aos mesmos. Envolve dois processos: classificação e nomeação. Essa teoria permite observar o processo de construção, de cristalização e as funções das Representações Sociais nas suas articulações com as características, interesses e motivações dos sujeitos desse conhecimento.

A teoria sociodinâmica (Doise, 1985, 1992, 2014) considerou que essa forma particular de conhecimento é orientada por dinâmicas sociais (interacionais, posicionais ou de valores e de crenças gerais). Indicamos, pela qualificação "sociodinâmica", que essa teoria enfatiza a relação das Representações Sociais com conjuntos de relações sociais, envolvendo desde o nível da relação intra e interpessoal, passando pelo nível das categorias sociais, e tomando em conta o nível da pertença social (identidade e relações intergrupais).

A teoria estrutural ou teoria do núcleo central (Abric, 1984, 2003) concebeu a RS como um sistema sociocognitivo organizado em torno e por um núcleo central de elementos. Trata-se aqui de descrever os elementos que compõem uma representação social e sua estruturação. Essa teoria, além de indicar os elementos mais compartilhados e os mais idiossincráticos, considera esses componentes como organizadores da conduta dos sujeitos frente ao objeto representado.

Embora essa série de teorias (no sentido da Psicologia Social) faça parte de uma visão holística do pensamento moscoviciano, elas são tomadas pela Psicologia Social tradicional como uma única "teoria". Mesmo entre uma parte dos pesquisadores que adotam essa perspectiva teórica, considera-se a TRS como uma "grande teoria". Para esses últimos, embora não a nomeiem de outro modo, a expressão "grande teoria" não os leva a considerar as exigências associadas ao termo "teoria" na Psicologia Social para esse tipo de teorização. Mas para os primeiros, parece que o fato de a considerarem como uma teoria única abre caminho para a exigência de uma articulação rigorosa dos seus elementos e um foco que reclamam não existir.

Foi assim que a articulação dessas suposições ou teorias que indicamos anteriormente foi o ponto mais criticado pela Psicologia Social, sobretudo entre os ingleses (Potter; Linton, 1985; Jahoda, 1988) e hispânicos (Ibáñez, 1992). A principal crítica refere-se ao que Castorina (2016) chamou de desequilíbrio entre os níveis empírico, teórico e metateórico das pesquisas sobre Representações Sociais, com a sobrevalorização do primeiro em detrimento dos dois últimos níveis. No entanto, o autor chama atenção para um aspecto importante: exatamente esse desequilíbrio foi essencial para o desenvolvimento dessa teorização.

> De todo modo, as teses epistemológicas dos psicólogos sociais, embora inspiradas pelas correntes da filosofia e a epistemologia da ciência, não se dedicaram à "aplicação" destas últimas a TRS fora do campo disciplinar, mas partiu da própria produção de conceitos e experiências do campo. Eles realizaram uma atividade reflexiva sobre a ciência que é "feita", contribuindo para a melhoria da metodologia, dos níveis de conceituação e abertura de novos problemas, informados pelas perspectivas filosóficas. Para isso, pode-se acrescentar que a reconstrução das controvérsias metateóricas, particularmente com a Psicologia Social cognitiva, com a psicologia discursiva, mesmo com a

> psicologia do desenvolvimento, deu origem a especificar as ideias centrais da teoria e, em alguns casos, a sua avaliação [...] (Castorina, 2016, p. 81, 82).

Afinal, esses desenvolvimentos teóricos em torno do pensamento natural ou dos fenômenos das Representações Sociais consistiriam propriamente numa teoria, seriam uma noção ou um paradigma? Eis uma questão controversa. O termo "noção", além de restrito, esbarra na recusa de Moscovici em indicar uma definição desse tipo de fenômeno. O termo "teoria" foi criticado no âmbito da Psicologia Social tradicional pela amplitude dos conhecimentos exigidos para a compreensão dessa classe de fenômenos. E o termo "paradigma" pode "aumentar" o real alcance das proposições de Moscovici, pois comumente é empregado na Filosofia da Ciência indicando movimentos mais abrangentes, tais como paradigma positivista, paradigma construtivista etc.

Nossa opção em empregar o termo "paradigma" deve-se ao fato de o estudo das RS afetar toda uma ciência específica, a Psicologia Social (Jodelet; Kalampalikis, 2015; Pérez *et al.*, 2015; Camargo, 2015), tanto na redefinição do seu objeto de estudo como no emprego de multimétodos, oferecendo ainda um posicionamento original ao estudo em diversas disciplinas do conhecimento social. Nos anos 1950, Moscovici conferiu importância ao conhecimento leigo para as sociedades contemporâneas, um momento histórico no qual os cientistas e intelectuais tratavam esse tipo de pensamento como inferior ao pensamento científico e tecnológico. Ele tratou da questão ecológica na década seguinte, época em que imperava o paradigma tradicional antropocêntrico do meio ambiente. E no começo dos anos 1990, Moscovici defendeu a abordagem societária da Psicologia Social, com o Paradigma das Representações Sociais, no auge da moda da Psicologia Social Discursiva (Camargo, 2015).

A proposta em considerar a denominada Teoria das Representações Sociais (TRS) como um paradigma teórico, no sentido empregado por Kuhn (1998 [1962]), como um conjunto de teorias com certo nível de articulação, deve reconhecer o caráter em construção dessa importante contribuição teórica. O Paradigma das Representações Sociais envolveria várias teorias científicas sobre as teorias leigas e cotidianas dos grupos.

A TRS consiste numa espécie de epistemologia do conhecimento do senso comum (dos fenômenos das Representações Sociais). Mas ela não é propriamente uma teoria, pois consiste num conjunto de teorias com certo nível de articulação. São teorias científicas sobre as teorias leigas e cotidianas dos grupos. Pode-se indicar várias teorias que permitem a compreensão dos fenômenos relativos ao conhecimento cotidiano ou das Representações Sociais. Indica-se aqui as principais: teoria da familiarização do desconhecido, teoria dos processos dinâmicos do conhecimento cotidiano, teoria da composição dimensional desse tipo de conhecimento, teoria do núcleo central das Representações Sociais, teoria da gênese interacional das Representações Sociais etc.

A contribuição de Moscovici sobre a teorização dos fenômenos das Representações Sociais da psicanálise (1961), conforme Mendonça e Lima (2014), promoveu um paradigma para a área da Psicologia Social, o que se denomina Psicologia Social Sociológica ou Societária; ou seja, aquela que considera a inter-relação entre os níveis de análise intrapsíquico, interpessoal, posicional e ideológico, conforme pontuou Doise (1982).

Moscovici integrou grandes expressões teóricas e epistemológicas da sociologia, como mostra Weisz (2017), baseando-se em Durkheim para considerar o aspecto cognoscitivo e comunicacional da construção das formas coletivas de ideias, e baseando-se em Weber, partindo da fenomenologia e do interacionismo simbólico, para a elaboração de uma concepção das Representações Sociais como produzidas pela interação intersubjetiva e socialmente construída. Markova (2012) salientou um aspecto essencial do que denominamos Paradigma das Representações Sociais, tendo como base central uma epistemologia interacional.

Moscovici sempre se recusou às interdições teóricas e metodológicas no estudo do pensamento natural. Isso lhe custou a suspeição de ecletismo por parte dos seus críticos. Jodelet (2008) pontuou a amplitude das propostas de Moscovici, e considerou que essa amplitude e a abertura teórica e metodológica, para não dizer epistemológica, têm permitido desenvolvimentos que indicam a fecundidade dessa teorização sobre o senso comum.

O Paradigma das Representações Sociais necessita de aprimoramento do rigor conceitual dos trabalhos que se ocupam desses fenômenos, e de continuidade no processo de integração das teorias que o compõem. O futuro desse paradigma necessita de incremento dos desenvolvimentos teóricos que beneficiarão as teorias que o compõem. Por exemplo: 1) ainda cabe esclarecer a relação entre Representações Sociais e representações individuais; 2) há necessidade de mais estudos que promovam teorizações sobre os sistemas de representações; 3) as pesquisas anteriores geraram elementos ainda insuficientes para se esclarecerem as relações entre representações (ideal) e práticas sociais (material), parafraseando Godelier (1984).

Sobre esse último ponto, um estudo recente realizado pelo Laboratório de Psicologia Social da Comunicação e Cognição (LACCOS/UFSC) (CAMARGO *et al.*, 2017), sobre relações entre as RS mais gerais (como as relativas ao sobrepeso) e as dimensões mais voltadas às práticas em relação aos objetos (no caso, controle do sobrepeso), não houve uma clara correspondência entre representações e práticas. O estudo das dimensões da RS, que substituiu a antiga ideia cognitivista de atitude, nos ofereceu maior complexidade para se entender a formação das intenções de adoção de práticas saudáveis, mas a operacionalização como relações lineares de causalidade não foi possível. A maior parte das variáveis se distribuiu fora da normalidade estatística.

## Referências


ABRIC, J. C. Abordagem estrutural das Representações Sociais: desenvolvimentos recentes. In: CAMPOS, P. H. F.; LOUREIRO, M. C. S. (Eds.). *Representações sociais e práticas educativas.* Goiânia: Ed. da UCG, 2003. p. 37-57.

ABRIC, J. C. L'Artisan et l'artisanat: Analyse du contenu et la structure d'une représentation sociale. *Bulletin de Psychologie*, v. XXVII, n. 366, p. 861-875, 1984.

BANCHS, M. A. Leitura epistemológica da Teoria das Representações Sociais: reflexões rumo a um sentido comum menos comum e com mais sentido. In: ALMEIDA, A. M. O.; SANTOS, M. F. S.; TRINDADE, Z. A. (Eds.). *Teoria das Representações Sociais: 50 anos*. Brasília: Technopolitik, 2014. p. 297-342.

CAMARGO, B. V. *et al.* Adesão representacional: desenvolvimento de um modelo explicativo da relação entre Representações Sociais e práticas de saúde. *Relatório final de projeto de pesquisa apresentado ao CNPq,* 2017. 50 p.

CAMARGO, B. V. Um primeiro estudo histórico e conceitual do seminário "Epistemologia e Representações Sociais", conduzido por Serge Moscovici e Denise Jodelet em 1994. *Psicologia e Saber Social*, v. 5, n. 1, p. 5-17, 2016.

CAMARGO, B. V. Serge Moscovici (14/06/1925 – 16/11/2014): Um precursor inovador na Psicologia Social. *Memorandum*, v. 28, p. 240-245, 2015.

CASTORINA, J. A. El significado del marco epistémico en la teoría de las representaciones sociales. *Cultura y Representaciones Sociales*, v. 11, n. 21, p. 79-108, 2016.

DE ROSA, A. Research Fields in Social Representations: Snapshot Views From a Meta-Theoretical Analysis. In: DE ROSA, A. S. (Ed.). *Social Representations in the "Social Arena"*. London/ New York: Routledge, 2013. p. 88-124.

DOISE, W. Sistema e metassistema. In: ALMEIDA, A. M. O.; SANTOS, M. F. S.; TRINDADE, Z. A. (Eds.). *Teoria das Representações Sociais: 50 anos.* Brasília: Technopolitik, 2014. p. 163-209.

DOISE, W. L'Ancrage dans les études sur les représentations sociales. *Bulletin de Psychologie*, v. XLV, n. 405, p. 189-195, 1992.

DOISE, W. Cognitions et représentations sociales: l'approche genetique. In: JODELET, D. (Ed.). *Les représentations sociales.* Paris: PUF, 1989. p. 341-362.

DOISE, W. Les représentations sociales: définition d'un concept. *Connexions*, v. 45, p. 243-253, 1985.

DOISE, W. *L'Explication en psychologie sociale.* Paris: PUF, 1982.

DURKHEIM, E. Représentations individuelles et représentations collectives. *Revue de Métaphysique et de Morale*, v. 6, p. 3-22, 1898.

EHESS – *Programme des Enseignements et Seminaires 1993-1994.* Paris, 1993. p. 147.

EHESS – *Annuaire – Comptes rendus des cours et conférences* 1993-1994. Paris, 1994. p. 537-538.

GODELIER, M. *L'Idéel et le matériel.* Paris: Fayard, 1984.

IBÁÑEZ, T. Some Critical Comments About the Theory of Social Representations. *Ongoing Productions On Social Representations*, v. 1, n. 1, p. 21-26, 1992.

JAHODA, G. Critical Notes and Reflections on "Social Representation". *European Journal of Social Psychology*, v. 18, p. 195-209, 1988.

JESUÍNO, J. Um conceito reencontrado. In: ALMEIDA, A. M. O.; SANTOS, M. F. S.; TRINDADE, Z. A. (Eds.). *Teoria das Representações Sociais: 50 anos.* Brasília: Technopolitik, 2011. p. 33-57.

JODELET, D. *Représentations sociales et mondes de vie.* Textes édités par Nikos Kalampalikis. Paris: Éditions des Archives Contemporaines, 2015.

JODELET, D. Social Representations: The Beautiful Invention. *Journal for the Theory of Social Behaviour*, v. 38, n. 4, p. 411-430, 2008.

JODELET, D. Représentations sociales: un domaine en expansion. In: JODELET, D. (Ed.). *Les représentations sociales.* Paris: PUF, 1989. p. 31-61.

JODELET, D.; KALAMPALIKIS, N. Le rayonnement d'une pensée. *Bulletin de Psychologie*, v. 2, n. 536, p. 177-180, 2015.

KALAMPALIKIS, N.; APOSTOLIDIS, T. La perspective sociogénétique des représentations sociales. In: LO MONACO, G.; DELOUVÉE, S.; RATEAU, P. (Eds.). *Les représentations sociales: théories, méthodes et applications.* Louvain-La-Neuve: De Boeck Supérieur, 2016. p. 69-77.

KUHN, T. S. [1962] *A estrutura das revoluções científicas.* São Paulo: Perspectiva, 1998.

MARKOVA, I. Epistemologia delle rappresentazioni sociali: Implicazioni per la ricerca empírica. In: GALLI, I. (Ed.). *Cinquant'anni di rappresentazioni sociale: Bilanci e prospettive di una teoria in continuo divenire.* Milano: Unicopli, 2012. p. 45-57.

MENDONCA, A. P.; LIMA, M. E. O. Representações sociais e cognição social. *Psicologia e Saber Social, v. 3*, p. 191-206, 2014.

MOSCOVICI, S. *Le scandale de la pensée sociale.* Textes édités par Nikos Kalampalikis. Paris: Éditions de l'EHESS, 2013.

MOSCOVICI, S. The Return of The Unconscious. *Social Research*, v. 60, n. 1, p. 39-93, 1993.

MOSCOVICI, S. Des représentations collectives aux représentations sociales: éléments pour une histoire. In: JODELET, D. (Ed.). *Les représentations sociales.* Paris: PUF, 1989. p. 62-86.

MOSCOVICI, S. *La psychanalyse, son image et son public.* Paris: PUF, 1961.

NASCIMENTO-SCHULZE, C. M.; CAMARGO, B. V. Psicologia social, Representações Sociais e métodos. *Temas em Psicologia*, v. 8, n. 3, p. 287-299, 2000.

NEIVA, E. R.; MAURO, T. G. Atitudes e mudança de atitudes. In: NEIVA, E. R.; TORRES, C. V. (Eds.). *Psicologia Social: principais temas e vertentes.* Porto Alegre: Artmed, 2011. p. 171-203.

PÉREZ J. *et al.* In memoriam Serge Moscovici (1925-2014). *Bulletin de Psychologie,* v. 2, n. 536, p. 181-187, 2015.

POPPER, K. *Lógica das ciências sociais.* Rio de Janeiro: Tempo Brasileiro; Brasília: Ed. da UnB, 1978.

POTTER, J.; LITTON. I. Some Problems Underlying The Theory of Social Representations. *British Journal of Social Psychology*, v. 24, p. 81-90, 1985.

SALESSES, L. Effet d'attitude dans le processus de structuration d'une représentation sociale. *Psychologie Française*, v. 50, p. 471–485, 2005.

VALA, J. Representações sociais: para uma Psicologia Social do pensamento social. In: VALA, J.; MONTEIRO, M. B. (Eds.). *Psicologia Social.* Lisboa: Fundação Calouste Gulbenkian, 1996. p. 353-384.

WEISZ, C. B. La representación social como categoría teórica y estrategia metodológica. *CES Psicología*, v. 10, n. 1, p. 99-108, 2017.

ZANNA, M. *Advances in Experimental Psychology*. San Diego: Elsevier, 2006.

# Moscovici entre Kuhn e Popper

*Jorge Correia Jesuíno*

## Introdução

Procuro neste texto responder a um desafio que o Professor Brigido Camargo nos colocou há cerca de dois anos quanto à possível classificação da Teoria das Representações Sociais (TRS) em termos de paradigma no sentido de Thomas Kuhn (1922-1996).

A questão faz sentido e só surpreende que tenha tardado em ser colocada. O quadro conceitual introduzido por Thomas Kuhn, com a sua obra *The Structure of Scientific Revolution* de 1962, e a polêmica a que deu lugar, envolvendo figuras como nomeadamente Karl Popper (1902-1994), conservam ainda hoje grande parte do seu vigor e interesse. Observa-se que assim seja, já que a referida obra de Kuhn (1970a) teria contribuído decisivamente para abrir a ciência ao escrutínio das ciências sociais, uma área que desde então se tem desenvolvido de forma quase exponencial. Todavia, e paradoxalmente, Kuhn teria considerado que as ciências sociais não seriam elas próprias paradigmáticas, dada a fragmentação e o permanente confronto teórico que as caracterizava. Ao cingirmo-nos a esse primeiro quadro de referência, poderia parecer estranho incluir uma teoria de Psicologia Social no quadro das ciências paradigmáticas. Tal não será o caso, considerando-se a evolução que o próprio Thomas Kuhn (TK) introduziu na sua teorização inicial, bem como as inúmeras interpretações e aplicações levadas a efeito tanto no âmbito das ciências naturais como no das ciências sociais.

Serge Moscovici (1925-2014) (SM) pronunciou-se igualmente sobre a teoria de TK nomeadamente num texto de 1993 com o título

"Towards a Social Psychology of Science", publicado no *Journal for the Theory of Social Behaviour* e onde igualmente analisa a polêmica Kuhn-Popper. Já antes dessa data, em 1984, em resposta a um comentário de Rom Harré, SM publicara na *Social Research* um texto com o título "The Myth of the Lonely Paradigm", onde o conceito de "paradigma" é aplicado ao caso da Psicologia Social e mais especificamente à TRS por ele iniciada.

O leitor da obra de SM encontrará, de resto, muitas passagens em que o conceito de "paradigma" na acepção de Kuhn é por ele utilizada de forma não problemática. No comentário que proponho, procuro sustentar que a aplicação do conceito de paradigma fará porventura mais sentido à teoria da "influência minoritária" em que SM foi não menos pioneiro, do que à TRS, ainda que esta se revele não tanto como um "exemplar paradigmático", mas sobretudo como contribuição para a própria teoria de TK. Começarei por recordar brevemente as características do quadro conceptual proposto por TK seguindo-se a sua "ancoragem" nas teorizações de SM.

## Os paradigmas de Kuhn

A teoria de Kuhn (1970a) é bem conhecida pelo que bastará recordar os seus traços essenciais. O objetivo é analisar como o conhecimento científico cresce, tanto em termos quantitativos como qualitativos. A perspectiva proposta por TK é que esse desenvolvimento obedece a um ritmo intermitente alternando períodos longos de "ciência normal" com períodos curtos de "ciência revolucionária", dando lugar a uma substituição de paradigma. TK introduz todo um conjunto de novos conceitos, como é apanágio das teorias inovadoras.

"Ciência normal", "ciência revolucionária", "paradigmas" são termos hoje incorporados nos discursos tanto científicos como nos de senso comum, o que constitui desde logo uma ilustração da TRS proposta por SM.

O conceito de paradigma que TK adota a partir das declinações gramaticais está longe de ser claro. Margaret Masterman (1970), que examinou cuidadosamente a *Structure*, encontrou 22 acepções diferentes para o termo, o que levou TK, numa adenda à 2ª edição em 1970, a substituí-la pela designação "matriz disciplinar". Entretanto, o termo "paradigma" ficou como conceito vago apropriado pelo senso comum, mas tornado mais preciso no seu significado através da descrição como "matriz disciplinar". Recorde-se que TK, ao elaborar a sua teoria, tinha como modelo a disciplina de Física de que fora inicialmente professor em Harvard, só mais tarde optando pela vocação de historiador e filósofo da ciência. Em 1956 publicara *The Copernican Revolution*, onde o modelo já se achava aplicado de forma implícita e que viria a ser desenvolvido quatro anos depois na *Structure*.

## Matriz disciplinar e exemplares

Na década de 1970, bem como noutros textos contemporâneos TK explicita a anatomia do conceito que seria constituído pelas seguintes componentes:

1) Generalizações simbólicas.
2) Crenças metafísicas.
3) Valores.
4) Exemplares.

O conjunto é heteróclito reunindo noções heterogêneas e funções diferenciadas. Já em 1958, TK distinguia entre "função econômica" e "função psicológica" de esquemas conceptuais subjacentes ao trabalho dos cientistas. Essa distinção não figura no texto de 1962 ou na adenda de 1970, mas podemos localizá-la respetivamente nos pontos 1 e 2:

1) Por generalizações simbólicas TK entende fórmulas abreviadas – o exemplo que dá é – $f=ma$, que permitem remeter para relações nomológicas entre variáveis duma forma cognitivamente econômica. De acordo com TK, quanto maior o número de "generalizações simbólicas", maior o poder da ciência. Compare-se, por exemplo, a Física com a Psicologia, embora também aqui possamos invocar idênticos exemplos desde logo no domínio da psicofísica.
2) As *crenças metafísicas* ou *modelos* fornecem analogias e uma ontologia, ou seja, crenças metateóricas implicando adesão e comprometimento do cientista a princípios que, na terminologia de Popper, estão para além de qualquer possível falsificação. TK, como adiante se desenvolve, é sensível ao fator psicológico intitulando um dos seus artigos "Logic of Discovery or Psychology of Research?", incluído na coletânea de Imre Lakatos e Alan Musgrave. Uma

noção próxima das crenças metafisicas encontra-se nos *Thêmata*, de Holton (1973), que orientam a imaginação científica muitas vezes expressa nas grandes oposições conceptuais como a oposição contínuo/descontínuo, retomados igualmente por Moscovici e Vignaux (1994).

3) Os "valores" a que TK se refere são essencialmente valores epistêmicos, tais como *simplicidade, consistência, rigor, testabilidade*, a que poderíamos acrescentar os valores do *ethos mertoniano – comunalismo, universalismo, desinteresse, originalidade e ceticismo* – (Merton, 1938) de caráter deontológico. TK não inclui, pelo menos de forma explícita, valores não epistêmicos que não irão escapar ao escrutínio da sociologia da ciência atenta à ligação estreita da ciência aos poderes fáticos. De resto, já Ian Mitroff (1974) opunha ironicamente às normas de Merton as contranormas de *secretismo, particularismo, interesse e dogmatismo.*

4) Finalmente os "exemplares" constituem o núcleo central da matriz disciplinar. Um exemplar é um exemplo prototípico, um modelo que, em termos hegelianos, como adiante veremos, ilustra a realização do universal num particular. TK dá o exemplo do pêndulo. Nas palavras de TK, "os cientistas resolvem enigmas (puzzles) modelando-os em soluções anteriores com frequência com um recurso mínimo a generalizações simbólicas" (1970a, p. 189-190).

## Excursus

A forma como TK caracteriza a noção de paradigma e sobretudo como a operacionaliza sob a designação de matriz disciplinar apresenta analogias claras com a noção de representação social introduzida por SM, como este de resto declara no texto em que examina a teoria de Kuhn:

> [...] temos de acentuar a ideia de que teorias, paradigmas etc. são representações [...] e na medida em que são públicas, produzidas e compartilhadas por uma comunidade são Representações Sociais [...] tal como aprendemos a partir de numerosos estudos; as Representações Sociais compreendem uma rede de conceitos, imagens aglutinadas (*held together*) por um núcleo central de ideias e valores firmes e constantes a que os membros de um grupo se acham particularmente comprometidos (*committed*) (Moscovici, 1993, p. 365-366).

No estudo *princeps* sobre a representação social da psicanálise, um típico exemplar kuhniano, publicado na mesma data que o livro de Kuhn, esse núcleo central de representação, designado por núcleo figurativo, constela um conjunto de noções-chave – *inconsciente, consciente, recalcamento e complexo* – cujo "valor é indicativo sem ter uma significação precisa" (Moscovici, [1961], 1976, p. 241), o que permite que a representação adquira um valor simbólico e como tal imensamente flexível. Curiosamente nas suas formulações mais recentes da perspectiva estruturalista que veio a operacionalizar a noção de núcleo central, essa noção é substituída por *núcleo-matriz* para melhor acentuar a natureza vaga da representação do senso comum: "[...] o núcleo-matriz permitirá denotar o objeto da representação, de agregar num mesmo conjunto experiências dispersas desse objeto e federar os membros dum grupo em torno de opiniões aparentemente consensuais em torno desse objeto" (Moliner; Guimelli, 2015, p. 114).

A proximidade entre a noção kuhniana de paradigma e a noção moscoviciana de representação social, bem como a função que desempenham tanto em termos econômicos (lógicos) como psicológicos (motivacionais) na estruturação de teorias, sejam científicas ou de senso comum, não deve levar a concluir que a TRS seja ela própria uma teoria paradigmática, tal como de resto a teoria de TK relativa à dinâmica da produção do conhecimento (científico) também não seria em si mesma uma teoria paradigmática, ou seja, uma teoria que tivesse alcançado o estado de "ciência normal". Se aplicarmos os critérios do programa forte de Bloor designadamente no que se refere à "reflexividade", não creio que a teoria de Kuhn possa em si mesma ter ultrapassado o estado pré-paradigmático, não obstante as dezenas de anos decorridos desde a sua introdução. O debate a que a teoria deu lugar continua dividindo as diferentes posições e alternativas. Tratando-se duma teoria apenas descritiva, como é também o caso da TRS, compartilha o estatuto das disciplinas idiográficas sem paradigma dominante e, como tais, dificilmente capazes de ultrapassar a situação pré-paradigmática.

## Natureza social dos paradigmas

Entre as razões do interesse que o modelo de Kuhn suscitou, não será de menor relevo o papel atribuído à noção de "comunidade científica" como conjunto de cientistas que compartilham e seguem o mesmo paradigma. Tratava-se de algo novo, de caráter simultaneamente social e epistêmico, sociocognitivo, como preferem os psicólogos sociais.

A noção de "comunidade científica" viria a ser enunciada e estatuída por W. Hägstrom na obra que publicou em 1965 com o título *The Scientific Community*. TK estaria familiarizado com as ideias de Hägstrom, já citado na edição de 1962, "cuja obra na sociologia da ciência por vezes coincide (*overlaps*) com a minha" (1970a, p. 40). Na adenda de 1970, Hägstrom é novamente citado pelo seu contributo para o argumento da *Structure*.

Outro aspecto importante nesse domínio, citado explicitamente no prefácio da *Structure*, é Ludwik Fleck (1896-1969), que introduziu em 1935 o conceito de "pensamento coletivo" (*collective thought*), cuja obra TK teria lido no original alemão, já que a tradução para o inglês que TK prefaciou data de 1979.

Na agenda de 1970 e justamente a propósito dessa noção de comunidade paradigmática, TK coloca a questão de circularidade: "Um paradigma é aquilo que os membros duma comunidade científica compartilham (*share*) e reciprocamente, uma comunidade cientifica é constituída por homens (*men*) que partilham o mesmo paradigma" (Kuhn, 1970a, p. 176). Logo a seguir acrescenta, porém, que "nem todas as circularidades são viciosas [...] mas esta apresenta reais dificuldades" (p. 176). Mas tanto para Kuhn como para Fleck o círculo é quebrado atribuindo prioridade aos membros cujas afinidades eletivas os levam a formar uma comunidade, seja no domínio da investigação científica ou da prática profissional. Importa notar que TK alarga o conceito de comunidade cientifica para além do círculo restrito de cientistas *stricto sensu*, nela incluindo os profissionais que aplicam a ciência – por exemplo, os médicos ou os engenheiros, ou ainda os professores que a transmitem e assim socializam seus futuros membros.

Em regime de ciência normal, a direção da causalidade inverte-se, passando o paradigma a "dogma", a um tempo porventura demasiado forte, mas que o próprio TK introduz num dos seus textos publicado em 1963. Esse será porventura um efeito por um lado perverso, mas, por outro lado, instrumental, que explicaria o sucesso e a resistência à mudança paradigmática e que, dirá Max Planck (1858-1947), só muda com a morte dos seus senadores – "rather die than switch" (*apud* Moscovici, 1993, p. 364).

Esse caráter de sistema fechado, que tanto Fleck como Kuhn atribuem às comunidades paradigmáticas, parece não ter em conta que as disciplinas não são apenas internamente controladas, mas também, através das disciplinas próximas, são parte da "transitividade das avaliações de vizinhança" ("neighbouring appraisals"), tal como observa Hermínio Martins (1996/1970), a partir de M. Polanyi (1958, p. 216-258). Note-se que na caracterização da "autonomia" da matriz disciplinar os valores epistêmicos aí elencados – simplicidade, consistência, rigor e testabilidade – não são exclusivos de um paradigma específico, mas largamente partilhados pela comunidade científica na acepção mais ampla da sociologia da ciência, quer de T. Merton, quer de W. Hägstrom. Trata-se de um aspecto de forma alguma secundário, para o qual Hermínio Martins dá um contributo significativo e que ajuda por outro lado a melhor articular com a TRS.

Martins (1996) recorda um curso que Émile Durkheim (1858-1917) conduziu na Sorbonne em 1913/1914, próximo do final dos seus dias, sobre o tema "Pragmatismo e sociologia". Nesse curso raramente citado, Durkheim, centrando-se no século XVIII e abordando os "diferentes tipos de verdades", distingue "dois tipos de verdade: as metafísicas e as científicas", ambas produto do que ele designa por "consciência coletiva".

> As ideias científicas apresentam todas as características necessárias para se tornarem representações coletivas. A verdade científica contribui para reforçar a consciência social, tal como o pensamento metafísico, embora por outras vias. Como podem, com efeito, os espíritos particulares comunicar entre si? De duas formas. Ou confundindo-se uns com os outros, de forma a não serem mais do que um espírito coletivo. Ou, antes, comungando num mesmo objeto que é o mesmo para todos, cada um deles mantendo a sua personalidade, como as mônadas de Leibniz, em que cada uma exprime o universo no seu conjunto conservando a sua individualidade. O primeiro processo é o do pensamento mitológico; o segundo, o do pensamento científico (Durkheim, 1913, 1914, p. 99).

Reconhece-se aqui, como nota igualmente Martins (1996), os dois tipos de solidariedade: a "mecânica" e a "orgânica", que Durkheim introduziu na *Divisão do trabalho social*. Martins vai mais longe, e julgo que em convergência com SM, ao acentuar que as próprias comunidades científicas das ciências sociais nomotéticas, no seu núcleo duro, paradigmático, sejam regidas pela "solidariedade mecânica", dogmática, mas em todo o caso abertas ao controle indireto, "orgânico", de natureza interdisciplinar, ou mesmo a um escrutínio mais amplo de agências de regulação e da sociedade civil. Veja-se nomeadamente Nowotny, Scott e Gibbon 2003 na proposta que introduzem do novo modo (M2) de produção científica na atual contemporaneidade.

TK parece de fato consciente de que a ciência não é um mero aglomerado de paradigmas justapostos, e que haveria um grau zero de unidade da ciência, pelo menos em nível sincrônico, cujo campo seria constituído por um tecido de disciplinas imperfeitamente acopladas, ainda que regidas por uma "pecking order", onde a Física tenderia cada vez mais a perder a sua tradicional posição dominante.

A noção de comunidade, tal como a de paradigma, comporta, por outro lado, diversos níveis de elaboração. Podemos falar de comunidade científica em nível mundial, como de paradigmas altamente abstratos como seriam as "epistemes" de M. Foucault (1926-1984), ou o muito debatido cisma das duas culturas de C. P. Snow (1905-1980), ou na distinção entre ciências naturais (nomotéticas) e ciências do espírito (idiográficas) de W. Windelband (1884-1915), ou ainda modelos e perspectivas mais específicos como o positivismo *versus* interpretativismo, o racionalismo *versus* empirismo, a lista é longa.

A proposta de TK é bem mais específica, situando-se preferencialmente nos níveis intra ou mesmo subdisciplinar. Os paradigmas/matrizes não devem confundir-se com as fronteiras disciplinares, já em si muitas vezes difusas. TK admite a existência de comunidades altamente específicas ou mesmo de protocolos experimentais que poderão não exceder 25 membros, numa situação de que poderíamos citar exemplos em Psicologia Social, onde encontramos expressões como: o paradigma de Asch, o paradigma de Sherif, o ainda o paradigma azul/verde de Moscovici.

## Excursus

O problema da circularidade paradigma-comunidade, que de algum modo preocupou TK, também surgiu na agenda de SM. No texto com o título "The Myth of the Lonely Paradigm: A Rejoinder", publicado em 1984, constituindo uma réplica a um texto de Rom Harré, publicado no mesmo número com o título "Some Reflections on the Concept of 'Social Representations'", SM procura dar resposta ao problema da circularidade aí igualmente colocado por Rom Harré.

A dificuldade é ainda mais perturbadora pelo fato de sugerir que a teoria proposta por SM, sobretudo nos seus "exemplares", nem sequer estaria sujeita ao paradoxo da circularidade, já que as representações a partir das quais são deduzidos os núcleos paradigmáticos não seriam produzidas por comunidades, mas por indivíduos dispersos sem relações recíprocas. Se G. Jahoda (1988) viria a criticar a TRS pelo recurso ao fantasma da "mente grupal" (*group mind*), este texto anterior de R. Harré revelava-se ainda mais radical ao sugerir que não havia sequer "group mind", uma vez que os grupos examinados seriam grupos nominais, taxonômicos e não grupos estruturais, comunitários, de relações face a face.

> O papel do "social" nas obras da Escola Francesa (French School) parece-me reduzir-se à influência das situações sociais de atores humanos individuais [...]. Isso porque a forma seguida segundo a qual um indivíduo funciona é influenciada pelas situações em que ele ou ela se encontra. Embora a avaliação do princípio da uniformidade esteja certamente correta, o seu emprego do conceito "social" é sempre em última análise uma versão do individualismo (Harré, 1984, p. 930, 931).

A acusação é séria, já que põe em causa o próprio conceito de "representação social", que, segundo SM, seria o conceito-chave para introduzir um paradigma estável e sustentável em Psicologia Social, onde as mudanças paradigmáticas não duram mais do que uma década. "Sabemos que a Psicologia Social muda de paradigma de dez em dez anos" (Moscovici, 1984, p. 18). SM vai mesmo mais longe ao vaticinar que a sua TRS, como "todos os conceitos profundos, parece ter necessidade de pelo menos cinquenta anos para atingir as camadas mais profundas da comunidade científica [...] como é o caso das Representações Sociais" (p. 181).

Na verdade SM visava dar continuidade ao legado da distinção de Durkheim entre representações coletivas e representações individuais, em que as representações seriam um elemento intermédio e mediador. Os comentários críticos tanto de Harré como de Jahoda levaram a introduzir mudanças significativas nas pretensões iniciais, como desde logo a distinção entre modalidades de representações hegemônicas (durkheimiana), emancipadas (individuais) e polêmicas, conduzindo inclusive a admitir que a distinção entre representações coletivas e representações individuais em última análise se traduz na dominância prototípica das Representações Sociais polêmicas como produto de uma solidariedade mecânica agregadora de grupos em conflito.

Porventura, um "exemplar" mais adequado do conceito de comunidade paradigmática seja o estudo efetuado por Denise Jodelet (1989) de uma comunidade rural francesa que acolhia doentes mentais, situação que deu lugar à produção de representações coletivamente partilhadas, misturando informações de origem profissional e científica com inferências da observação local e ainda com mitos e preconceitos oriundos da memória social. Acresce que o isolamento da comunidade e o número relativamente reduzido dos seus membros o torna mais comparável com as comunidades paradigmáticas de TK, oferecendo uma alternativa metodológica que aproxima a TRS das matrizes disciplinares da antropologia social e cultural.

Se o paradoxo da circularidade é problemático no nível disperso do senso comum, tal não sucede ao nível das comunidades científicas, como se verifica na distinção ontológica que SM estabelece na *Psychanalyse* entre o universo consensual do senso comum, aquele regido pela norma da solidariedade mecânica, por perturbador que seja encontrar sinais de dogmatismo na cidadela do racionalismo. Invocando novamente o critério da reflexividade, restaria perguntar se tal seria igualmente o caso da comunidade reunida em torno da TRS, se a poderíamos igualmente incluir no universo reificado da ciência, ou se mais próximo dos processos consensuais que procura descrever. O que parece faltar na caracterização de SM seria essa zona de transição interdisciplinar referida por Hermínio Martins, onde se exerce um controlo social indireto regido pela solidariedade orgânica.

## O estatuto ambíguo da Psicologia

Sabemos que TK distinguia as ciências maduras das imaturas incluindo nestas últimas as ciências sociais pela incapacidade de estabilizarem um paradigma dominante permitindo a passagem de um estado pré-paradigmático, revolucionário, a um regime de ciência normal, paradigmática. As ciências sociais seriam um exemplo de disciplinas pré-paradigmáticas envolvidas em controvérsias permanentes, fragmentadas em múltiplas escolas, sem lograrem alcançar uma unidade mínima. É nesse contexto que ocorre perguntar qual o estatuto epistemológico da Psicologia na perspectiva de TK. A questão comporta alguma ambiguidade, porque na própria comunidade científica da disciplina nem tudo o que sob o seu nome se pratica é consensualmente admitido como ciência, ou pelo menos como ciência obedecendo aos níveis tradicionais de racionalidade e de confronto com a experiência. O caso da psicanálise não será porventura o único a suscitar dúvidas mesmo no interior da disciplina.

Não vamos entrar nesse debate infinito, bastando recordar que em termos históricos a psicologia constitui-se como ciência a partir de 1879 com Wilhelm Wundt (1832-1920), que, se por um lado criou um laboratório de psicologia experimental e desse modo a inseria no cânone das ciências naturais (*Naturwissenschaften*), por outro lado também nos legou os dez volumes da *Völkerpsychologie*, que redigiu nos últimos vinte anos da sua longa vida. Nesse outro projeto, bem mais próximo das "Geisteswissenschaften", Wundt procurava examinar as representações coletivas, tais como a linguagem, a religião, os costumes, mitos e magia em termos dos resultados da "ação recíproca da multiplicidade" (Wundt, 1916, p. 3, *apud* Farr, 1996, p. 90).

Embora pudéssemos recuar ainda mais – recorde-se o famoso dito da *longa história e do passado recente* da disciplina –, basta partir desse momento fundador para situar essa identidade difusa entre as ciências naturais e as ciências sociais, entre a psicologia geral (experimental) e a Psicologia Social, que, por seu turno, virá, como veremos, a tornar-se pelo menos em parte igualmente experimental. Num estudo realizado em 1995 sobre a comunidade científica portuguesa, verificou-se que a psicologia era a única disciplina em que metade dos seus membros se identificava com as ciências naturais, enquanto que a outra metade se identificava com as ciências sociais (Jesuíno *et al.*, 1995).

Para o problema que aqui nos ocupa, interessa, sobretudo, examinar em que medida podemos localizar na disciplina, por reduzidas que sejam as instâncias, comunidades paradigmáticas em contraste com outras de caráter mais pré-paradigmático. Sob esse aspecto, será difícil recusar que os critérios restritivos do paradigma behaviorista, que reduziu a psicologia científica ao estudo do comportamento tanto animal como humano, teriam conseguido "normalizá-la" durante cerca de meio século, ao longo do qual houve oportunidade de aperfeiçoar, mediante, tal como refere TK, a resolução de enigmas (*puzzles*) ou mesmo de se diferenciar, como teria sido o caso dos subparadigmas de Clark Hull (1884) e de Edward Tolman (1886-1959).

Ainda aplicando a grelha de TK, poderíamos dizer que esse paradigma, embora não tenha esgotado suas potencialidades, deu lugar a um outro já esboçado desde os tempos de Wundt, da psicologia como ciência da vida mental, capaz de quebrar o tabu da caixa negra tida como inacessível à observação e à experimentação exigidas pela metafísica positivista. Não será apenas no domínio da psicologia que se verifica que as mudanças paradigmáticas não ocorrem necessariamente por virtude de crises, tampouco que as disciplinas, mesmo na sua versão experimentalista, comportam apenas uma linha sucessória. Veja-se John Greene (1979), entre outros, para o caso da aplicação do paradigma kuhniano à revolução darwiniana.

O novo paradigma que emerge historicamente em psicologia deve-se, em grande medida, a Jerome Bruner (1915-2016), com os seus estudos sobre a percepção tanto natural como social que vieram dar origem à revolução cognitiva em psicologia (Gardner, 1985). A *Newlook School*, como veio a ser designada, veio demonstrar que as expectativas contribuíam para enviesar as percepções dos sujeitos (humanos), os quais tendem a ver o que esperam. Numa série de experiências, Bruner e Postman (1949) mostraram, por meio de projeções taquistoscópicas variando entre os 10 e os 1.000 milissegundos, que os sujeitos tendiam a corrigir figuras "erradas" de cartas de jogar (copas pretas percepcionadas como vermelhas).

TK teve conhecimento de tais estudos acolhendo-os com entusiasmo, explicitamente citado na *Structure* (1970a, p. 63). A ideia de que as expectativas possam condicionar a putativa objetividade da observação científica, que a teoria possa preceder a realidade, era algo que confortava a perspectiva de TK que desse modo introduzia, mais do que uma sociologia, uma psicologia (social) das práticas científicas e do modo como evoluem. O novo paradigma de Bruner apresentava, por outro lado, a vantagem de propor uma "viragem" cognitiva comum tanto aos processos individuais como aos processos sociais, conforme veio de fato a verificar-se com a consolidação do sociocognitivismo, como ciência madura e paradigmática. Curiosamente o mesmo Jerome Bruner que iniciou o New Look e o "cognitive turn" seria também quem mais rapidamente se desencantou com o rumo inevitavelmente positivista que o novo paradigma assumiu. Trinta anos depois, no Prefácio que redigiu à 2ª edição do seu estudo seminal, *A Study of Thinking,* inicialmente publicado em 1956, em coautoria com J. Goodnow e G. Austin, escreve:

> [...] em lugar de velhas cadeias de behaviorismo deparamos agora com uma nova espécie de cadeias: as computacionais. Não há dúvida que existem analogias entre artefatos que simulam a mente e as mentes humanas. Mas há também profundas diferenças. A principal é de caráter funcional: como é o pensamento moldado para servir as nossas intenções e nos contextos em que somos compelidos a operar como seres humanos dependentes da cultura (*culture-reliant*) (Bruner; Goodnow, 1986, p. XV).

O desencanto de Bruner leva-o a introduzir uma nova inflexão paradigmática que ele designará por "viragem narrativa" (*narrative turn*) ancorada no senso comum e na teoria da atividade desenvolvida pelos russos Alexander Luria (1902-1977) e Lev Vygotsky (1896-1934) na década de 1930, viragem esta que, ao que podemos imaginar, o remeteria para o limbo da disciplinaridade pré-paradigmática. Não será, de resto, menos sintomático que Bruner oponha a perspectiva narrativa à perspectiva paradigmática como ele as designa, nas suas não menos famosas obras *Actual Minds, Possible Worlds* (1986) e *Acts of Meaning* (1990), onde, à procura de sentido, passa a constituir o objeto por excelência da sua pesquisa.

## Excursus

O interesse de TK pela psicologia, o interesse que por ela nutriu e que tão significativa influência teve na sua teoria não se limitou ao cognitivismo de J. Bruner. Uma outra influência teria sido exercida pelo filósofo da ciência Norwood Hanson (1924-1967), aliás citado, pela relevância atribuída à psicologia da *Gestalt* iniciada em 1912 como alternativa ao atomismo behaviorista. De acordo com essa nova orientação, a experiência ocorre em totalidades estruturadas e o objeto da psicologia seria o estudo das propriedades de tais totalidades. Particularmente sugestivas e intrigantes foram certas configurações holísticas de caráter ambíguo que colocavam problemas à ciência da percepção, como é o caso do cubo de Necker ou do coelho/pato, ou da jovem/velha.

No *cartoon* da revista *New Yorker*, particularmente irônico, que reproduzimos, percebe-se a perplexidade do jovem aprendiz hesitante quanto à origem (velha ou jovem), que tenta ensinar-lhe um truque para projetar com as mãos uma figura igualmente ambígua (um coelho ou um pato). Essas figuras ambíguas introduzidas pela *Gestalt* exerceram uma forte atração não só junto de Hanson e de Kuhn, mas também de Wittgenstein e até de Popper, *pace* o seu desdém pela psicologia. A passagem é obrigatória, dado seu potencial como metáfora.

Figura 1: *Shadow Puppet*, de Paul Noth, *The New Yorker*, 3 jul. 2017

Para TK tais processos no nível da percepção constituíam metáforas de conversões que ocorrem na mudança de paradigma, cuja aceitação é menos derivada de argumentação lógica do que por uma viragem, pela passagem brusca a um novo ponto de vista que torna subitamente visível o que anteriormente se achava oculto. A ideia de que a mudança paradigmática obedece a esse processo de "gestalt switch" é central no argumento de TK: "o que eram patos no mundo do cientista antes da revolução são depois dela coelhos" (1970a, p. 111).

Idêntica mudança gestáltica, podemos encontrar no paradigma da "influência minoritária" que tornou SM igualmente famoso como psicólogo social experimental. Podemos estabelecer alguns paralelismos entre as trajetórias de Jerome Bruner e Serge Moscovici, igualmente divididos entre o experimentalismo racionalista da ciência normal e o interpretativismo qualitativo das representações emergentes da cultura do senso comum.

SM, ao interpretar o famoso paradigma de Asch em termos de influência minoritária, ilustra de forma clara como o mesmo fenômeno é suscetível de outra visão, outra *Gestalt*, que altera radicalmente o seu significado. Essa nova perspectiva, relativa aos processos de influência social, está na base de toda uma estratégia de pesquisa experimental que ficará conhecida como o paradigma "azul-verde" introduzido por SM em virtude de se basear na mudança de percepção cromática por influência de juízos emitidos por participantes cúmplices do experimentador.

Sob esse aspecto, e retomando a questão de origem, tanto os estudos experimentais de Bruner como os de Moscovici se inserem no modelo de Kuhn. Poderemos considerá-los talvez mais apropriadamente como subparadigmas em torno dos quais se formam as tais minicomunidades referidas por TK, empenhadas em multiplicar os cenários, ou seja, em resolver os enigmas (*puzzles*) que o próprio paradigma formula, procurando alargar o seu campo de aplicação de múltiplas variantes.

A vantagem da ciência normal, como insiste TK, reside na sua fecundidade, na acumulação de resultados, tornada possível precisamente pela ausência da obsessão popperiana pela refutabilidade. O mesmo dificilmente se aplica, no caso de SM que aqui mais particularmente nos ocupa, à TRS que, embora igualmente consiga federar a sua própria comunidade de praticantes fiéis, não parece ter conseguido impor-se como alternativa ao cientificismo positivista dominante.

Não que as alternativas propostas sejam menos legítimas ou inclusivamente mais enriquecedoras para um melhor conhecimento da condição humana, ou para a procura de sentido a que alude Bruner, mas porque dificilmente se inserem no quadro do que tradicionalmente e talvez legitimamente continue a considerar-se como ciência.

Cabe aqui recordar Pierre Gréco, colaborador de J. Piaget, que num ensaio sobre epistemologia da psicologia e a propósito do que ele designa como o "veto do positivismo" virá a concluir melancolicamente, em termos quase wittgensteinianos: "É a desdita (*malheur*) do psicólogo: ele nunca está seguro que aquilo que faz seja ciência. E quando a faz nunca está seguro que isso seja psicologia" (Gréco, 1967, p. 937).

## O debate Popper-Kuhn

Para um texto que vai longo, não será possível, nem porventura interessaria, entrar aqui em pormenores de um tema que tem sido objeto de uma vasta literatura possivelmente bem conhecida. Recorde-se que a polêmica teve lugar em 1965, em Londres, no quadro de um Colóquio Internacional de Filosofia da Ciência, nele intervindo, para além de Thomas Kuhn (1970b) e Karl Popper, seu principal opositor, outros participantes, merecendo referência especial Imre Lakatos, que, juntamente com Alan Musgrave, veio a editar em 1970 um volume reunindo as contribuições dessa sessão, com o título "Criticism and the Growth of Knowledge", uma obra de referência incontornável para um melhor entendimento dessa temática.

TK abre com um texto cujo título é "Lógica da descoberta ou psicologia da investigação", que Popper comenta em termos muito críticos com o texto "A ciência normal e os seus perigos". É nessa mesma coletânea que Margaret Masterman apresenta no seu texto as 22 acepções da noção de paradigma na *Structure* e onde Lakatos, um dos editores, insere um longo texto de cem páginas, onde propõe, em lugar da noção de paradigma, a noção de "programa de investigação" (*research program*), frequentemente indicado como uma tentativa de síntese, ainda que bem mais próxima de Popper do que de Kuhn. A proposta de Lakatos envolve ainda uma sugestiva referência ao papel das comunidades científicas como "cintura protetora" do núcleo duro da teoria.

O debate Popper-Kuhn, como observa F. Gil, "é curioso na medida em que as afinidades conceptuais e os cruzamentos que se podem estabelecer entre as escolas são, pelo menos, tão grandes como os seus motivos de discussão, devidos essencialmente a diferenças na importância concedida a tal ou tal ponto específico" (Gil, 1979, p. 170).

Na verdade, tanto Popper como Kuhn são ambos neokantianos, como igualmente estão de acordo com o "new look" de Bruner, ou seja, que a teoria condiciona a observação e que a expectativa desempenha um papel ativo no processo, ou ainda que as teorias científicas incluem forçosamente construtos metateóricos não observáveis. E certamente que Kuhn está ao lado de Popper quando se trata de rejeitar a psicanálise ou o marxismo como ciências, embora não exatamente pelas mesmas razões de falsificabilidade invocadas por Popper. Também Popper vai diferir de Kuhn no que se refere à incomensurabilidade das teorias, especialmente nas fases "revolucionárias", o que choca com o seu racionalismo radical. Popper é igualmente muito crítico quanto à suposta fecundidade da ciência normal, a qual lhe parece transformar os cientistas em burocratas à *la* Weber. Para Popper, a verdadeira ciência é sempre revolucionária, regida pela dialética das "conjeturas e refutações".

Kuhn (1970b) objetará, por seu turno, que Popper propõe mais uma ideologia do que uma lógica do conhecimento. Popper parece, na verdade, desenvolver uma posição de caráter normativo e prescritivo, e estar mais interessado em mostrar como a ciência deveria ser praticada, enquanto Kuhn se situa num plano mais descritivo centrando-se na forma como a ciência é de fato praticada.

Daí também a acusação de "psicologismo" e "sociologismo", as "bêtes noires" dos filósofos da ciência. Não que Popper ignore que a psicologia possa desempenhar um papel nomeadamente nas intuições que contribuem para as analogias e metáforas a que os investigadores possam recorrer para construir as suas teorias, mas porque justamente isso não lhe interessa, precisamente por estar fora do alcance da ciência. A acusação de psicologismo é excessiva se por tal se entender características de personalidade dos investigadores, mas não, como precisa Kuhn, no sentido em que:

> [...] a explicação deve, em última análise, ser psicológica ou sociológica, ou seja, deve ser uma descrição do sistema de valores, de uma ideologia, juntamente com uma análise das instituições através das quais esse sistema é transmitido e imposto. Conhecendo o que os cientistas valorizam podemos ter esperança de entendermos que problemas tentarão abordar e quais

> as escolhas que farão em circunstâncias particulares de conflito. Duvido que haja outro tipo de resposta (Kuhn, 1970b, p. 21).

Para Popper, pelo menos neste debate a que o filósofo, todavia, não se reduz, o desprezo pela sociologia e pela psicologia que nem sequer distingue, reveste-se aqui de uma rudeza sintomática:

> De fato, comparada com a Física, a sociologia e a psicologia estão enredadas (*riddled*) em modas e dogmas não controlados. A sugestão de que podemos encontrar aqui algo de "objetivo, pura descrição" acha-se claramente errada. Além de que, como pode o regresso a estas ciências frequentemente espúrias ajudar-nos nesta dificuldade particular? Não é a "ciência" sociológica (ou psicológica, ou histórica) que fará apelo a fim de decidir a que corresponde a questão "o que é a ciência" ou "o que é de fato normal em ciência?" (Popper, 1970, p. 57, 58, tradução nossa).

Popper parece recear que o processo que exageradamente classifica de psicologismo ou de sociologismo se traduza num relativismo dificilmente aceitável pela racionalidade científica e que Kuhn igualmente repudia. No cerne do debate está o processo através do qual as teorias mudam, que Popper considera ter lugar por via exclusiva do exercício da razão e a que Kuhn (1979) acrescenta razões psicológicas e sociais. Mas se por um lado Popper parece ser pouco realista ao atribuir à falsificabilidade um papel que numa evidência empírica nem sequer a "lógica da descoberta" confirma, por outro lado também Kuhn não o será menos ao apelar para processos de conversão inspirados na metáfora da psicologia da *Gestalt* e sobretudo quando tal implica que a transição se processe de forma rápida e global, o que não corresponde de forma alguma ao que se observa na história da ciência.

Para esse debate que opõe Popper a Kuhn, Moscovici dá uma contribuição importante no seu estudo de 1993, que retomamos, sobre a psicologia da ciência. Estando em causa um problema, Kuhn diria um "puzzle", relativo a uma mudança tanto social como cognitiva, não surpreende que SM tivesse algo de significativo a propor a partir das novas perspectivas que introduziu nos processos de influência social, ou seja, o novo paradigma relativo ao papel das minorias no processo de conversão das maiorias. Na verdade, o que parece menos claro tanto em Popper como em Kuhn, e que conduz a que o debate seja pouco conclusivo, é a análise dos processos de mediação que permitem explicar como a mudança se opera.

Tanto Popper como Kuhn falam dos cientistas, seja individualmente, como em grupo, de forma abstrata, sem ter em conta como já Frederic Bartlett (1886-1969) observava em 1923 e SM aqui recorda, que os indivíduos em circunstância alguma são unânimes nas suas ideias (Moscovici, 1993, p. 364).

A diversidade é por outro lado fonte de conflito, havendo que distinguir, como observa SM, entre crenças específicas e crenças extraordinárias ou convicções, estas últimas oferecendo uma quase absoluta resistência à mudança. Há inúmeros exemplos de tais convicções inabaláveis no universo da ciência e um caso porventura típico será o de Albert Einstein (1879-1955), cujas novas ideias encontraram resistência em cientistas como Hendrik Lorentz (1853-1928), Henri Poincaré (1854-turr1912) e Ernst Mach (1838-1916), vindo ele próprio por seu turno a resistir à ideia de que "Deus possa jogar aos dados" como parece estar implícito nas novas propostas da física quântica.

A forma como as crenças se acham distribuídas nos grupos em termos maioritários ou minoritários tem influência nas dinâmicas de grupo, como SM mostrou através de inúmeros estudos experimentais. Segundo as hipóteses formuladas, a influência exercida pelas minorias realiza-se de forma diferente da exercida pelas maiorias. A influência minoritária envolve crenças superficiais e opera através do desejo das minorias em continuar a participar no grupo. Esse é o processo da conformidade tradicionalmente considerado dominante em Psicologia Social que SM irá pôr em causa, ao mostrar que as minorias podem igualmente exercer influência sobre as maiorias e, sobretudo, que é através delas que a inovação se produz. As minorias conduzem, pela surpresa que uma visão dissidente, anômala, e especialmente quando defendida com convicção e consistência, a que os sujeitos-alvo se centrem nos argumentos e os processem em termos mais aprofundados (centrais) e eventualmente podem conduzir à conversão ainda, ou sobretudo de forma latente, por via do inconsciente cognitivo. Limito-me a um brevíssimo resumo do que constitui "um projeto de investigação" que logrou promover numerosos testes e variantes experimentais – o que poderíamos considerar como um exemplo da ciência normal kuhniana.

Especificamente no que se refere a Popper, o novo paradigma de SM permitiu apurar que, nomeadamente em regime de ciência normal, não se verifica, com efeito, como salientam os kuhnianos – e não apenas eles, já que Popper também o admite –, qualquer tendência para falsificar, predominando, pelo contrário, a tendência para confirmar os pressupostos derivados dos "habitus" adquiridos, e da forma estereotipada como as próprias questões são apresentadas.

SM convoca aqui a evidência empírica produzida pela psicologia cognitiva designadamente por Peter Wason (1924-2003). Mas a hipótese de falsificabilidade de Popper não é de todo descabida em regime de "ciência revolucionária", ou seja, em situações em que minorias dissidentes introduzam argumentos desconfirmatórios que levam as maiorias a aceitar novas regras. Em resumo, escreve "como se de fato a epistemologia de Kuhn fosse apropriada para a ciência normal e para cientistas orientados para o consenso, enquanto que a epistemologia de Popper o fosse, para a ciência extraordinária, envolvida numa revolução, produzida por cientistas orientados para a dissenção" (Moscovici, 1993, p. 363).

Note-se que TK não iria possivelmente contra tal conclusão se tivermos em conta que já em 1962 admitia que "para descobrir como as revoluções são efetuadas temos que examinar não só o impacto da natureza e da lógica, mas também as *técnicas de argumentação persuasiva eficazes* no interior dos grupos especiais que constituem a comunidade de cientistas" (Kuhn, 1970a, p. 94, grifo nosso).

O que é apenas enunciado por TK é operacionalizado e testado por SM, que, desse modo, contribui para um aprofundamento e validação de hipóteses teóricas. A Psicologia Social experimental, por muito que Popper resista, tem na verdade um papel importante a desempenhar abrindo a caixa negra da produção científica pelos cientistas. Mas SM vai mais longe procurando igualmente esclarecer o puzzle da *Gestalt*, não através de um "novo olhar" sobre o processo psicossocial das transições paradigmáticas. Nesse sentido, recusa a solução de compromisso proposta por Lakatos entre as duas epistemologias opondo-lhe uma solução menos dialética e mais dialógica de "duas epistemologias complementares", uma inerente ao conhecimento já produzido, a outra no conhecimento em formação (*in making*) (Moscovici, 1993, p. 363). No racional que desenvolve na última seção do seu seminal artigo, SM procede a uma releitura das revoluções kuhnianas inscrevendo-as no quadro conceptual do seu paradigma de influência minoritária que conduz a contornar a tese da "incomensurabilidade" subjacente à metáfora da *Gestalt*.

A imagem bem mais realista que SM propõe das dinâmicas da produção científica podem assim resumir-se nas seguintes teses:

1) As comunidades científicas são grupos complexos com graus variáveis de heterogeneidade no que se refere à adesão paradigmática, percorridas por conflitos latentes podendo eventualmente conduzir à emergência de minorias ativas indutoras de processos de mudança.
2) As revoluções científicas não resultam tanto de crises na resolução de problemas ou de estagnação produtiva como da criatividade e inovação introduzida por propostas minoritárias.
3) A influência exercida pelas dinâmicas minoritárias não se reduz à retórica persuasiva, a qual necessariamente nunca poderá prescindir de argumentos de carácter racional.
4) A evolução científica não se reveste de caráter intermitente, de "equilíbrio pontuado" entre longos períodos de ciência normal e períodos breves de controvérsia conduzindo a mudanças metafísicas. As mudanças em ciência, como em todos os processos sociais, têm também lugar a partir de sucessivos ajustamentos, em que uma multiplicidade de fatores tanto minoritários como maioritários é igualmente importante, tais como a liderança, o prestígio, o *Zeitgeist*, o equilíbrio de poderes.
5) A adesão a um novo paradigma conflitante com as crenças derivadas de um *habitus* adquirido por via da socialização e reforçado pela prática quotidiana requer um processo psicológico complexo de interiorização do conflito que eventualmente conduz a uma reconversão.
6) Tal processo de conversão é difícil, senão impossível, de se exercer no caso de crenças profundamente alicerçadas, ou seja, de convicções resistentes tanto a argumentos racionais como a táticas de persuasão.
7) Em ciência tais convicções são compatíveis com as exigências da racionalidade. Nem tudo em ciência é racional. Basta lembrar o desconforto dos newtonianos face ao enigma da ação a distância.

Um último ponto a referir diz respeito à eventualidade de emergência de processos contrarrevolucionários que SM descreveu num artigo anterior, de 1987: "Est-ce-qu'il y a des contre-révolutions scientifiques?", dedicado a Alexandre Koyré (1892-1964), de quem TK foi igualmente discípulo e admirador. Nesse estudo de particular interesse, SM examina vários exemplos/exemplares em história da ciência, domínio em que se movimenta como especialista que também foi, e de onde conclui que as revoluções científicas se assemelham em mais do que um aspecto às revoluções sociais.

A designação de contrarrevolução visa ilustrar o processo que leva a reencontrar uma continuidade aparentemente comprometida pela mudança introduzida por novas teorias. Acresce que tais revoluções raramente conduzem a uma adesão mínima e a uma renúncia do passado. E quando não é mais possível resistir à evidência dos novos argumentos, procura-se encontrar uma continuidade nas teorias anteriores como se nelas já estivessem contidos de forma latente os ulteriores desenvolvimentos. SM vai ainda mais longe, inscrevendo esse "retorno do falsificado" numa estratégia (ideologia?) que elimina a incomensurabilidade paradigmática reclamada por Kuhn e reconstitui o quadro mais vasto de uma visão imutável da ciência. Por outro lado, contribui igualmente para contestar a proposta do carácter revolucionário da ciência ou pelo menos de que ela seja, como pretendeu Popper, a única origem das inovações que nela têm lugar.

## Considerações finais

Ivana Markova publicou em 1982 um livro com o título *Paradigms, Thought and Language*, onde aplica o conceito kuhniano de paradigma no nível da filosofia, numa perspectiva próxima das *epistemes* de Michel Foucault (1926-1984). Esse texto, notável a vários títulos, permite organizar uma visão mais compreensiva da questão da incomensurabilidade nas mudanças paradigmáticas que o debate Popper-Kuhn veio a gerar sem encontrar uma resposta clara.

Mesmo a análise de SM que brevemente examinamos não nos parece conclusiva. Trata-se de uma questão central para uma epistemologia que procure fundamentação para a unidade ou descontinuidade da ciência. A questão não é menos importante quando se discutem critérios de demarcação, sobretudo para as ciências sociais e humanas, em que a psicologia ou pelo menos parte dela se inclui. Ivana Markova, como psicóloga social, é especialmente sensível a essa questão, pelo que seu texto poderia em grande parte inscrever-se como uma contribuição para a filosofia da psicologia. Segundo Markova, haveria que distinguir dois grandes quadros conceptuais: o *cartesiano* e o *hegeliano*. O cartesiano, que remonta ao século XVII e perdura nos nossos dias, seria paradigmático no sentido de Kuhn, ou seja, no sentido de ter gerado um modo de ciência que não obstante as múltiplas formas que assume em nível disciplinar e subdisciplinar, ou das revoluções sempre locais, que nela tenham lugar, permitem largos períodos de ciência normal, cumulativa e fecunda. Possivelmente a representação hegemônica que temos da ciência insere-se nesse quadro cartesiano. Quanto ao quadro hegeliano, Markova não considera que se trate de um paradigma, adotando, por isso, essa designação mais genérica de quadro conceptual. Segundo Markova, deve-se a Hegel a paternidade intelectual das ciências sociais que, como vimos, tendem a ser entendidas pelos kuhnianos como pré-paradigmáticas e com não menos desconfiança pelos popperianos. Em termos mais precisos, Markova caracteriza a incomensurabilidade entre os dois quadros conceptuais em termos de oposições que no essencial se resumiriam a quatro:

1) Para Descartes, a mente é *individual*, e para Hegel, é *social.*
2) Para Descartes, a mente é *estática e passiva*, para Hegel, é *dinâmica e ativa.*
3) Para Descartes, o conhecimento é *algorítmico*, para Hegel, é *circular* e *iterativo* (*circle returning within itself*).
4) O critério do conhecimento é *externo* para Descartes e *interno* para Hegel.

O texto da Markova é dedicado à análise pormenorizada de cada uma dessas dicotomias e da forma como ajudam a entender a ruptura ou incomensurabilidade que de fato confirma a grande divisão entre ciências naturais e ciências do espírito, e também como estas últimas tendem a ser absorvidas pelo paradigma nomotético (cartesiano) renunciando à sua especificidade idiográfica (hegeliana). Ruptura e incomensurabilidade que por vezes se encontra mesmo em atores individuais, como serão os exemplos que apontamos de Jerome Bruner e de Serge Moscovici, ambos aparentemente divididos entre dois estilos de pensamento dificilmente conciliáveis entre si.

No esquema de Markova, racionalismo e empirismo inserem-se, ambos, no paradigma cartesiano, o que permite explicar a polêmica, por exemplo, entre Chomsky (racionalista) e Skinner (empirista) sobre a natureza da aprendizagem da linguagem, que, por radical que pareça, não deixa de ser um conflito no interior do mesmo paradigma (Farr, 1996, p. 70). O mesmo não se aplica ao caso da Psicologia Social, dividida como se acha, desde a origem, entre Descartes e Hegel, ou seja, entre o que por vezes se designa como Psicologia Social psicológica (cartesiana) e Psicologia Social sociológica (hegeliana), esta última dificilmente tendo acesso ao círculo das ciências no seu sentido nomotético exclusivo.

E assim, numa visão sumária, se as teorias da influência minoritária, com as variáveis independentes e variáveis dependentes e o seu experimentalismo parecem enquadrar-se no modelo cartesiano, já a não falsificável TRS, com a sua causalidade circular, corresponderia, sobretudo, ao paradigma hegeliano. Nessa perspectiva e voltando à questão que está na origem deste texto, se a TRS pode ser considerada como exemplo de uma teoria local que se tornou paradigma, a resposta terá de ser qualificada. Na verdade, mesmo em nível pré-paradigmático que a teoria de Kuhn em grande parte exclui, podemos encontrar algumas das características do modelo, nomeadamente no que se refere, recorrendo à terminologia de Lakatos, um "programa de pesquisa", uma "cintura protetora" que protege o núcleo central da teoria, uma capacidade de produção de "exemplares", a par de uma *diferenciação* e *extensão* a novos domínios, ainda que com a menos desejável tendência para se fechar sobre si própria, reduzindo-se a uma mera técnica entre outras de descrição dos discursos circulantes.

## Referências

BRUNER, J. *Actual Minds, Possible Worlds.* Cambridge: Harvard University Press, 1986.

BRUNER, J. *Acts of Meaning.* Cambridge: Harvard University Press, 1990.

BRUNER, J.; GOODNOW, J.; AUSTIN, G. A. [1956] *A Study of Thinking.* New York: Wiley, 1986.

BRUNER, J.; POSTMAN, L. On the Perception of Incongruity: A Paradigm. *Journal of Personality*, v. 18, p. 206-223, 1949.

DURKHEIM, E. [1913-1914] *Pragmatisme et sociologie.* Paris: Vrin, 1955.

FARR, R. *The Roots of Modern Social Psychology*. Cambridge: Mass Blackwell, 1996.

GARDNER, H. *The Mind's New Science: History of Cognitive Revolution.* New York: Basic Books, 1985.

GIL, F. História da ciência e epistemologia: apresentação do debate Popper-Kuhn. In: CARRILHO, M. M. (Ed.). *História e prática das ciências.* Lisboa: Regra do Jogo, 1979. p. 165-182.

GREENE, J. O paradigma kuhniano e a revolução darwiniana na história natural. In: CARRILHO, M. M. (Ed.). *História e prática das ciências.* Lisboa: Regra do Jogo, 1979. p. 119-150.

GRÉCO, P. Epistemologie de la psychologie. In: PIAGET, J. (Ed.). *Logique et Connaissance Scientifique.* Paris: Gallimard, 1967. p. 927-991.

HAGSTROM, W. O. *The Scientific Community*. New York: Basic Books, 1965.

HARRÉ, R. Some Reflections on the Concept of "Social Representations". *Social Research*, v. 51, n. 4, p. 927-938, 1984.

JAHODA, G. Critical Notes and Reflections on "Social Representations". *European Journal of Social Psychology*, v. 18, n. 195-209, 1988.

JESUÍNO, J. (Ed.) *A comunidade científica portuguesa nos finais do séc. XX.* Lisboa: Celta, 1995.

JODELET, D. *Folies et représentations sociales.* Paris: PUF, 1989.

HOLTON, G. *Thematic Origins of Scientific Thought.* Cambridge: Harvard University Press, 1973.

KUHN, T. *The Copernican Revolution.* Cambridge: University of Cambridge, 1956).

KUHN, T. S. [1963] A Função do dogma na investigação científica. In: CARRILHO, M. M. (Ed.). *História e prática das ciências.* Lisboa: Regra do Jogo, 1979. p. 45-75.

KUHN, T. S. *The Structure of Scientific Revolution.* Chicago: University of Chicago Press, 1970a.

KUHN, T. S. Logic of Discovery or Psychology of Research? In: LAKATOS, I.; MUSGRAVE, A. (Eds.). *Criticism and the Growth of Knowledge.* Cambridge: University Press, 1970b. p. 1-23.

LAKATOS, I.; MUSGRAVE, A. (Eds.) *Criticism and the Growth of Knowledge.* Cambridge: University Press, 1970.

MARTINS, H. [1970] A "revolução" kuhniana e as suas implicações para a sociologia. In: MARTINS, H. (Ed.). *Hegel, Texas e outros ensaios de teoria social.* Lisboa: Século XXI, 1996. p. 21-84.

MASTERMAN, M. The Nature of Paradigms. In: LAKATOS, I.; MUSGRAVE, A. (Eds.). *Criticism and the Growth of Knowledge.* Cambridge: University Press, 1970. p. 59-89.

MERTON, J. Science, Technology and Society In Seventeenth-Century England. In: SARTON, G. (Ed.). *Osiris: Study on the History and Philosophy of Science and on the History of Learning and Culture.* Bruges: The St. Catherine Press, 1938. p. 362-632.

MITROFF, I. On the Norms of Science: A Report of a Study of the Apollo Moon Scientists. *Communication and Cognition*, v. 7, p. 125-151, 1974.

MOLINER, P.; GUIMELLI, C. *Les représentations sociales*. Grenoble: PUG, 2015.

MARKOVA, I. *Paradigms, Thought and Language*. Chichester: Wiley, 1982.

MOSCOVICI, S. Toward a Social Psychology of Science. *Journal for the Theory of Social Behavior*, v. 23, n. 4, p. 343-374, 1993.

MOSCOVICI, S. The Myth of the Lonely Paradigm. *Social Research,* v. 51, n. 4, p. 939-967, 1984.

MOSCOVICI, S. [1961] *La psychanalyse, son image et son public.* Paris: PUF, 1976.

MOSCOVICI, S. Vignaux, G. Le concept de thêmata. In: GUIMELLI, C. (Ed.). *Structure et transformations des représentations sociales: Textes de base en sciences sociales.* Neuchatel: Delachaux et Niestlé, 1994. p. 25-72.

NOWOTNY, H.; SCOTT, P.; GIBBON, M. Mode 2 Revisited: The New Production of Knowledge. *Minerva,* v. 41, p. 179-194, 2003.

POLANYI, M. *Personal Knowledge: Towards a Post-Critical Philosophy.* Chicago: The University of Chicago Press, 1958.

POPPER, K. Normal Science and its Dangers. In: LAKATOS, I.; MUSGRAVE, A. (Eds.). *Criticism and the Growth of Knowledge.* Cambridge: University Press, 1970. Cambridge: University Press, 1970. p. 51-58.

# O preconceito acima de todos: racismo e relações de poder

*Beatriz Baptista Tesche Rossow*
*Larissa dos Santos Alves*
*Paulo Rogério Meira Menandro*

À medida que os fenômenos intergrupais passaram a ser estudados pelo conjunto das ciências sociais, especialmente no início do século XX, em contexto no qual eram marcantes as dificuldades nas relações entre grupos em decorrência de distintas modalidades de inserção cultural, econômica e política, ficou constatado que integrantes de grupos privilegiados atribuíam aos integrantes de outros grupos, de forma generalizada, características negativas, desqualificadoras e justificadoras das imposições e hostilidades características das mencionadas relações. Na Psicologia, em especial, desde tal época o fenômeno do preconceito surge como temática de preocupação e de interesse científico (Monteiro, 1997). O presente texto foi elaborado com o objetivo de apresentar algumas informações de interesse histórico sobre o tema enfocado e algumas das principais concepções a ele referentes, como base para assinalar alguns pontos de discussão e de reflexão a respeito do fenômeno do preconceito e, em especial, do preconceito racial.

Sobre o período inicial do século XX no qual ganhou forma a discussão do preconceito, deve-se recordar que, tanto no continente americano como na Europa, ocorreram eventos marcantes que envolvem alterações nas relações intergrupais. Houve, como registrou Rossow (2015):

> A oficialização da abolição da escravidão negra nas Américas, colonizada em toda a sua extensão por povos europeus, mas com o desafio de incorporar ao quadro de relações intergrupais, sem diferenciações formalizadas e legais, enormes contingentes de

> despossuídos que, até pouco tempo atrás, faziam parte da vida social apenas como força de trabalho que tem proprietários que dela podem usufruir com quaisquer propósitos e que pode ser comercializada. Na Europa, os conflitos étnicos (envolvendo, por exemplo, divergências linguísticas ou religiosas), disputas territoriais, e desigualdades econômicas, acirravam conflitos que conduziram a enfrentamentos bélicos (Rossow, 2015, p. 24).

Tanto o fenômeno do preconceito, que caracteriza um processo psicossocial, como os esforços teóricos e metodológicos para compreendê-lo, sofreram modificações ao longo do tempo. Em relação às abordagens iniciais é possível falar em predomínio de uma perspectiva que priorizava aspectos psicológicos, na qual características do indivíduo cujas ações permitiam classificá-lo como preconceituoso e discriminador eram identificadas como a origem de sua forma de agir, entre elas o tipo de personalidade, a percepção apoiada em generalização infundada, a rigidez do estilo de pensamento, a ignorância. Camino (2004), por exemplo, ao salientar a concepção de origem psicológica do preconceito e suas limitações, assinala que "a partir da concepção psicológica do preconceito como uma atitude individual, infere-se que a discriminação objetiva é a expressão ou exteriorização de atitudes preconceituosas" (p. 235).

Posteriormente, a partir da década de 1960, tornam-se disponíveis propostas nas quais a explicação do fato de o indivíduo considerar que características compartilhadas por ele com os que lhe são próximos são corretas, adequadas e, portanto, superiores, "desloca-se do plano da personalidade para o plano das relações intergrupos", importando analisar "as dimensões de diferenciação entre os grupos e as condições de emergência dessas dimensões" (Amâncio, 1997, p. 290).

É indispensável mencionar, como exemplo da perspectiva psicologizante acima referida, a obra de enorme abrangência produzida pelo pesquisador estadunidense Gordon Willard Allport em 1954, intitulada *The Nature of Prejudice* (referida no presente texto como: Allport, 1977). Tal obra pode ser classificada como um monumental esforço de revisão de conhecimento, de sistematização de informações e de relações constatadas, além de discussão de proposições para interferir nas relações sociais com o objetivo de redução de hostilidades. Brown (2010) refere-se a tal trabalho como "brilhantemente escrito e enciclopédico em seu alcance" (p. 1). Monteiro (1997) assinalou que a obra de Allport representou esforço hercúleo de articulação e de integração de hipóteses provenientes de diferentes áreas de conhecimento e "esteve na origem de todos os modelos que se desenvolveram até os nossos dias, no âmbito da Psicologia Social, sobre a formação, funcionamento e redução dos preconceitos" (p. 313). De fato, o texto de Allport, mais de seis décadas após sua publicação original, permanece como ponto de partida utilizado de forma recorrente para o estudo dessa prática persistente de perceber e avaliar a realidade, cognitiva e afetivamente, a partir de critério único e indiscutível: as características e as normas do grupo do qual se é integrante.

Como não poderia deixar de ser, trata-se de obra que privilegia aspectos com interesses ancorados no contexto estadunidense no qual foi produzido. Os dois aspectos mais ressaltados na obra dizem respeito às diferenças étnicas e às diferenças raciais. No período demarcado pelas duas grandes guerras, com continuidade em termos de decorrências das atrocidades da Segunda Guerra Mundial, fronteiras políticas e culturais impostas demarcaram novas nações na Europa e no Oriente Médio, com movimentação populacional que forçou grupos ameaçados e despossuídos a buscarem alternativas em novos territórios nem sempre acolhedores. Muitos indivíduos buscaram abrigo nos Estados Unidos da América, gerando reações por vezes bastante inamistosas. Nesse mesmo período intensificava-se a luta dos negros estadunidenses por direitos de cidadania, recordando que poucas décadas antes a segregação era política pública oficializada em diversas regiões do país. Dessa forma, o texto de Allport está repleto de exemplos que envolvem diferenças raciais e diferenças étnicas, abstendo-se de mencionar outros alvos do preconceito (por exemplo: não há menção à discriminação contra homossexuais, o que até é compreensível quando se considera a época referida e a forçada e quase absoluta invisibilidade da homossexualidade).

Ainda assim, o próprio Allport já ressaltava a importância de um fator de intransigência, cuja atualidade é evidente, ao dizer que quando se fala de preconceito é alta a chance de se pensar de imediato em preconceito racial, mas "quase sempre o preconceito e a perseguição tiveram outro fundamento; frequentemente se basearam na religião" (Allport, 1977, p. 10), mencionando como exemplos o fato de que judeus foram perseguidos por sua religião (e não por sua raça) e que mesmo a escravidão de negros africanos, paralelamente a ter proporcionado grandes ganhos econômicos, desenvolveu-se também com forte apoio em justificações religiosas. As discriminações aludidas foram protagonizadas, é importante frisar, por indivíduos que também valorizavam convicções religiosas dogmáticas.

As religiões, não obstante suas proposições igualitárias, acolhedoras e moralizadoras (e que são praticadas e vividas, de fato, por grupos minoritários dentro de cada contexto religioso), têm capacidade historicamente evidenciada de legitimar privilégios, por suas relações simbióticas com o poder político e econômico, além de constituir grupos detentores de verdades consideradas essenciais e indiscutíveis e que, com grande convicção emocionalmente compartilhada, os diferenciam de outros grupos por serem seus membros os únicos humanos de fato, ou seja, aqueles que prestam reconhecimento ao deus verdadeiro. O potencial de gerar conflitos e dominações que caracteriza tal realidade não pode ser ignorado pelo estudo do preconceito.

A definição de preconceito proposta por Allport é bem difundida, estando disponível na grande maioria dos textos didáticos sobre o assunto. Ela prioriza como base do fenômeno a presença de generalização sem fundamento, sem âncoras na realidade, ao propor que o preconceito é "uma atitude hostil ou desconfiada dirigida a uma pessoa que faz parte de um grupo, simplesmente porque integra tal grupo, presumindo-se, portanto, que possua as qualidades censuráveis atribuídas ao grupo" (Allport, 1977, p. 22, tradução dos autores). Ao mencionar especificamente o preconceito étnico, Allport (1962) usou o termo "generalização imperfeita e inflexível" (p. 24), e acrescentou que se refere a algo que se pode sentir ou que se pode expressar. É importante assinalar que a palavra preconceito, originalmente, referia-se a um juízo prematuro, sem exame dos fatos, e só mais tarde "o termo adquiriu seu matiz emocional atual, aludindo ao estado de ânimo favorável ou desfavorável" (p. 20, tradução dos autores) que também o caracteriza.

Na esteira do trabalho de Allport foram formuladas diversas proposições que complementavam ou acrescentavam elementos ao modelo básico de compreensão do preconceito, mas mantendo a característica de afirmar que o preconceito refere-se a uma orientação afetiva negativa de um ou mais indivíduos, decorrente de processamento cognitivo impreciso, dirigida a qualquer integrante de determinados grupos sociais, cujas descrições podem ser examinadas em textos como os de Monteiro (1997), de Brown (2010), e de Lima (2013). Como assinalado por Lima (2013), nas diferentes proposições pioneiras sobre preconceito, dois pontos sempre estiveram presentes: um deles é a orientação negativa em relação a membros de determinados grupos; o outro é a caracterização do fenômeno como algo não justificado e irracional (o surgimento da perspectiva da cognição social provavelmente contribuiu para que fosse considerado o papel de erros no processamento das informações e dos julgamentos sociais, como sugerem Pereira, Torres e Almeida (2003).

Tanto a explicação do preconceito exclusivamente como variável psicológica, ou seja, como decorrente de processos do psiquismo do indivíduo, como a abordagem pela perspectiva da irracionalidade pouco a pouco se tornaram objeto de contestação. Um dos pontos em que se apoia a contestação é o fato de estarem sendo negligenciados "fatores situacionais e socioeconômicos que, na maioria das vezes, são muito poderosos em determinar esse fenômeno" (Pereira; Torres; Almeida, 2003, p. 97) ou, nas palavras de Camino (2004), está sendo definido o fenômeno pela atitude do indivíduo preconceituoso e não pelo processo de discriminação objetiva, que é o que realmente conta na vida social.

Pereira, Torres e Almeida (2003), valendo-se de argumentação fundamentada nas importantes contribuições referentes à análise das relações intergrupais proporcionadas por autores como Sherif e Doise, mostram que o viés de favorecimento endogrupal passa a ser visto no quadro dos conflitos ideológicos próprios de cada sociedade, ou seja, como consequência do contexto das relações de poder entre os grupos, e não mais em termos de motivações psicológicas. Reproduzindo suas próprias palavras (e assinalando que o uso do termo "minoritário" pelos autores não é indicação de quantidade de indivíduos):

> Nessa perspectiva, o preconceito é definido como uma forma de relação intergrupal organizada em torno das relações de poder entre grupos, produzindo representações ideológicas que justificam a expressão de atitudes negativas e depreciativas, bem como a expressão de comportamentos hostis e discriminatórios em relação aos membros de grupos minoritários (Pereira; Torres; Almeida, 2003, p. 97).

Deve ficar claro que o preconceito não é decorrência automática do fato dos indivíduos estarem sujeitados a processos de construção da identidade social. Como argumentam Vala, Brito e Lopes (1999, *apud* Lima, 2013, p. 596), o que é plausível, em muitos casos, é que "estes processos reflitam as relações sociais onde ocorrem e que, consequentemente, as legitimem, quer através da idealização do endogrupo, quer através da construção de uma imagem negativa sobre exogrupos relevantes".

Quanto ao aspecto da irracionalidade como definidora do preconceito, é possível dizer que, de certa forma, foi sempre tratado com algum tipo de reticência. Brown (2010) apresentou um painel do surgimento de argumentos contrários à visão de que a irracionalidade (que se associa à inflexibilidade) seja uma característica definidora do preconceito. No quadro atual da investigação sobre preconceito, a convicção predominante é a de que o preconceito espelha as normas socioculturais dos grupos de pertencimento, e não a experiência social concreta do indivíduo em suas relações sociais. Nos termos de Lima (2013, p. 596), o preconceito decorre "das relações assimétricas de poder entre os grupos sociais". Camino (1998) argumenta que o preconceito floresce em condições psicossociais que propiciam uma forma específica de organização dos processos afetivos e cognitivos, que possibilitam justificar as diferenças sociais existentes, a partir do que dão suporte aos processos de hostilidade e de exclusão.

Em qualquer modalidade de preconceito é inevitável que existam modelos consolidados de como se deve agir. Esses modelos têm papel normativo, ou seja, a partir deles se dá a definição de quem é e quem não é adequado. É claro que esses modelos foram construídos no contexto de um quadro de relações de poder, construção essa comandada pelos grupos que dominam em detrimento dos dominados, que serão alvos do preconceito (Lima, 2013). Compreender a adequação dessa proposição de modelos relacionados a grupos dominantes não é difícil, principalmente nos quadros tradicionalmente abordados no estudo do preconceito, como o preconceito racial, o preconceito étnico, ou o preconceito relativo à condição econômica, mesmo considerando que os grupos detentores de poder podem constituir minorias em termos de volume na população. São formas de preconceito que resultam de oposições diretamente pertinentes à estrutura socioeconômica, consolidadas de forma que estão inscritas, sem estarem escritas, nas práticas cotidianas das instituições escolares, jurídicas, penais, religiosas, de saúde e nas empresas. Em tais quadros de oposição elas estão menos disfarçadas e a discussão de sua natureza econômica, cultural e política tem mais chance de ocorrer.

Para outras situações, entretanto, muitos indivíduos são levados à dúvida em relação à comparabilidade com os contextos acima mencionados. Um típico exemplo é o da homossexualidade e uma das razões para isso é o fato de haver uma história de menções à homossexualidade em associação com a esfera da imoralidade e da patologia (em Borrillo, 2010, diversos aspectos dessa história são explorados): em textos legais, em dicionários, em manuais de saúde, em textos religiosos, em textos de humor, entre outros. Essa história contribuiu para tornar socialmente plausível a crença na necessidade de intervenção corretiva, de moralização, de tratamento médico ou psicológico, sem que outras soluções também violentas tenham estado sempre nos planos dos que temem e odeiam os homossexuais. Levantamento realizado em 2012 mostrou que ainda existiam países que punem com pena de morte práticas homossexuais (Zeger, 2016). Até mesmo tentativas de extermínio de homossexuais em determinados contextos sociais já foram registrados na história humana, como assinalou Borrillo (2010). Uma questão hipotética que pode não ser absurda: caso a homossexualidade se verificasse apenas entre homens negros e mulheres negras, em contextos racistas, será que teria havido propostas de "correção de homossexuais" ou a opção seria pela "eliminação de imorais"?

É possível falar de manifestações preconceituosas de diferentes intensidades ou graus, ainda que isso não altere o fato de que elas compartilham uma mesma lógica, constituindo, portanto, um mesmo fenômeno. Essas manifestações de preconceito em diferentes graus estão influenciadas pelas condições históricas, culturais, educacionais, econômicas e legais que estejam em vigor em determinada época, incitando-as ou inibindo-as, e da intensidade dos conflitos associados a uma determinada época, como lembra Rossow (2015). Isso ocorre porque tais manifestações de hostilidade constituem reações aprendidas. Como esclarece França (2011), "desde a aprendizagem básica dos comportamentos em si até a valorização e a percepção da necessidade de praticar cada um deles, toda a aprendizagem necessária para a prática desses comportamentos, e mesmo a valorização de cada um deles e a percepção de sua necessidade, são adquiridas através do processo de socialização" (p. 401), o que indica não estar em jogo apenas aprender capacidades, mas também significados a elas pertinentes, inclusive aqueles relativos às concepções de moralidade e normalidade presentes no contexto em que se deu a aprendizagem.

Conhecer informações adicionais sobre a noção de intensidade das manifestações preconceituosas pode ser relevante para lidar com os preconceitos. Allport, em seu trabalho clássico, arrolou cinco modalidades de manifestações de preconceito que podem ser tomadas como cinco níveis, identificando-as como "falar mal", "evitar o contato", "discriminação", "ataque físico" e "extermínio" (1977, p. 29). Em ponto posterior do mesmo trabalho, Allport examinou de forma mais detalhada o tema, agrupando as cinco formas de manifestações antes arroladas em três categorias de gradações de rejeição de indivíduos de exogrupos: 1) Rejeição verbal (falar mal); 2) Discriminação (incluindo segregação); 3) Ataque físico (com todos os graus de intensidade) (p. 67). Cada uma dessas categorias, em si mesmas, comporta gradações de intensidade.

Sobre a rejeição verbal, Allport destaca que é frequente constatar a existência de uma animosidade moderada refletida no falar mal de alguém, ato que às vezes ocorre como "brincadeira" ou "piada", mas ainda assim pode conter hostilidade genuína, cujo resultado final é a desqualificação ou rebaixamento do exogrupo. Uma forma mais intensa de hostilidade é revelada pelo recurso de usar epítetos ou apelidos (muito adotado, por exemplo, no caso do preconceito racial, mas também acionado no caso de preconceito contra homossexuais). Monteiro (1997) lembra que variações no uso de tais verbalizações podem estar vinculadas ao fato de estarem em jogo situações privadas ou públicas, principalmente em momentos de tensão emocional. Allport acrescenta que "quando o falar mal alcança um grau elevado de intensidade, é provável que esteja associado com discriminação manifesta e ativa e mesmo, possivelmente, com a violência" (p. 69).

Sobre evitação, discriminação e segregação é importante assinalar de início que evitar contato é algo que podemos fazer corriqueiramente sem que o fato de que nos esquivemos caracterize preconceito, como frisou Allport. O preconceito ocorre quando essa evitação leva a excluir alguém da chance de usufruir de possibilidades, serviços e instituições dos quais nos valemos. Allport cita como exemplos cláusulas restritivas, boicotes, segregação legal em certos locais, restrição de acesso a determinadas instituições como escolas, hospitais ou clubes, pactos de cavalheiros firmados sem amparo legal, como, por exemplo, não alugar ou vender imóvel no bairro a pessoas com características raciais ou culturais indesejadas). São ações, como assinalou Monteiro (1997), cujas consequências negativas para os grupos que as vivenciam, em muitos casos, permanecem vigentes e estáveis como parte de seu cotidiano e na estrutura das relações sociais. Nas palavras dessa própria autora: "Os membros do grupo hostilizado são excluídos de certa classe de empresas, de certos bairros ou zonas habitacionais, de direitos políticos ou educativos ou, ainda, de certos privilégios sociais" (p. 312). É claro que essa exclusão, na maior parte dos casos, não está explicitada em normas oficiais, mas ela é real.

O fato de algumas dessas manifestações ocorrerem sem que estejam explicitadas ou assumidas com clareza coloca-as na condição de fenômeno de difícil apreensão e estudo, pois além de seu caráter eventual, acontecem mais tipicamente em espaços protegidos, nos quais são menores as chances de confrontos e reações. De fato, Allport já havia constatado que a discriminação explícita se apresenta "reduzida ou enfraquecida" em situação de enfrentamento direto. Vale mencionar nesse ponto que, considerados os aspectos acima mencionados, é compreensível que muitas pesquisas tenham recorrido à alternativa de utilizar instrumentos respondidos voluntária e anonimamente na expectativa de os respondentes admitirem, por razões de consciência ou de forma inadvertida, atitudes ou práticas preconceituosas.

Na última categoria de modalidades de ações preconceituosas apresentadas por Allport, a violência física fica claramente configurada: a) Atos de violência física contra membros do grupo hostilizado (no Brasil atual, por exemplo, espancamento de homossexuais por indivíduos homofóbicos em Prado; Machado, 2012); b) Exterminação, que seria o grau mais forte de violência como expressão do preconceito (na realidade brasileira, por exemplo, linchamentos em Menandro; Souza, 1991; ou chacinas em Menandro; Souza, 2004). A situação extrema de extermínio não constitui apenas uma possibilidade, havendo na história das sociedades humanas, mesmo contemporaneamente, exemplos de diversos genocídios étnicos que grupos hegemônicos levaram a cabo, com enorme número de mortos. Um tipo de ocorrência que foi bastante comum nos Estados Unidos da América, associado ao preconceito racial, foi o linchamento, com o qual o texto de Allport se ocupa com diversas considerações. O fenômeno do linchamento viveu período de grande incidência também no Brasil, mas sem que seja possível caracterizá-lo com segurança como diretamente vinculado a alguma forma típica de preconceito (Menandro; Souza, 1991). Quanto aos atos de violência física contra membros de grupos discriminados, que não são detentores de qualquer forma de poder, é fato cuja ocorrência é, em muitos casos, bastante frequente.

A discussão sobre o preconceito, de início, foi desenvolvida tendo como foco privilegiado o preconceito racial, mas questões étnicas, sexuais, e socioeconômicas não poderiam deixar de figurar na discussão sobre o tema. Lima (2013) assinala que há acordo entre historiadores quanto ao fato do preconceito relacionado à cor da pelo ter surgido no fim da Idade Média e o início da Modernidade, "relacionado ao uso e comércio de escravos negros, que produziu paulatinamente uma associação da cor negra com a servidão" (p. 602), impondo aos negros o tratamento brutal característico de tal modo de produção e, em consequência, banalizando-o em relação a tal alvo.

Cada modalidade de preconceito tem especificidades próprias, mas alguns elementos podem ser identificados como traços comuns a todas as modalidades, como destaca Lima (2013): a) ênfase e hierarquização da diferença entre os grupos; b) sentimentos de antipatia contra alguém simplesmente por pertencer a outro grupo; c) uniformização ou homogeneização dos membros do grupo, alvos de preconceito; d) resistência social e cognitiva à modificação de crenças e expectativas negativas em relação a um grupo, mesmo quando as evidências favoráveis ao grupo são fortes. Comum também a todas as formas de preconceito é a construção de "modelos de ser" ou protótipos que atuam como normas que definem quem pode ser percebido como "adequado", normas essas resultantes de um quadro de relações de poder dos grupos que dominam e contra os dominados, que serão as vítimas do preconceito.

O preconceito racial é o típico exemplo que congrega todos os traços comuns aos diferentes tipos de preconceitos, está associado a todas as modalidades de ações discriminatórias que podem ser enumeradas, e ainda apresenta outros aspectos caracterizadores que lhe são próprios, exclusivos.

Lima e Vala (2004b) propõem que:

> [...] o racismo constitui-se num processo de hierarquização, exclusão e discriminação contra um indivíduo ou toda uma categoria social que é definida como diferente com base em alguma marca física externa (real ou imaginada), a qual é ressignificada em termos de uma marca cultural interna que define padrões de comportamento. Por exemplo, a cor da pele sendo negra (marca física externa) pode implicar a percepção do sujeito (indivíduo ou grupo) como preguiçoso, agressivo e alegre (marca cultural interna) (Lima; Vala, 2014, p. 402).

O que o racismo tem de específico em relação a outras modalidades de preconceito é o fato de as diferenças entre indivíduos ser pensada como naturalmente decorrente de características inscritas na biologia dos indivíduos, ou seja, uma crença na distinção natural das diferenças entre os indivíduos de determinados grupos, o que equivale a afirmar "a essencialização ou naturalização das diferenças" (Lima; Vala, 2004, p. 402). Guimarães (1999a) se refere ao tema como redução do cultural ao biológico, no sentido de que o primeiro seja visto como dependente ou decorrente do segundo.

O entendimento da difusão e utilização da noção de raça exige considerar elementos da história da ciência, da história da religião católica na condição hegemônica que a caracterizava em grande parte da Europa, da história da navegação e das descobertas a ela associadas, e da história da economia e da política colonialistas. Tal necessidade está subentendida na constatação de que o conceito de raça direcionado à análise das relações humanas nunca esteve ligado a uma concepção exclusivamente biológica (Barbujani, 2007). No trabalho clássico de Octavio Ianni, intitulado *Escravidão e Racismo* (1978), está registrado que "todo país produz uma forma singular de hierarquização racial da sua população" (p. 134), mostrando que a participação das raças no usufruto do produto do trabalho social é desigual.

Citando a obra de Frank Snowden, *Before Color Prejudice: The Ancient View of Blacks*, de 1983, Lima (2013) assinala que não existe na antiguidade clássica o item cor de pele como critério de separação de grupos humanos. Relatos de escritores e historiadores mencionam povo de pele negra, nariz largo, cabelo crespo, vivendo ao sul da Grécia, e percebido como sábio, guerreiro e belo. Há historiadores que apresentaram postulações no sentido de que a Igreja Católica tem papel na construção de "uma associação simbólica negativa da cor negra com pecado e com morte em culturas cristãs foi fator influente nas atitudes da Europa pré-moderna em relação aos africanos" (Richards, 1997, p. 2, tradução nossa), mas também existem outros que propõem que a representação dos negros da região abaixo do Saara como amaldiçoados provém do mundo islâmico (Lima, 2013), que também se valeu da escravidão. Ainda nesse assunto, as religiões de matriz africana foram desqualificadas e associadas à feitiçaria por todas as religiões de base cristã na história do Brasil, inicialmente pela Igreja Católica e, atualmente, também pelas Igrejas Evangélicas Pentecostais (Mariano, 2007).

Não há interesse em encaminhar o texto para discussão detalhada da questão da origem do preconceito racial, por fugir ao objetivo do trabalho, mas alguns aspectos de tal questão serão apresentados como ilustração da temática e das controvérsias que ela suscitou ao longo do tempo. A questão remonta à discussão sobre a origem da espécie humana e sobre características indispensáveis para algum indivíduo ser classificado como humano. Do século XV ao século XVIII, tal discussão foi conduzida no âmbito da teologia, a partir de pensadores vinculados à religião católica, sendo evidente a valorização da perspectiva monogenista, a partir da ideia de que todos os humanos descendem da criatura inicial, obra do criador. Em tal perspectiva havia uma única espécie humana, sendo atribuída a diferença constatável entre alguns grupos humanos às diferenças resultantes da semelhança com a criação primeira (perfeição) ou dessemelhança resultante da degeneração (ver informações de grande interesse em Schwarcz [1995]; e em Schucman [2014]). Em meados do século XIX tornou-se plausível a alternativa *poligenista* de explicação, fomentada pelo aumento de informações científicas e do crescimento da insatisfação com a visão dogmática da Igreja Católica, que advogava haver vários locais de surgimento do homem que corresponderiam às diferenças raciais então conhecidas (Schwarcz, 1995).

Nessa mesma época a ressonância do aparecimento da obra de Darwin (*A Origem das Espécies*, em 1859) para a discussão do tema foi intensa, uma vez que propunha a evolução do ser humano a partir de ancestral comum por meio da seleção natural. Schwarcz (1995) assinala que "o impacto da publicação dessa obra foi tal que a teoria de Darwin passou a constituir uma espécie de paradigma de época, diluindo antigas disputas" (p. 54). Partindo de Darwin, mas de certa forma também o subvertendo, tanto *monogenistas* como *poligenistas* encontraram elementos para apoiar suas concepções.

Schucman (2014) mostra que resultaram daí duas visões: uma que tende para a noção de naturalização das raças e, por consequência, divisão de tipos humanos (associada à vertente *poligenista*) e uma que enfatiza a preponderância da evolução cultural, que pode se apresentar em diferentes estágios para diferentes grupos (associada à vertente *monogenista*). As controvérsias relativas a tais visões não impediram a consolidação das ideias de pureza e degeneração das raças, supostamente apoiadas nos conhecimentos científicos da época, que constituíram a base da eugenia. A eugenia foi transformada em "movimento científico e social vigoroso a partir dos anos 1880", empenhado em "promover casamentos entre determinados grupos e – talvez o mais importante – desencorajar certas uniões consideradas nocivas à sociedade" (Schwarcz, 1995, p. 60). Na proposta acima a discriminação racial está claramente tipificada. Como será abordado adiante, dado o grande contingente de negros que vivia no Brasil quando da abolição da escravatura, a proposta eugenista configurou-se como política de branqueamento da população.

Richards (1997) assinala que não existe objetivamente uma entidade biológica que possa ser referida como raça, uma vez que é impossível reconciliar o conceito tradicional de raça com o conhecimento atual da natureza genética da diversidade humana. Alguns estudiosos assinalaram que há mais de duas décadas estão disponíveis constatações suficientes de investigações em biologia molecular mostrando que as diferenças genéticas, que puderam ser estabelecidas com o avanço das tecnologias que propiciam comparação de composição do DNA, muitas vezes são maiores entre indivíduos com as mesmas características fenotípicas raciais do que entre indivíduos de diferentes grupos raciais (Queiroz, 1995), o que tornaria o conceito de raça dispensável. Contudo, outros argumentaram pela necessidade de considerar raça uma realidade genética que se altera devido a migrações e cruzamentos, com o que seria útil manter o conceito para diferenciar populações que diferem entre si pela frequência diferenciada de ocorrência de determinados genes, diferença essa resultante, principalmente, de processos de isolamento geográfico, mas também de formas extremas de segregação social (Hofbauer, 2006).

Como, então, proceder quanto à utilização do termo "raça"? Acrescenta-se aqui o fato de a Organização das Nações Unidas para a Educação a Ciência e a Cultura (UNESCO), a partir de 1950, ter patrocinado a publicação de vários textos discutindo o conceito de raça, recomendando o abandono do termo "raça" tal como pensado na perspectiva tradicional. Hofbauer (2006) registra que esse material produzido pela UNESCO "teria forte impacto não apenas sobre a (re)definição do conceito de raça, mas – diretamente ligado a essa questão – imporia também referências teóricas para o debate sobre o racismo. E, além disso, ainda marcaria fortemente a concepção de um novo paradigma em ascensão: a cultura" (p. 222).

Dentro de tal perspectiva, o termo "grupo étnico" passou a ser utilizado como alternativa a "raça" e, de forma mais ampla, "para referir situações de grupos sociais minoritários, que são percebidos e classificados em função de sua diferenciação cultural face aos padrões estabelecidos da cultura dominante" (Amâncio; Cabecinhas, 2004, p. 6). Também surgiram argumentos entre os pesquisadores brasileiros para manter a utilização do termo "raça", como forma de salientar a importância da discussão das consequências da visão "racializada" da sociedade brasileira sobre as relações sociais no país (Bernardino, 2002), podendo ser encontrados também, quando negros e pardos estão no foco dos estudos, tanto o já mencionado termo "grupo étnico", como os termos "população negra" e "negritude". Um exemplo é o trabalho de Gomes (2006), que utiliza "raça na sua dimensão histórica, social, política e cultural, afastando-se da crença no determinismo biológico e questionando a ideia de purismo e supremacia racial" (p. 46). A importância de explicitar a categoria raça decorre do fato de que ela circula no conhecimento popular e é base para a construção de posicionamentos racistas, uma vez que, como argumenta Munanga (2004), ela envolve associação de características corporais reais com supostas características psicológicas e morais.

Algumas informações históricas são de grande interesse para o tema do presente texto. Do século XVI ao século XIX foram traficados da África para as Américas nove milhões e quinhentas mil pessoas. Grande parte dessas pessoas (aproximadamente 38% desse total) foi trazida para o Brasil, país que recebeu o maior contingente de negros escravizados em todo o continente americano (Ianni, 1978). Essa atividade de tráfico humano que caracteriza um infame comércio introduziu em terras brasileiras, portanto, mais de três milhões e seiscentos mil indivíduos. No ano 1850 o Brasil contabilizava 2.500.000 escravos e 552.0000 pessoas livres, mas nas décadas seguintes, precedendo a abolição da escravatura, o número de escravos foi sendo reduzido em decorrência de transformações resultantes de rebeliões, da luta abolicionista, e de dispositivos legais. Em 1888, ano da abolição, a população escrava era de cerca de 500.000 pessoas, enquanto a população livre já havia dobrado em relação a 1850, com a contribuição decorrente da intensificação da imigração europeia nas últimas décadas do século XIX (Ianni, 1978).

No período após escravidão, esse grande contingente populacional negro estava no país sem qualquer atendimento em termos de medidas de inclusão apropriadas como força de trabalho remunerada, além de estar marcado pelo longo processo de desqualificação. As condições políticas e culturais do momento, com apoio de grupos expressivos de estudiosos que embasavam as concepções que enfatizavam as diferenças entre raças, levaram à consolidação de propostas a respeito de como agir em relação ao quadro populacional. As elites, no final do século XIX e do início do século XX, estavam convencidas de que as dificuldades no desenvolvimento da nação resultavam da presença do grande contingente populacional de negros. É claro que não está em jogo apenas uma visão simplista, mas uma ativa opção de não discutir os benefícios concretos e simbólicos auferidos pela população branca como fruto da posição em que estiveram na história do país. Bento (2002) argumenta que "o legado da escravidão para o branco é um assunto que o país não quer discutir", e que envolve uma herança extremamente positiva como "fruto da apropriação do trabalho de quatro séculos de outro grupo" (p. 27).

É possível dizer que após a abolição da escravidão duas "políticas" nacionais ganharam destaque no trato das relações raciais no país: a política de branqueamento e a difusão do mito da democracia racial. Azevedo (1987) mostra como na base de tais políticas estava o medo, uma vez que o enorme contingente de negros que passou a viver uma nova condição social e que, mesmo sem meios acessíveis de modificar sua condição de subalternidade, representava uma ameaça para a elite branca da época. A política de branqueamento visava livrar o país da população negra, com o passar dos anos, por meio da importação de população branca para o trabalho livre (proveniente de países que enfrentavam dificuldades econômicas naquele momento). Assim, como registra Carone (2002), estaria certa a vitória dos brancos sobre os negros e mestiços através de "propostas públicas de favorecimento maciço de imigrantes europeus, considerados superiores aos africanos e asiáticos" (p. 17). O ideal de branqueamento foi amplamente aceito pelo Estado e pelos intelectuais nas décadas iniciais do século XX (Schucman, 2014). Como curiosidade, menciona-se aqui a citação feita por Schwarcz (1998) de uma previsão do renomado antropólogo Roquete Pinto (apesar de ser ele um crítico do racismo) feita há mais de sete décadas e que mencionava a data de 2012, ano no qual a população brasileira estaria composta por 80% de brancos e 20% de mestiços, sem negros e índios.

O impacto negativo de ser negro, à época, é tristemente exemplificado em uma (hoje) surpreendente fonte, constatada por Schwarcz (1998, p. 174). Trata-se do livro *Contos para crianças*, publicado no Brasil em 1912, no qual aparecem diversas histórias com variações em torno da temática de como uma pessoa negra pode tornar-se branca. Uma das histórias tem o título *A Princesa Negrina* e nela um casal real lamenta a má sorte de estarem casados há bastante tempo e não terem filhos. A rainha tem oportunidade de fazer um pedido à fada madrinha e diz que gostaria muito de ter uma filha "mesmo que fosse escura como a noite que reina lá fora. O pedido continha uma metáfora, mas foi atendido de forma literal, pois nasceu uma criança 'preta como o carvão'". A comoção em todo o reino causada pelo bebê escuro fez com que a fada, que não podia transformar "a cor preta na mimosa cor de leite", concedesse que permanecendo a princesa no castelo até 16 anos passaria a ter a "cor branca que seus pais tanto almejavam". Após inúmeras provações a princesa acaba por tornar-se branca, casa-se com um branco e conhece a felicidade.

Informação de natureza similar à que foi apresentada no parágrafo anterior resulta do trabalho de Gouvea (2004). Essa pesquisadora analisou obras literárias de grande circulação destinadas ao público infantil brasileiro, publicadas nas décadas de 1920 e 1930 sobre a imagem que estava sendo produzida da população negra. A autora argumenta que "a escrita literária guarda com a realidade a qual se refere uma relação não de transparência, mas de reconstrução. O autor, no momento da produção do texto, traduz na escrita a sua compreensão do real, como também o projeto de realidade que se quer conformar por meio da narrativa" (p. 81). Essas narrativas lhes possibilitam então identificar elementos que compõem a representação da população negra naquela época. As características atribuídas aos personagens negros, nas narrativas analisadas, e o contraponto feito com o personagem branco são reveladoras das contradições do estado moderno que buscava afirmar um país multirracial ao mesmo tempo em que tentava apagar o passado escravocrata negando visibilidade ao povo negro. A representação encontrada pela autora a respeito da população negra indica que essa é formada por pessoas subservientes, cuja tradição oral é valorizada como folclore e fonte de informação sobre as crenças populares, mas cujos integrantes são vistos como ignorantes e não criativos por não serem letrados. Atribui-se aos negros o desejo de embranquecerem-se, sendo assim "lavados, ou seja, despojados e limpos de seu fardo racial" (Gouvea, 2004, p. 86). Apareciam como personagens apenas crianças e velhos, o jovem era excluído, pois era percebido como "potencialmente perigoso, fonte de agitação, insubordinação ou vagabundagem" (p. 86).

Schucman (2014) chama a atenção para o fato de que a representação negativa ou não representação dos grupos minoritários dentro de uma sociedade atua de forma perversa sobre a própria vítima levando à autodepreciação, constituindo um dos mais fortes instrumentos de opressão sobre os sujeitos pertencentes a grupos cuja imagem foi deteriorada. Tal condição está entrelaçada à vivência de medo pela aprendizagem, ao longo de toda a vida, de ser alvo preferencial de violências imprevisíveis, o que não se restringe aos negros, atingindo também outros alvos preferenciais como homossexuais masculinos (Alves, 2016). Guimarães (1999b) lembra que, como a noção de cor substituiu a de raça na cultura brasileira, percebe-se que "através do contínuo de cor, a maior parte da população com alguma ascendência africana continuou a não se classificar como negra (ou preta), mas sim como branca ou mestiça, para o que emprega uma grande série de denominações, em que prevalece a cor 'morena', designação que se dava originalmente ao branco de cabelos escuros e tez mais escura" (p. 107).

Não existe mais política pública de branqueamento, tendo a ênfase em tornar-se um país branco resistido na política nacional até a década de 1920, quando o movimento modernista buscou afirmar e valorizar o nacionalismo, porém ganha força um tema distinto, mas que se articula a tal questão. Em ponto anterior do texto falou-se duas "políticas" nacionais consequentes à abolição da escravidão. Uma delas foi a já mencionada política de branqueamento e a outra foi descrita como difusão do mito da democracia racial, em relação à qual o termo "política nacional" pode não ser o mais apropriado. A partir desse ponto do texto a ideia da democracia racial passa a ser objeto de algumas considerações.

Guimarães (2004) analisa as modificações na política nacional de construção e valorização da brasilidade a partir dos anos 1920, marcada pela concepção de valorização da miscigenação e pela negação das diferenças, enfatizando a igualdade entre os brasileiros, ou seja, pregando um sentimento de igualdade étnica/racial. Segundo esse ideal de formação nacional, cada grupo étnico teria contribuído com o país de forma igualitária, levando a pensar que não existem diferenças entre os brasileiros (Tesche, 2010), o que propicia racionalizar práticas discriminatórias. Essa concepção de democracia racial é aceita como real e incontestável por inúmeros brasileiros, entre eles muitos que nunca foram alvo de preconceito, e que assim podem sentir-se seguros quanto a não serem envolvidos em conflitos raciais manifestos. Sales Jr. (2006) mostrou que nas relações sociais no período do Estado Novo era esperada da população negra que aceitasse uma integração social não questionadora, baseada em "cordialidade", que Lima (2013) descreve como "uma polidez superficial que reveste atitudes e comportamentos discriminatórios, e que se expressam no nível das relações interpessoais através de piadas, ditos populares e brincadeiras de cunho 'racial'" (p. 630, 631). Em tal perspectiva, a tolerância à população negra, em especial à mestiça, aconteceria devido à subserviência em relação ao branco, paralela ao abandono de uma identidade marcada pela negritude, em prol de uma identidade brasileira única, caracterizando o que Sales Jr. (2006) chamou de "integração subordinada" (p. 228). O mesmo pesquisador ressalta, sobre esse tipo de integração, que implica "regras de sociabilidade que estabelecem uma *reciprocidade assimétrica* que, uma vez rompida, justifica a 'suspensão' do trato amistoso e a adoção de práticas violentas" (Sales Jr., 2006, p. 229, grifos e aspas do texto original).

Um dos argumentos, bastante eficiente em termos de fortalecimento do mito da democracia racial, é o entendimento de a discriminação visível em várias instâncias resulta muito mais da estratificação social do que das diferenças de cor da pele. Assim sendo, "o negro seria discriminado não por ser negro, mas por ser pobre" (Pereira; Torres; Almeida, 2003, p. 99), como se uma coisa nada tivesse a ver com a outra. Esse argumento continua vivo no cenário brasileiro e é frequentemente retomado, ainda hoje, no bojo de discussões sobre ações afirmativas e políticas de cotas raciais.

Camino, Silva e Machado (2004) se perguntam como as normas antirracismo são processadas na sociedade brasileira e como se justificam as discriminações concretas em vários setores da vida social, uma vez que "o Brasil parece ter características muito especiais no que concerne à expressão do racismo" (p. 123). Em trabalho anterior já haviam constatado que a organização da representação das relações raciais no Brasil envolve um curioso mecanismo cognitivo por meio do qual as pessoas negam que são brasileiros preconceituosos e atribuem a responsabilidade pela existência do preconceito a uma abstração: a sociedade brasileira (Camino; Silva; Machado; Pereira, 2001). Em tal contexto a discriminação racial pode até mesmo ser vista como um mal-entendido ou como exemplo da baixa autoestima do negro, que acredita estar sendo discriminado. De certa forma a situação se inverte, com o discriminador tornando-se vítima, pois não estava discriminando, mas apenas fazendo uma brincadeira (Sales Jr., 2006).

Em pesquisa realizada em todas as regiões do país (pelo Instituto Datafolha), com participação de mais de cinco mil pessoas, 89% dos participantes reconheceram que existe preconceito racial no Brasil, mas apesar de tal consciência tão expressiva, apenas 10% desses mesmos participantes admitiram-se preconceituosos (Venturi; Paulino, 1995). Dados como esses sugerem que as pessoas têm consciência da evidente discriminação por raça no Brasil, mas não se sentem individualmente responsáveis por isso.

Camino, Silva e Machado (2004) argumentam, a partir de estudos como os que foram mencionados acima, que existe no país uma realidade de miscigenação expressiva que é facilitadora das relações inter-raciais, mas perdura uma situação de extrema discriminação racial, que durante muito tempo não foi reconhecida pelo sistema jurídico. De tal quadro contraditório resultam avaliações, categorizações e práticas ambivalentes. Guimarães (1999b) acrescenta que "as relações raciais estão amparadas num sistema mais amplo de hierarquização social e de desigualdade de tratamento perante a lei que contamina todas as relações sociais" (p. 107), podendo ser mencionada como ilustração o fato de a estereotipia negativa das características dos negros estar na origem da suspeição policial diferenciada da qual os negros são vítimas preferenciais (nas ruas, no trânsito, nos transportes coletivos, em lojas, bancos e supermercados). A estereotipia da população negra estende-se aos bairros em que residem. Da mesma forma que a população negra é representada como perigosa, o bairro em que vivem também é estereotipado, visto como perigoso, agressivo (Tesche, 2010).

Após o término da Segunda Guerra Mundial foram criados órgãos de mediação internacional e ganhou vulto a preocupação com a especificação e a defesa dos direitos humanos (inclusive a Declaração Universal dos Direitos Humanos, de 1948), contribuindo para o surgimento de legislações, em diversos países, nas quais as proposições de que as diferenças biológicas entre negros e brancos determinariam distintas características psicológicas e culturais foram desautorizadas, estabelecendo-se direitos iguais para todos (Pereira; Torres; Almeida, 2003). O surgimento e a institucionalização de normas que vedam manifestações preconceituosas contra determinados grupos de indivíduos (em especial grupos raciais) é, muito provavelmente, fator inibidor de manifestações explícitas de preconceito. De fato, existem dados que indicam redução de tais manifestações em vários locais (Pereira; Torres; Almeida, 2003).

Cautela sempre é necessária ao falar do papel das transformações no racismo verificadas na segunda metade do século XX, decorrentes de movimentos pelos direitos civis, de movimentos de independência de países africanos da condição de colônias, da consolidação de concepção internacionalizada de direitos humanos, das consequências do nazismo, e do surgimento em vários países de legislações específicas antirracistas. Como destacam Lima e Vala (2004), a partir daí as formas de expressão do preconceito racial sofreram mudanças significativas, refletindo o novo ambiente no qual acontecem relações mediadas por características raciais.

Pereira, Torres e Almeida (2003) mostram que frente a tal ambiente novo e diante das novas configurações legais, o racismo expressa-se através de estratégias que os grupos dominantes reelaboram para contornar as imposições das normas antirracistas, articulando e justificando sua situação dominante sem violar essas normas de forma contundente. Esses autores assinalam que, "mais grave ainda, e de forma paradoxal, esses grupos têm conseguido implantar processos discriminatórios em nome da defesa da justiça e da igualdade universais". E acrescentam: "Assim, o preconceito atualmente é constituído por vários discursos que pregam a defesa irrestrita dos valores igualitários do pós-modernismo e, ao mesmo tempo, opõem-se às políticas sociais coerentes com esses valores" (p. 96).

Em tal quadro, mesmo em sociedades formalmente democráticas em que há pressão antirracista decorrente dos princípios da igualdade e da liberdade, as pessoas dos grupos privilegiados desenvolveram estratégias de expressão de seu preconceito cuja forma é mais sutil ou velada (LIMA; VALA, 2004), propiciando menção ao que foi designado como *novos racismos* ou *novos preconceitos*. Os novos argumentos justificadores (LIMA; VALA, 2004) pretendem não haver preconceito, mas sim decorrência de fatores como necessidade de preservação de valores tradicionais da sociedade (valores consolidados pela população branca, sem a contribuição de negros); ou reconhecimento da discriminação como coisa do passado, posto estarem os negros cada vez mais ocupando postos antes reservados aos brancos (o que, porém, é visto como imerecido e injusto); vivência de ambivalência, pelos brancos, por ter havido assimilação de valores igualitários simultaneamente à vivência de sentimentos e crenças negativos em relação aos negros (pretensamente sem hostilidade, e sim com desconforto ou ansiedade); ou vivência de ambivalência, pelos brancos, entre duas orientações axiológicas: valorização do igualitarismo, mas também do individualismo (com potencial aversão dirigida a minorias); ou ainda a dificuldade de perceber as diferenças culturais sem efeito de contraste, ou seja, sem agigantá-las (no sentido de que os estranhos ao grupo são vistos como culturalmente tão diferentes ao ponto de obstar integração efetiva).

A tradição brasileira de estudos sobre as relações raciais respeitantes à população negra foi construída principalmente pela História, pela Sociologia e pela Antropologia, em boa parte pelo interesse no tema das heranças da escravidão em diferentes setores da vida social, e em temas relacionados, tais como a pobreza, a criminalidade, a escolarização, a religião e as manifestações culturais. A produção da Psicologia, durante bastante tempo, quase não focalizou esse tema, diferentemente do que ocorreu em outros países. Lima (2013) registra que "praticamente não se encontram trabalhos da psicologia brasileira sobre o tema até o início da década de 1990" (p. 589), e acrescenta que nenhum dos poucos manuais de Psicologia Social gerados no país até essa data inclui capítulo sobre preconceito.

Ferreira (2000) examinou livros de psicologia produzidos por brasileiros e publicados entre 1987 e 1997 e não encontrou uma única obra voltada para as especificidades da população afrodescendente. Busca similar empreendida pelo mesmo autor em quase cinco mil itens (incluindo 3.862 artigos, 656 dissertações e 393 teses de Psicologia, produzidos entre 1987 e 1997), localizou 12 textos que abordavam as especificidades da população afrodescendente (0,24%). A escassez impressiona.

Nos anos mais recentes a situação de escassez de estudos não é a mesma. Estudos sobre o tema no Brasil tornaram-se mais frequentes, mas de forma alguma o tema aparece com destaque na literatura disponível nas áreas de Psicologia, Educação, Ciências Sociais e Saúde. Isso é o que mostra, por exemplo, o levantamento no qual uma busca de artigos na base SciELO foi feito, em 2008, utilizando a palavra preconceito. Foram localizados 40 artigos, com predomínio de estudos sobre preconceito racial (relatado pelo autor em Lima [2013]). Nesse mesmo texto é informado idêntico levantamento feito quatro anos depois, em 2012, que localizou 108 artigos, o que mostra crescimento de interesse, ainda que se leve em conta o fato de a base na qual a busca foi feita ter sido ampliada.

A partir da década de 1990 começam a aparecer textos (poucos) referentes a pesquisas sobre preconceito originadas na Psicologia brasileira. Não é surpreendente, portanto, que muitas pesquisas tenham sido projetadas tendo como fundamento conhecimento sobre preconceito produzido em outros países, nos quais o contexto das relações raciais pode diferir do contexto do Brasil de forma significativa. Como boa parte desse conhecimento inicial tinha como base a convicção de que havia uma origem psicológica do preconceito, resultava uma modalidade de pesquisa na qual os participantes da investigação eram indivíduos potencialmente preconceituosos, de forma a verificar se algumas de suas características podiam ser identificadas como associadas a maior ou menor propensão ao preconceito, quase sempre verificado a partir de escalas de atitudes. Indivíduos que são alvos potenciais de preconceitos, de forma lógica se considerada tal concepção de preconceito, pouco teriam a contribuir para o conhecimento que se pretendia produzir. Raciocínio similar é válido para os estudos sobre estereótipos em perspectiva tradicional, nos quais seria impróprio recolher estereótipos atribuídos aos negros junto à própria população negra.

Ainda hoje, são poucos os estudos disponíveis em Psicologia nos quais informações foram obtidas diretamente de representantes da população negra. Em três coletâneas importantes publicadas no Brasil reunindo estudos em Psicologia sobre preconceito e estereótipo (Carone; Bento, 2002; Lima; Pereira, 2004; Techio; Lima, 2011), são absolutamente escassos os trabalhos citados nos quais há relato de alguma investigação em que os dados foram obtidos com participantes negros. Entre os estudos constantes das coletâneas mencionadas no parágrafo anterior, existem estudos realizados com grupos (por exemplo, estudantes universitários ou moradores de determinado local) que, por certo, contaram com negros entre os participantes. Em tais estudos, contudo, as características raciais não foram sequer mencionadas e, evidentemente, não constituíram fatores considerados nos estudos.

Na citada coletânea de estudos sobre preconceito com organização de Carone e Bento (2002), aparece na pesquisa psicológica brasileira a estratégia de estudar a noção de branquitude, que já vinha sendo considerada desde a última década do século XX na pesquisa estadunidense. O tema foi objeto de estudo recente bastante amplo, cuidadoso e esclarecedor desenvolvido por Schucman (2014), com base em informações coletadas exclusivamente de indivíduos brancos, de diferentes segmentos sociais. O conceito de branquitude adotado em tal obra é o de uma condição ou posição relacional ocupada por indivíduos cuja história pessoal e familiar inclui privilégios sistemáticos quanto "ao acesso a recursos materiais e simbólicos, gerados inicialmente pelo colonialismo e pelo imperialismo, e que se mantêm e são preservados na contemporaneidade" (p. 56). Em diversos países, entre eles o Brasil, esses indivíduos são os descendentes de europeus, mas outros podem vir a ocupar esse lugar, certamente, na dependência das mudanças que vierem a se consolidar no contexto econômico e social. O reconhecimento de que, em diversos contextos, o fato de ser branco acarreta vantagens e privilégios, não é sequer aventado por muitos indivíduos brancos, que sempre viveram uma realidade na qual processos históricos de dominação são colocados em condição de invisibilidade seletiva e as relações cotidianas são vistas como reflexo de determinações naturais, como se privilégios fossem direitos.

O grande volume de informações sobre preconceito (em verdade sobre preconceitos: tipos e características) disponível como resultado de pesquisa histórica e de pesquisa social tem propiciado ampliação do conhecimento desse processo psicossocial e, certamente, contribuiu para a consolidação de uma concepção internacionalizada de direitos humanos e para a criação de leis, em diversos países, que tipificam o preconceito como crime e preveem punição, cuja aplicação, em verdade, só ocorre em poucos casos com características peculiares que geram repercussão ampla. A denúncia e a pesquisa sobre o preconceito também constituem colaboração importante para as diversas modalidades de manifestações artísticas que se ocupam do assunto. Todavia, a contribuição para o desenvolvimento de formas de intervenção que reduzam ou eliminem as práticas preconceituosas tem sido pouco expressiva, incluindo manifestações artísticas, cuidados educacionais, campanhas de esclarecimento e políticas de cotas.

A dificuldade de se alcançar propostas de intervenção que resultem em mudanças reais, cotidianamente comprováveis e culturalmente ancoradas, muito provavelmente se deve ao que a pesquisa sobre o tema evidencia: o fato de estarem em questão relações de poder. Trata-se de fenômeno sobre o qual o conhecimento, assim como ocorre com outros processos sociais complexos, indica que a intervenção fundamental é a transformação da estrutura socioeconômica sob a qual vivem os que ocupam posição a partir da qual podem agir preconceituosamente e os que estão em situação na qual estão diuturnamente expostos como alvo do preconceito.

Em outras palavras, a intervenção transformadora efetiva em tal processo exige decisões socialmente comprometidas de política econômica que reduzam desigualdades ao ponto de permitir a todos os indivíduos de determinada sociedade desenvolverem suas capacidades e terem acesso a qualquer forma de trabalho com o qual se identifiquem e para o qual tenham oportunidade de se preparar. Em sociedades que não consigam consolidar um quadro desse tipo, o preconceito e a discriminação são faces quase automáticas da realidade de concentração de privilégios, posto constituírem armas (em parceria com outros mecanismos de força) garantidoras da exclusão. Nas sociedades em que os negros foram introduzidos como mercadoria apenas parcialmente humana pela via de um infame comércio e que mantêm como características essenciais desigualdade de oportunidades e concentração de recursos em mãos de poucos, a população negra permanecerá como alvo preferencial dos processos de exclusão, das portas fechadas da discriminação, dos episódios constrangedores e paralisantes da humilhação e da violência em todas as suas cores: nas famílias, na vizinhança, nas escolas, nos templos, no trabalho, no comércio, no trânsito, nos hospitais, nas praias, nas praças, e nos porões dos novos navios negreiros da repressão.

## Referências


ALLPORT, G.W. *La naturaleza del prejuicio*. Buenos Aires: Editorial Universitaria de Buenos Aires, 1977.

ALVES, L. S. *"Não é opção, isso vem, nasce na pessoa": percepção de preconceito por homossexuais masculinos idosos nos contextos de família, trabalho e amizades*. Vitória: UFES, 2016. Dissertação (Mestrado em Psicologia) – Programa de Pós-Graduação, Universidade Federal do Espírito Santo, Vitória, 2016.

AMÂNCIO, L. Identidade social e relações intergrupais. In: VALA, J.; MONTEIRO, M. B. (Orgs.). *Psicologia Social*. Lisboa: Fundação Calouste Gulbenkian, 1997. p. 287-306.

AMÂNCIO, L.; CABECINHAS, R. Dominação e exclusão: a "natureza" das Representações Sociais acerca de grupos minoritários. In: CONGRESSO PORTUGUÊS DE SOCIOLOGIA, 5., 2004, Braga. *Anais*... Braga: Universidade do Minho, 2004.

AZEVEDO, C. M. M. *Onda negra, medo branco: o negro na imaginação das elites do século XIX*. Rio de Janeiro: Paz e Terra, 1987.

BARBUJANI, G. *A invenção das raças*. São Paulo: Contexto, 2007.

BENTO, M. A. S. Branqueamento e branquitude no Brasil. In: CARONE, I.; BENTO, M. A. S. (Orgs.). *Psicologia social do racismo*. Petrópolis: Vozes, 2002. p. 25-58.

BERNARDINO, J. Ação afirmativa e a rediscussão do mito da democracia racial no Brasil. *Estudos Afro-Asiáticos*, v. 24, n. 2, p. 274-273, 2002.

BORRILLO, D. *Homofobia: história e crítica de um preconceito*. Belo Horizonte: Autêntica, 2010.

BROWN, R. *Prejudice: Its Social Psychology*. 2. ed. West Sussex: Wiley-Balckwell, 2010.

CAMINO, L. Direitos humanos e psicologia. In: Comissão de Direitos Humanos do Conselho Federal de Psicologia (Org.). *Psicologia, ética e direitos humanos*. Brasília: CFP, 1988. p. 39-63.

CAMINO, L. A psicologia e a luta contra o racismo: temos de que nos orgulhar? *Psicologia e Direitos Humanos: subjetividade e exclusão.* Brasília: CFP; São Paulo: Casa do Psicólogo, 2004. p. 231-249.

CAMINO, L. SILVA; P., MACHADO, A.; PEREIRA, C. A face oculta do racismo no Brasil: uma análise psicossociológica. *Revista de Psicologia Política*, v. 1, n. 1, p. 13-36, 2001.

CAMINO, L.; SILVA, P.; MACHADO, A. As novas formas de expressão do preconceito racial no Brasil: estudos exploratórios. In: LIMA, M. E. O.; PEREIRA, M. E. (Orgs.). *Estereótipos, preconceitos e discriminação: perspectivas teóricas e metodológicas*. Salvador: EdUFBA, 2004. p. 119-137.

CARONE, I. Breve histórico de uma pesquisa psicossocial sobre a questão racial brasileira. In: ______.; BENTO, M. A. S. (Orgs.). *Psicologia social do racismo.* Petrópolis: Vozes, 2002. p. 13-24.

FERREIRA, R. F. *Afrodescendente: identidade em construção.* São Paulo: EDUC; Rio de Janeiro: Pallas, 2000.

FRANÇA, D. X. A socialização e as relações interétnicas. In: CAMINO, L. *et al.* (Orgs.). *Psicologia social: temas e teorias*. Brasília: Technopolitik, 2011. p. 401-449.

GOMES, N. L. *Sem perder a raiz: corpo e cabelo como símbolos da identidade negra.* Belo Horizonte: Autêntica, 2006.

GOUVEA, M. C. S. Imagens do negro na literatura infantil brasileira: análise historiográfica. *Educação e Pesquisa*, v. 31, n. 1, p. 77-89, 2005.

GUIMARÃES, A. S. A. *Racismo e antirracismo no Brasil.* São Paulo: Ed. 34, 1999a.

GUIMARÃES, A. S. A. Combatendo o racismo: Brasil, África do Sul e Estados Unidos. *Revista Brasileira de Ciências Sociais*, v. 14, p. 39, p. 103-117, 1999b.

GUIMARÃES, A. S. A. Preconceito de cor e racismo no Brasil. *Revista de Antropologia,* v. 47, n. 1, p. 9-43, 2004.

HOFBAUER, A. *Uma história de branqueamento ou o negro em questão.* São Paulo: Unesp, 2006.

IANNI, O. *Escravidão e racismo.* São Paulo: Hucitec, 1978.

LIMA, M. E. O. Preconceito. In: CAMINO, L. *et al.* (Orgs.). *Psicologia social: temas e teorias*. Brasília: Technopolitik, 2013. p. 589-640.

LIMA, M. E. O.; PEREIRA, M. E. *Estereótipos, preconceito e discriminação: perspectivas teóricas e metodológicas.* Salvador: EdUFBA, 2004a.

LIMA, M. E. O.; VALA, J. As novas formas de expressão do preconceito e do racismo. *Estudos de Psicologia*, v. 9, n. 3, p. 401-411, 2004b.

MARIANO, R. Pentecostais em ação: a demonização dos cultos afro-brasileiros. In: SILVA, V. G. da (Org.). *Intolerância religiosa: impactos do neopentecostalismo no campo religioso afro-brasileiro.* São Paulo: Edusp, 2007. p. 119-147.

MENANDRO, P. R. M.; SOUZA, L. *Linchamentos no Brasil: a justiça que não tarda, mas falha*. Vitória: FCAA, 1991.

MENANDRO, P. R. M.; SOUZA, L. Associação entre tráfico de drogas e chacinas: turbulências na superfície. In: SOUZA, L.; TRINDADE, Z. A. (Orgs.). *Violência e exclusão: convivendo com paradoxos.* São Paulo: Casa do Psicólogo, 2004. p. 195-208.

MONTEIRO, M. B. Conflito e cooperação nas relações intergrupais. In: VALA, J.; MONTEIRO, M. B. (Eds.). *Psicologia Social.* Lisboa: Fundação Calouste Gulbenkian, 1997. p. 309-352.

MUNANGA, K. Uma abordagem conceitual das noções de raça, racismo, identidade e etnia. In: BRANDÃO A. A. P. (Org.). *Cadernos Penesb*, v. 5. Niterói: EdUFF, 2004. p. 6-34.

PEREIRA, C.; TORRES, A. R. R.; ALMEIDA, S. T. Um estudo do preconceito na perspectiva das Representações Sociais: análise da influência de um discurso justificador da discriminação no preconceito racial. *Psicologia: Reflexão e Crítica*, v. 16, n. 1, p. 95-107, 2003.

PRADO, M. A. M.; MACHADO, F. V. *Preconceitos contra homossexualidades: a hierarquia da invisibilidade.* São Paulo: Cortez, 2012.

QUEIROZ, R. S. *Não vi e não gostei: o fenômeno do preconceito.* São Paulo: Moderna, 1995.

RICHARDS, G. *"Race", Racism and Psychology: Towards a Reflexive History.* London: Routledge, 1997.

ROSSOW, B. B. T. *"Da nobreza primeira": lembranças de pretos velhos e o fenômeno do preconceito.* Vitória: UFES, 2015. Tese (Doutorado em Psicologia) – Programa de Pós-Graduação, Universidade Federal do Espírito Santo, Vitória, 2015.

SALES JR., R. Democracia racial: o não dito racista. *Tempo Social,* v. 18, n. 2, 229-258, 2006.

SCHUCMAN, L. V. *Entre o encardido, o branco e o branquíssimo: branquitude, hierarquia e poder na cidade de São Paulo.* São Paulo: Annablume, 2014.

SCHWARCZ, L. M. *O espetáculo das raças: cientistas, instituições e questão racial no Brasil 1870-1930.* São Paulo: Companhia das Letras, 1995.

SCHWARCZ, L. M. Nem preto, nem branco, muito pelo contrário: cor e raça na intimidade. In: SCHWARCZ, L. M. (Org.). *História da vida privada no Brasil: contrastes da intimidade contemporânea.* São Paulo: Companhia das Letras, 1998. v. 4, p. 173-243.

TECHIO, E. M.; LIMA, M. E. O. *Cultura e produção das diferenças: estereótipos e preconceito no Brasil, Espanha e Portugal.* Brasília: Technopolitik, 2011.

TESCHE, B. B. *Representação social de juventude para jovens negros de bairros populares de Vitória-ES.* Vitória: UFES, 2010. Dissertação (Mestrado em Psicologia) – Programa de Pós-Graduação, Universidade Federal do Espírito Santo, Vitória, 2010.

VENTURI, G.; PAULINO, M. F. Pesquisando preconceito racial. In: TURRA, C.; VENTURI, G. (Orgs.). *Racismo cordial.* São Paulo: Ática, 1995. p. 83-208.

ZEGER, I. *Direito LGBTI: perguntas e respostas.* São Paulo: Mescla, 2016.

# Desvelando o preconceito ligado às políticas afirmativas: análise dos posicionamentos de pré-universitários e universitários sobre as cotas nas universidades[1]

*Ana Raquel Rosas Torres*
*Layanne Vieira Linhares*
*Hévilla Rodrigues de Freitas*

## Introdução

De acordo com a Associação Nacional dos Dirigentes das Instituições Federais de Ensino Superior (ANDIFES), desde 2003, ano da implantação da Lei das Cotas, o perfil socioeconômico e racial dos estudantes universitários vem se diversificando. Assim, entre 2003 e 2014 a população negra ou parda no ensino superior aumentou em 178%. Esses números, por si só, já seriam um termômetro da inclusão social da população negra ou parda brasileira e confirmam as ideias de Santos (2005), que afirma que as cotas sociais e raciais possuiriam dois aspectos complementares. Primeiro, o aspecto reparador, no sentido de sanar uma dívida histórica com as minorias sociais que contribuíram para a geração da riqueza usufruída na atualidade. Em segundo lugar, elas também teriam um caráter preventivo, no sentido de promoverem a ascensão social dessas minorias. Assim sendo, as políticas de ação afirmativa buscariam alcançar objetivos concretos tanto no que se refere às mudanças na estrutura social de uma dada sociedade como também contribuiriam para a diminuição do preconceito e da discriminação (Assis, 2013).

1 Este trabalho é produto de duas bolsas do Programa de Iniciação Científica atribuídas às segunda e terceira autoras sob a orientação da primeira autora.

O termo "ação afirmativa" tem origem nos Estados Unidos da América, país marcado historicamente por um regime de segregação racial e berço, nos anos 1960, de reinvindicações do movimento negro, que exigia do Estado uma postura ativa para a melhoria das condições de vida da população negra (Moehlecke, 2002). No contexto brasileiro, a prática mais conhecida de ação afirmativa é o sistema de cotas, que consiste em "estabelecer um determinado número ou percentual a ser ocupado em área específica por grupo(s) definido(s), o que pode ocorrer de maneira proporcional ou não, e de forma mais ou menos flexível" (Moehlecke, 2002, p. 199).

A adoção de políticas de ações afirmativas tem sido uma inovação para as políticas públicas brasileiras e estão pautadas na ideia de que, para garantir a igualdade de direito, é necessária a ação do Estado no sentido de oferecer condições especiais àqueles que, por razões de ordem social, econômica, cultural ou política, estão originalmente em situação desfavorável de competição com outros membros da sociedade (Neves; Lima, 2007). Dessa forma, de acordo com Silva (2017), o programa de cotas raciais para o ensino superior desempenha um papel fundamental para a busca da igualdade entre negros e brancos, reunindo dois princípios básicos: prevenir a discriminação e reparar as consequências de um processo histórico de discriminação.

No entanto, a implantação do sistema de cotas no ensino superior tem gerado muitos debates, principalmente no que se refere ao critério que deveria ser utilizado: racial ou socioeconômico? De fato, um conjunto de estudos mostra que, majoritariamente, existe uma forte rejeição ao critério racial, sendo que a ideia de que no Brasil não se sabe quem é negro ou branco e a inexistência do preconceito racial são as duas justificativas mais frequentes para essa rejeição (Camino; Tavares; Torres; Álvaro; Garrido, 2014; Lima; Neves; Silva, 2014; Neves; Lima, 2007; Oliveira Filho, 2009).

As cotas sociais são baseadas em dois critérios: o candidato deve ter cursado o ensino médio em escolas públicas e ter renda mensal *per capita* igual ou menor que 1,5 salário mínimo. Elas têm recebido mais apoio em comparação com as cotas raciais. Por exemplo, Maggie e Fry (2004), embora reconheçam a existência da discriminação racial no Brasil, defendem que a nossa sociedade deveria se configurar sem os pilares de uma categorização racial. Assim, para esses autores, as cotas raciais poderiam acirrar o conflito interracial no Brasil. Nessa mesma direção, Lewgoy (2005) defende que o combate ao racismo deveria se dar por meio de políticas igualitárias de inclusão inspiradas no ideário universalista e não em critérios racializantes.

É verdade que os dados oficiais (IBGE, 2014; PNAD, 2013) apontam que a pobreza, no Brasil, tem cor, haja vista que a população negra brasileira possui os piores índices em praticamente todos os indicadores socioeconômicos, a exemplo de salários, educação, moradia e acesso aos serviços de saúde. Mas é verdade também que a ideia da democracia racial e de uma sociedade híbrida racialmente proposta por Gilberto Freyre (1933) no início do século XX ainda é muito forte no imaginário brasileiro (Barros; Torres; Pereira, 2017). Assim, a ideia das cotas sociais seria uma forma de melhorar as condições de vida da população negra, sem, contudo, ferir a ideia da democracia racial.

A seguir, discutimos os estudos sobre a implantação das cotas no Brasil construindo o argumento de que a rejeição às cotas raciais tem forte relação com o preconceito racial. No segundo momento, revisamos os estudos sobre o preconceito racial no Brasil que reforçam a ideia de que aqui esse fenômeno se reveste de características próprias, produto, de certa forma, da ideia da democracia racial proposta por Freyre (1933). No terceiro momento, apresentamos o estudo por nós realizado com estudantes pré-universitários e universitários, que analisou seus posicionamentos frente a ex-cotistas sociais, raciais, brancos e negros.

### *Política de Cotas Raciais*

O sistema de cotas raciais nas universidades públicas tem levantado um grande debate nacional desde a sua implantação, uma vez que abriu portas para minorias até então excluídas. Assim, representam um importante meio de inclusão, promovendo a diversidade no contexto de ensino e trabalho, exercendo influências positivas no plano social e cultural brasileiro (Bolonha; De Teffé, 2012). Segundo Oliveira (2004), o fato mais importante sobre a introdução de políticas de cotas raciais no ensino superior brasileiro seria o seu potencial emancipatório e transformador em termos de combate ao racismo, pois oferece a oportunidade de um convívio entre brancos e negros nos cursos superiores.

No Brasil, diversos estudos foram realizados com o objetivo de investigar as percepções e atitudes de diversas amostras frente ao sistema de cotas, como estudantes de ensino médio (Brandão; Marins, 2007), estudantes de cursinhos pré-vestibulares (Neves; Lima, 2007), estudantes universitários (Camino; Tavares; Torres; Álvaro; Garrido, 2014; Lima; Neves; Silva; 2014; Neves; Lima, 2007) e sujeitos brancos da população geral (Oliveira Filho, 2009). Porém, o que os resultados têm mostrado é que parte da população tem se posicionado contra a política de cotas, principalmente as cotas raciais (Camino, Tavares, Torres, Álvaro & Garrido, 2014; Neves; Lima, 2007; Lima; Da Costa Neves e Silva, 2014, Techio; Ferreira; Viana; Torres, 2019).

O estudo realizado por Camino, Leite, Torres, Álvaro e Garrido (2014), por exemplo, mostrou que a maioria dos discursos dos participantes era contrária às cotas raciais, justificando que negros e brancos possuem as mesmas capacidades e, portanto, as cotas raciais se configurariam como forma de preconceito e discriminação. Já nos estudos de Neves e Lima (2007), a maioria dos participantes reconhece que os negros têm dificuldades de acessar as universidades, porém, relata que a implantação do sistema de cotas não é a medida mais indicada para resolver esse problema. Partindo da mesma ideia, os resultados do estudo desenvolvido por Lima, da Costa Neves e Silva (2014) demonstraram que a maioria dos participantes, mesmo reconhecendo que a situação econômica entre negros e brancos é desigual e injusta, se mostrou contrária às cotas sociais e, sobretudo, às cotas raciais.

Em conjunto, o que esses estudos apontam é que os participantes, sejam eles estudantes de diferentes níveis ou não estudantes, apesar de terem consciência das dificuldades econômicas enfrentadas pela população negra no Brasil, se opõem à implantação das cotas raciais. As justificativas dadas para esse posicionamento giram em torno das ideias de que: a) as cotas seriam uma forma de preconceito e discriminação contra brancos que favoreceria os negros; b) as cotas ferem o princípio da igualdade; c) não sabemos com certeza quem é branco ou negro no Brasil e d) as cotas sociais seriam um dano menor porque atacariam o problema da pobreza, que, segundo eles, é o grande problema do Brasil. Ou seja, no conjunto, parece haver uma certa dificuldade de estabelecer a relação preconceito racial-discriminação racial-pobreza.

O estudo de Techio, Ferreira, Viana e Torres (2019), no entanto, apresentou resultados diferentes, pois, em conjunto, demonstraram que tanto os participantes que eram estudantes universitários como os que não eram estudantes apoiavam a implantação das cotas raciais. No entanto, esse estudo foi realizado na Bahia, que é considerado o estado com a maior população negra do Brasil (IBGE, 2010) e foram os participantes que se autodeclaram negros aqueles que apoiaram mais as cotas raciais. Assim sendo, podemos dizer que são aquelas pessoas que vivenciam o preconceito e a discriminação racial cotidianamente as que mais apoiam a implantação de políticas públicas que visam minorar as diferenças sociais e econômicas existentes entre negros e brancos no Brasil.

Diante desse cenário, os estudos até aqui discutidos também apontam que o entendimento da rejeição à implantação das cotas nas instituições de ensino superior brasileiras passa, necessariamente, pela compreensão das diferentes configurações que o preconceito racial se expressa no Brasil. Esse é o tema que será discutido a seguir.

### *A expressão do preconceito racial no Brasil*

Debater sobre cotas nas universidades exige uma breve análise sobre as bases históricas da nação brasileira como nação miscigenada e que nega a existência do preconceito racial atuante. Segundo Freyre (1933), a miscigenação racial no Brasil produziu uma ideologia dominante de que nosso país viveria em uma "democracia racial". O termo emergiu a partir da compreensão da sociedade brasileira como sociedade miscigenada, que: a) nunca conhecera o ódio entre raças, ou seja, o "preconceito racial"; b) as classes sociais não eram rigidamente definidas a partir da cor; c) os mestiços se incorporavam lenta, mas progressivamente, à sociedade e à cultura nacional; d) os negros e os africanos tendiam paulatinamente a desaparecer, dando lugar a um tipo físico e a uma cultura propriamente brasileira (Guimarães, 2004).

O mito da democracia racial é fundante no imaginário social brasileiro, trazendo consigo a premissa da negação do racismo e a equidade entre todos (Chaui, 2010), apesar de diversas produções científicas atestarem a existência e expressão do preconceito racial no Brasil (Batista; Leite; Torres; Camino, 2014; Camino *et al.*, 2013; Camino *et al.*, 2014; Lima; Neves; Silva, 2014; Silva, 2017).

O estudo empírico do preconceito racial no Brasil é recente e data por volta dos anos 1990, embora em termos de reflexão seja anterior (Lima, 2013; Pérez-Nebra; Jesus, 2011). Turra e Venturi (1995) foram os pioneiros a sistematizar empiricamente seus estudos sobre as relações inter-raciais no Brasil. Esses autores caracterizaram o racismo brasileiro como “racismo cordial”, definindo-o como uma forma de discriminação contra os cidadãos não brancos (negros e mulatos), que se expressa no nível das relações interpessoais por meio de piadas, ditos populares e brincadeiras de cunho racial.

O estudo sobre a expressão do preconceito racial no Brasil realizado por Camino, Silva, Machado e Pereira (2001) com estudantes universitários paraibanos demonstrou que 82% dos participantes, ao mesmo tempo em que acreditavam na existência do preconceito racial no Brasil, também afirmavam que eles mesmos não eram preconceituosos. Estes dados demonstram que as pessoas parecem ter clara consciência da discriminação racial que se vive em nosso país, mas não aceitam a responsabilidade por essa situação. Mais recentemente, Batista, Leite, Torres e Camino (2014) realizaram um estudo bastante semelhante ao de Camino *et al.* (2001) com participantes de diferentes regiões do Brasil. Os resultados mostraram que o quadro geral do preconceito racial no Brasil não mudou mais de uma década depois, pois quando os participantes são solicitados a manifestar a opinião própria, um número maior de adjetivos positivos é atribuído à população negra em comparação com os adjetivos negativos. Mas quando questionados sobre a posição da sociedade, o padrão inverso ocorre, são atribuídos mais adjetivos negativos e menos adjetivos positivos à população negra.

Outro importante estudo que nos ajuda a entender as diferentes configurações do preconceito racial no Brasil é o realizado por Lima e Vala (2004). Esses autores, utilizando fotos de negros e brancos bem e malsucedidos social e economicamente, mostraram que a cor da pele dos negros apresentados como bem-sucedidos era vista como mais clara do que aqueles apresentados como malsucedidos. De forma análoga, a pele dos brancos malsucedidos era vista como mais escura do que as dos bem-sucedidos. Igualmente importante era o fato de que, quanto maior o processo de branqueamento dos negros, menor a atribuição de características negativas para ele.

Segundo Lima (2013), a “análise cuidadosa das características positivas atribuídas aos negros indica uma nova e mais sofisticada forma de preconceito, uma vez que os estereótipos positivos aplicados definem claramente papéis sociais específicos para este grupo” (p. 623). Por exemplo, se eles são vistos como sendo “musicais”, “alegres” e “fortes”, seriam também mais aptos às atividades artísticas do que às atividades intelectuais (Batista *et al.*, 2014; Camino *et al.*, 2001).

Nesse caminho, os estudos aqui revisados apontam, em primeiro lugar, as diferentes configurações que o preconceito racial apresenta no Brasil e, em segundo lugar, essas configurações objetivam negar sua existência. Diante desse contexto, o estudo aqui apresentado analisou as justificativas dadas por estudantes pré-universitários e universitários sobre a discriminação de ex-cotistas no contexto do ingresso no mercado de trabalho. Ao analisar essas justificativas, temos em mente que elas refletem, de alguma maneira, tanto os embates ideológicos existentes entre os grupos em luta pelo poder em uma determinada sociedade como também refletem os conteúdos representacionais que circulam nessas sociedades.

Os conteúdos representacionais são aqui entendidos como teorias do senso comum por meio das quais interpretamos e construímos as realidades sociais (Moscovici, 1978) e que se apresentam em diferentes formas, tais como sistemas de referências, categorias sociais etc. (Monteiro Neto, 1998). Para Jodelet (1989), os sistemas de referências nos permitem dar uma interpretação àquilo que percebemos e as categorias sociais possibilitam a classificação das circunstâncias, dos fenômenos, dos indivíduos nos nossos relacionamentos sociais. Assim sendo, ao analisarmos essas justificativas, estamos também analisando as representações sobre negros, brancos, as relações inter-raciais, justiça social e possibilidades de ascensão social de grupos minoritários.

Diante do exposto, nosso objetivo neste trabalho é responder às seguintes questões: a) a cor da pele do ex-cotista (negra ou branca) e o tipo de cotas (social ou racial) influenciam nas justificativas dadas pelos participantes à sua reprovação em uma seleção de emprego? e b) essas variáveis influenciam na percepção de que as cotas aumentam o preconceito na sociedade? Para responder a essas questões, realizamos um estudo com estudantes pré-universitários e universitários aos quais era apresentada uma de três condições: ex-cotista social branco, ex-cotista social negro e ex-cotista racial. Em comum, essas condições tinham o fato de que o cotista era sempre reprovado em um processo seletivo para um emprego e o aprovado era sempre um candidato branco e que não tinha sido cotista. Em seguida, apresentamos detalhadamente o estudo realizado.

## Método

Foram realizadas duas coletas de dados utilizando o mesmo instrumento. A primeira teve como participantes 170 estudantes do ensino médio de cinco escolas da rede pública de um estado do Nordeste brasileiro, com idades variando entre 14 e 28 anos, a maioria autodeclarada de cor parda (62%) e do sexo feminino (59,7%). A segunda amostra foi formada por 162 estudantes universitários de uma universidade pública do Nordeste brasileiro, com idades variando entre 16 e 45 anos, a maioria autodeclarada de cor parda (51%) e do sexo feminino (52,5%). Nas duas situações, os participantes responderam o instrumento individualmente, em aplicação coletiva em sala de aula e foram distribuídos aleatoriamente para uma das três situações experimentais, que serão descritas em seguida.

### *Instrumento*

O questionário começava com uma história fictícia sobre Gustavo, um ex-estudante universitário cotista que conseguiu terminar com êxito um curso superior e que estaria participando de uma seleção para ingressar no mercado de trabalho. Como resultado dessa seleção, dois candidatos que apresentavam as mesmas competências foram selecionados para a segunda etapa e entre eles estava Gustavo. A única diferença existente entre os dois candidatos era a cor da pele. Havia três condições experimentais e em cada uma Gustavo era apresentado como: a) branco e cotista social; b) negro e cotista social; c) negro e cotista racial. O outro candidato era sempre branco e não cotista e era também sempre o escolhido pelo entrevistador.

Logo após, solicitava-se que o participante relatasse sua opinião frente à decisão do entrevistador descrita no cenário. Em seguida, perguntava-se ao participante se ele acreditava que a Lei de Cotas aumentaria o preconceito para o ingresso no mercado de trabalho. Na última seção, estavam as questões sociodemográficas (idade, sexo e autodeclaração da cor da pele).

### *Análise de dados*

A questão sobre o aumento do preconceito como consequência da Lei das Cotas foi analisada por meio de teste do qui-quadrado e, para as questões sobre as características sociodemográficas, foram calculadas as frequências. Ambas as análises foram feitas por meio do SPSS, versão 22.

As respostas para a questão discursiva foram analisadas por meio do *software* ALCESTE (Analyse Lexicale par Contexte d'un Ensemble de Segments de Texte), desenvolvido por Reinert (1990), que analisa o corpus objeto de estudo do pesquisador. No caso deste estudo, analisamos os procedimentos padrão executados pelo programa: a Classificação Hierárquica Descendente (CHD), que gera um dendrograma das relações entre as classes, e a Análise Fatorial de Correspondência (AFC), a partir da qual se podem inferir as dimensões interpretativas que organizam as classes discursivas.

## Resultados sobre a relação entre o preconceito e a Lei das Cotas

Iniciando as análises sobre o posicionamento dos estudantes pré-universitários frente à Lei das Cotas, podemos observar, a partir da análise do teste qui-quadrado (Tab. 1), que a cor da pele do personagem e o tipo de cota não interferem na percepção de que as cotas aumentam o preconceito ($x^2_2 = 0,327$, $p > 0,005$), uma vez que todas as diferenças dos resíduos ajustados das porcentagens observadas estão fora do intervalo de significância (menor que 1,90 ou maior que 1,90).

**Tabela 1: Porcentagem (e resíduos ajustados) do posicionamento de estudantes pré-universitários sobre a relação entre o preconceito e a Lei das Cotas**

| Cor do personagem/ tipo de cota | Posicionamento | |
|---|---|---|
| | SIM | NÃO |
| branco/social | 27,2 (-0,1) | 49,8 (0,1) |
| negro/social | 28,6 (-0,5) | 52,4 (0,5) |
| negro/racial | 27,2 (0,5) | 49,8 (-0,5) |

Por outro lado, o posicionamento dos estudantes universitários mostra um panorama bastante diferente (Tab. 2). Assim, o resultado do qui-quadrado aponta que a cor da pele do personagem, bem como o tipo de cota, influencia significativamente a opinião desses participantes sobre a relação entre o preconceito e o tipo de cotas ($x^2_2 = 11,98$, ($p < 0,005$). Assim sendo, apenas na condição do personagem branco e cotista social a Lei de Cotas não aumentaria o preconceito na sociedade. Já nas duas condições do personagem negro, essa lei aumentaria o preconceito. Vale ressaltar que, embora na condição negro e cotista social o teste estatístico não tenha alcançado a significância, os resultados estão na mesma direção da condição negro e cotista racial, cujo resultado foi significativo.

**Tabela 2: Porcentagem (e resíduos ajustados) do posicionamento de estudantes universitários sobre a relação entre o preconceito e a Lei das Cotas**

| Cor do personagem/ tipo de cota | Posicionamento | |
|---|---|---|
| | SIM | NÃO |
| branco/social | 29,2 (-3,4) | 25,8 (3,4) |
| negro/social | 28,7 (1,1) | 25,3 (-1,1) |
| negro/racial | 28,1 (2,3) | 24,9 (-2,3) |

Nesses resultados, dois aspectos merecem ser enfatizados. Primeiro, a inexistência de uma relação significativa entre a cor da pele do personagem, tipo de cota e o aumento do preconceito na sociedade entre estudantes universitários pode ser entendida no âmbito das relações intergrupais, uma vez que eles seriam potenciais alunos cotistas. Por outro lado, uma vez já na universidade, essa relação se modifica. No entanto, a lógica dessa modificação aponta que o problema está muito mais na cor da pele do personagem do que na Lei de Cotas *per se*, uma vez que foi nas condições do personagem negro que os estudantes universitários afirmam que essa lei aumentaria o preconceito.

## Posicionamentos frente à decisão do gerente (estudantes pré-universitários)

### *Condição candidato branco e cotista social*

A Classificação Hierárquica Descendente reteve 88% do total do *corpus*, dividindo os discursos dos pré-universitários em duas classes discursivas, como observado no dendrograma da Tab. 3. A Classe 1 correspondeu a 73% do *corpus*, foi a classe mais significativa, e foi denominada "Preconceito racial". A Classe 2 representou 27% do *corpus* e foi nomeada "Preconceito frente às cotas".

**Tabela 3: Dendrograma da Classificação Hierárquica Descendente**

| **Classe 1** | | **Classe 2** | |
|---|---|---|---|
| Preconceito racial | | Preconceito frente às cotas | |
| 73% | | 27% | |
| **Palavras** | **$X^2$** | **Palavras** | **$X^2$** |
| Pele | 21 | Cotas | 58 |
| Cor | 20 | Universidade | 19 |
| Gerente | 10 | Influenciaria | 11 |
| Preconceituoso | 9 | Social | 10 |
| Branco | 7 | Ensino | 8 |
| Competência | 7 | Ajuda | 7 |

A Classe 1, "Preconceito racial", reflete a prevalência de discursos sobre a existência de preconceito racial por parte do empregador na contratação de candidatos negros, pois o empregador utiliza a cor da pele como principal critério para seleção no mercado de trabalho.

**Exemplos dos discursos da Classe 1:**

"O gerente foi preconceituoso pois não quis contratar o candidato apenas por ele ser negro".

"O gerente foi racista no momento que não quis contratar o negro".

A Classe 2, denominada "Preconceito frente às cotas", expressa discursos de preconceito contra os candidatos cotistas por parte do gerente. Nessa classe, os participantes argumentam que os candidatos cotistas são vistos pelos empregadores como menos capazes do que o candidato adversário que não é cotista.

**Exemplos dos discursos da Classe 2:**

"O candidato ex-cotista é visto como menos capacitado, pois ele entrou na universidade por causa das cotas e não teria capacidade de entrar sem cotas".

"O gerente selecionaria o candidato não cotista porque demonstra uma capacidade maior".

Os discursos dos participantes nessa condição experimental apontam uma divergência entre o critério de classificação para o ingresso ao mercado de trabalho: preconceito racial x preconceito frente às cotas. Os resultados apontam que o fato de o candidato ser cotista influencia negativamente na avalição feita pelo gerente. Contudo, o predomínio da Classe 1 reflete que o preconceito racial tem maior influência na contratação do que o fato de o candidato ser ex-cotista. Nessa condição experimental, o *software* Alceste não gerou a análise fatorial por existirem apenas duas classes discursivas.

### *Condição candidato negro e cotista social*

A Classificação Hierárquica Descendente reteve 57% do total do *corpus*, dividindo os discursos dos pré-universitários em quatro classes discursivas, como observado no dendrograma da Tab. 4. A Classe 1 correspondeu a 47% do *corpus*, é a classe mais significativa, e foi denominada "Preconceito frente às cotas". A Classe 2 representou 17% do *corpus* e foi nomeada "A sociedade é preconceituosa". A Classe 3 expressou 20% do *corpus*, e foi nomeada "Mesma competência". Por fim, a Classe 4 representou 16% do *corpus*, e foi denominada "Preconceito racial".

**Tabela 4: Dendrograma da Classificação Hierárquica Descendente**

| Classe 1 | | Classe 2 | | Classe 4 | | Classe 3 | |
|---|---|---|---|---|---|---|---|
| Preconceito frente às cotas | | A sociedade é preconceituosa | | Preconceito racial | | Mesma Competência | |
| 47% | | 17% | | 16% | | 20% | |
| **Palavras** | **$X^2$** | **Palavras** | **$X^2$** | **Palavras** | **$X^2$** | **Palavras** | **$X^2$** |
| Cotas | 14 | Engenheiro | 11 | Candidato | 28 | Importa | 22 |
| Entrada | 11 | Contrato | 10 | Avaliação | 17 | Competência | 17 |
| Ajuda | 10 | Preconceito | 8 | Preconceituoso | 9 | Vaga | 13 |
| Racial | 8 | Causa | 7 | Cargo | 6 | Brasil | 7 |
| Universidade | 6 | Sociedade | 7 | Gerente | 5 | Emprego | 5 |
| Ex-cotista | 5 | Cor | 4 | Independente | 4 | Preconceituoso | 5 |

A Classe 1, "Preconceito frente às cotas", foi a classe de maior representatividade e reflete discursos de que as cotas são um meio de ajudar as pessoas a ingressarem no ensino superior, quando, na realidade, trata-se de um meio de garantir igualdade de direito para grupos minoritários. Nesse ponto, os candidatos negros cotistas seriam tratados de forma preconceituosa pelos empregadores, não por serem negros, mas por serem ex-alunos cotistas.

**Exemplos de discursos da Classe 1:**
"Porque todos os negros entram mesmo com nota baixa".

"O estudante cotista é visto como incapacitado ou menos capacitado do que o outro estudante que não entrou pelas cotas".

A Classe 2, "A sociedade é preconceituosa", representa os discursos dos participantes que atribuem a responsabilidade do preconceito racial no ingresso ao mercado de trabalho aos clientes da sociedade brasileira. Esta classe representa discursos ancorados no racismo cordial, por meio da atribuição da responsabilidade do preconceito racial no ingresso ao mercado de trabalho a uma abstração: os clientes da sociedade brasileira, cumprindo dessa maneira o papel ideológico de mascarar as práticas discriminatórias.

**Exemplos de discursos da Classe 2:**
"O gerente foi preconceituoso, pois teve receio de contratar o engenheiro negro e se arrepender depois por exclusão da sociedade".

"O gerente considerou a cor da pele como critério de classificação, pois o candidato negro não seria bem-visto pela sociedade".

Na Classe 4, "Preconceito racial", os discursos dos participantes reconhecem a existência do preconceito racial no ingresso ao mercado de trabalho. A ideia geral dessa classe é que a cor da pele do candidato é o principal critério de classificação na seleção para o mercado de trabalho.

**Exemplos de discursos da Classe 4:**
"O gerente foi preconceituoso, pois ele tratou os dois candidatos de maneira diferente por conta da cor da pele".

"O candidato negro foi visto pelo gerente de forma preconceituosa".

A Classe 3, "Mesma competência", reflete os argumentos dos pré-universitários de que o critério de classificação para o ingresso ao mercado de trabalho deve ser a competência do candidato e não a sua cor da pele.

**Exemplos de discursos da Classe 3:**
"Eficiência ou competência não se mede pela cor, a mesma competência do branco pode ser a do negro".

"Para uma vaga de emprego não importa a cor da pele, e sim a competência profissional".

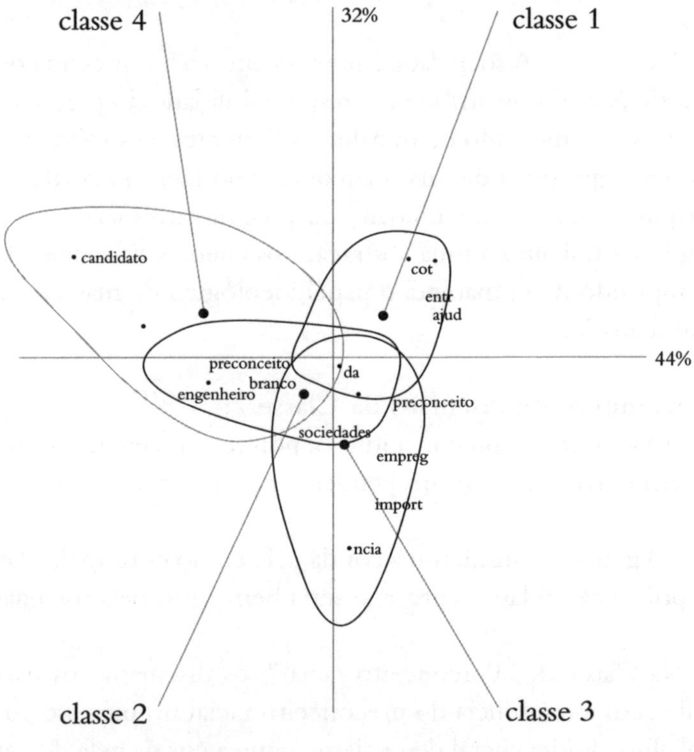


**Figura 1: Análise Fatorial de Correspondência**

A Análise Fatorial de Correspondência (Fig. 1) evidenciou que as quatro dimensões latentes que organizam as classes desta condição experimental compartilham dois núcleos de ideias principais: Preconceito frente às cotas *versus* Preconceito racial. Do lado esquerdo destacam-se as Classes 2 e 4, que representam os discursos de que existe preconceito racial no ingresso ao mercado de trabalho. Por oposição, no lado direito encontram-se as Classes 1 e 3, a primeira classe ancora os discursos de que os candidatos, por serem cotistas, sofrem preconceito no ingresso ao mercado de trabalho, enquanto a terceira classe expressa a ideia de que negros e brancos possuem a mesma competência.

### *Condição candidato negro e cotista racial*

A Classificação Hierárquica Descendente reteve 56% do total do *corpus*, dividindo os discursos dos pré-universitários em quatro classes discursivas, como observado no dendrograma da Tab. 5. A Classe 1 correspondeu a 23% do *corpus*, e foi denominada "A sociedade é preconceituosa". A Classe 2 representou 36% do *corpus* e foi nomeada "Preconceito frente às cotas". A Classe 3 expressou 28% do *corpus*, e foi nomeada "Preconceito racial". Por fim, a Classe 4 representou 13% do *corpus*, e foi denominada "Mesma competência".

**Tabela 5: Dendrograma da Classificação Hierárquica Descendente**

| Classe 1 | | Classe 3 | | Classe 4 | | Classe 3 | |
|---|---|---|---|---|---|---|---|
| A sociedade é preconceituosa | | Preconceito Racial | | Mesma competência | | Preconceito frente às cotas | |
| 23% | | 28% | | 13% | | 36% | |
| **Palavras** | **$X^2$** | **Palavras** | **$X^2$** | **Palavras** | **$X^2$** | **Palavras** | **$X^2$** |
| Clientes | 38 | Pele | 14 | Capacidade | 47 | Mercado | 9 |
| Empresa | 22 | Cor | 10 | Candidato | 27 | Ajuda | 8 |
| Contratar | 7 | Preconceito | 10 | Vaga | 22 | Cotas | 7 |
| Negro | 4 | Escolher | 7 | Profissional | 15 | Estudar | 7 |
| Cotista | 4 | Sociedade | 7 | Sociedade | 11 | Trabalhar | 7 |
| Preconceituoso | 3 | Negro | 4 | Mesma | 5 | Faculdade | 5 |

A Classe 1, "A sociedade é preconceituosa", contém argumentos ancorados no racismo cordial, sendo que os discursos dos participantes atribuíam a responsabilidade do preconceito racial no ingresso ao mercado de trabalho a uma abstração: os clientes da sociedade brasileira.

**Exemplos de discursos da Classe 1:**
"Pelo fato de a sociedade brasileira ser extremamente preconceituosa, o gerente não poderia contratar o candidato negro, pois perderia clientes".

"O gerente foi preconceituoso porque ele pensou na reação negativa dos seus clientes ao ver um engenheiro negro".

A Classe 2, "Preconceito frente às cotas", reflete a ideia central de que as cotas raciais é um meio de ajudar os negros a ingressarem no ensino superior, quando, na realidade, trata-se de um meio de garantir igualdade de direito para esse grupo minoritário.

**Exemplos de discursos da Classe 2:**
"As cotas raciais são um programa criado para ajudar as pessoas a entrarem nas universidades, porque a sociedade é preconceituosa".

"O ex-cotista racial entrou com muita facilidade na universidade e por isso não é capaz".

A Classe 3, "Preconceito racial", reflete os discursos dos participantes de que a cor da pele do candidato é, para os empregadores, o principal critério de classificação na seleção para o mercado de trabalho.

**Exemplos de discursos da Classe 3:**
"O impacto da cor da pele foi fundamental para sua eliminação no ingresso ao mercado de trabalho".

"A cor da pele na hora da entrevista foi a única coisa que levou o gerente a não contratar o candidato negro".

A Classe 4, "Mesma competência", baseia-se em discursos de que o critério para classificação no mercado de trabalho deve ser a competência do candidato e não a sua cor da pele.

**Exemplos de discursos da Classe 4:**
"No momento da seleção, o gerente deve avaliar o candidato pela sua capacidade e não pela cor da pele".

"O gerente deve avaliar a capacidade do candidato e não sua cor".

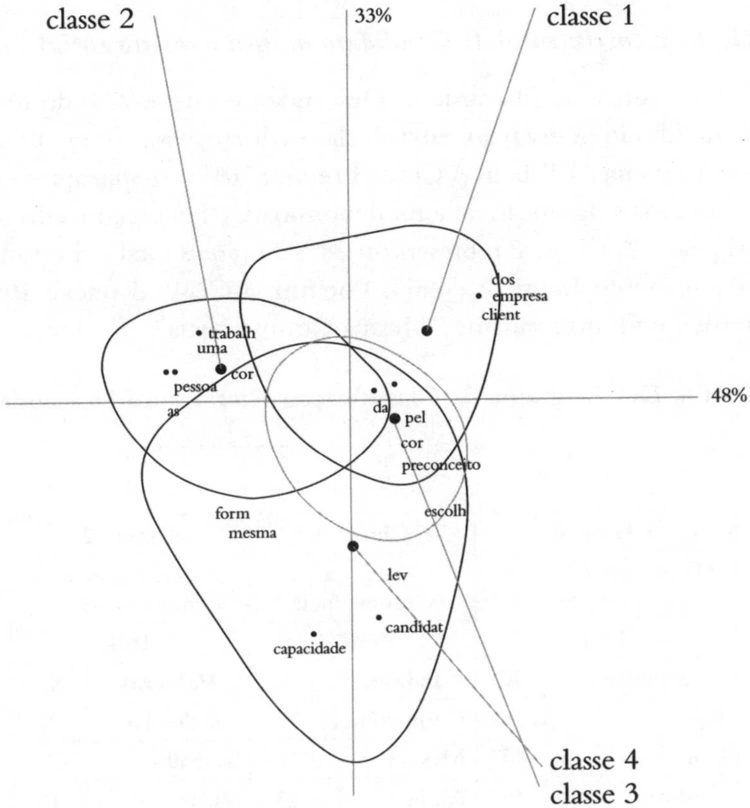


**Figura 2: Análise Fatorial de Correspondência**

A Análise Fatorial de Correspondência (Fig. 2) evidenciou que as quatro dimensões latentes que organizam as classes desta condição experimental compartilham dois núcleos de ideias principais: Preconceito racial *versus* Mesma competência. Do lado direito destacam-se as Classes 1 e 3, que representam os discursos ancorados na existência de preconceito racial no ingresso ao mercado de trabalho, ocasionado ora pelos empregadores, ora pela própria sociedade brasileira. Por oposição, no lado esquerdo encontram-se as Classes 2 e 4, em que a segunda classe ancora discursos de preconceito frente aos candidatos cotistas, e a quarta classe representa os discursos de que negros e brancos têm a mesma competência.

## Posicionamentos frente à decisão do gerente (estudantes universitários)

### *Condição Experimental 1: Candidato branco e cotista social*

A Classificação Hierárquica Descendente reteve 72% do total do *corpus*, dividindo os discursos em três classes discursivas, como observado no dendrograma da Tab. 6. A Classe 1 reuniu 50% do *corpus* aproveitado, foi a classe mais significativa, e foi denominada "Há preconceito com a cor da pele". A Classe 2 representou 28% do *corpus* total e foi nomeada "Posicionamento frente às cotas". Por fim, a Classe 3 reteve 19% do *corpus* total e foi nomeada de "Mesma Competência".

**Tabela 6: Dendrograma da Classificação Hierárquica Descendente**

| Classe 1 | | Classe 3 | | Classe 2 | |
|---|---|---|---|---|---|
| Há preconceito com a cor da pele | | Mesma Competência | | Posicionamento frente às cotas | |
| 11% | | 53% | | 16% | |
| **Palavras** | **$X^2$** | **Palavras** | **$X^2$** | **Palavras** | **$X^2$** |
| Pele | 16 | Competência | 34 | Acadêmico | 27 |
| Cor | 15 | Mesma | 28 | Trabalho | 26 |
| Gustavo | 15 | Ambos | 23 | Vida | 18 |
| Preconceituoso | 10 | Tinham | 23 | Ajuda | 17 |
| Negro | 8 | Critério | 22 | Mercado | 15 |
| Pessoa | 8 | Diferença | 11 | Forma | 9 |

Na Classe 1, "Há preconceito com a cor da pele", os discursos se embasaram na ideia de que o profissional, quando for negro, não será bem visto, recebendo um tratamento diferenciado por parte dos empregadores. Dessa forma, a classe é organizada a partir do discurso de que os profissionais serão discriminados somente pela sua cor da pele.

**Como exemplos da Classe 1 têm-se:**
"Pois ele selecionou Gustavo apenas por este ser branco".

"Ele não podia eliminar o outro candidato pela sua cor da pele".

A Classe 2, denominada "Posicionamento frente às cotas", os discursos relatam que o sistema de cotas sociais é um meio de oferecer mais oportunidades para as pessoas menos favorecidas. Afirmam ainda que o desempenho do profissional dependerá exclusivamente de cada um, pois a formação acadêmica será a mesma para todos. Os participantes se posicionam a favor das cotas sociais, usando como justificativa o discurso de que é uma forma de ajudar os estudantes que não possuíram um ensino médio de qualidade.

**Exemplos da Classe 2:**
"Acredito que as cotas sociais ajudam para que todos possam ingressar na universidade e consequentemente no mercado de trabalho".

"O mercado de trabalho escolhe os melhores profissionais e os cotistas e não cotistas tiveram academicamente as mesmas oportunidades".

A análise da Classe 3, "Mesma competência, todos iguais", os discursos dos participantes se baseiam na ideia da meritocracia, relatando que brancos e negros são iguais e possuem a mesma competência para estudar, se formar e ser contratado por uma empresa, bastando se esforçar.

**Exemplos dos discursos da Classe 3:**
"O gerente optou pelo critério da cor como desempate, não considerou a competência de Gustavo. A cor da pele não define inteligência e competência. A sociedade e o gerente deveriam avaliar o engenheiro pelas suas habilidades e não pela cor da sua pele".

"A cor de pele não deve ser critério de seleção, pois na entrevista ambos tinham a mesma competência, mas o branco foi escolhido como se cor fosse critério de desempate".

A Análise Fatorial de Correspondência (Fig. 3) mostrou as dimensões latentes que organizam essas classes. Percebe-se que houve uma divisão das classes em relação ao eixo vertical, de modo que, na parte superior encontram-se as Classes 2 e 3, que expressam posicionamentos em relação ao sistema de cotas, estando opostas em relação ao eixo horizontal. Do lado esquerdo, encontra-se a Classe 2, defendendo a efetividade das cotas sociais como forma de promover acesso ao ensino superior para os estudantes menos favorecidos, e do lado direito, a Classe 3, posicionando-se contra as cotas, defendendo a ideia de meritocracia. Já na parte inferior do eixo vertical, encontra-se a Classe 1, opondo-se às outras duas classes e enfatizando a ideia de que, independentemente das cotas, os negros sempre serão discriminados pela cor da sua pele.

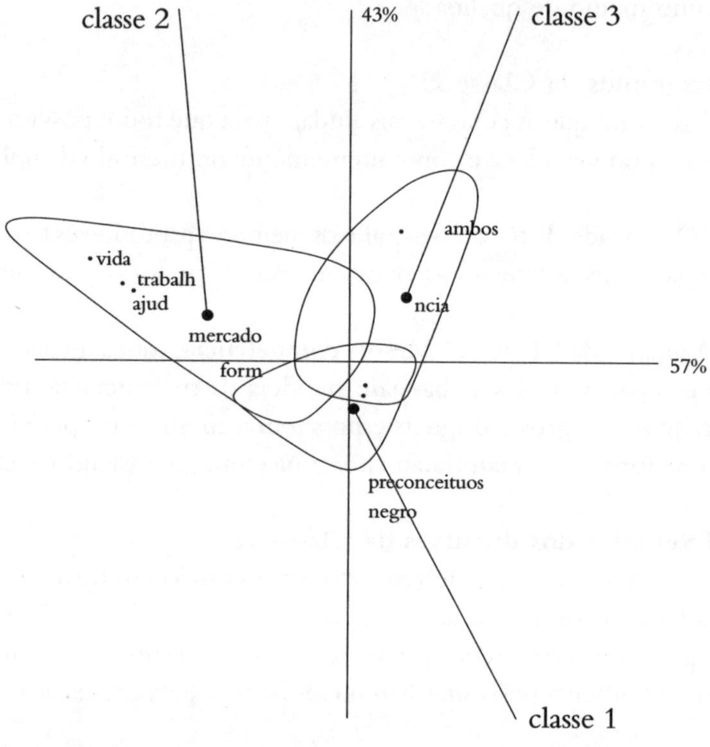


**Figura 3: Análise Fatorial de Correspondência**

***Condição candidato negro e cotista social***

A segunda condição experimental reteve 66% do total do *corpus* total e apresentou, por meio da Classificação Hierárquica Descendente, uma divisão composta por duas classes discursivas (Tab. 7). A Classe 1, denominada "As cotas aumentam o preconceito", reteve 17% do *corpus*, e a Classe 2, nomeada "A sociedade é preconceituosa", reteve 68% do *corpus*.

Tabela 7: Dendrograma da Classificação Hierárquica Descendente

| **Classe 1** | | **Classe 2** | |
|---|---|---|---|
| As cotas aumentam o preconceito | | A sociedade é preconceituosa | |
| 11% | | 53% | |
| **Palavras** | **$X^2$** | **Palavras** | **$X^2$** |
| Sabia | 21 | Cor | 17 |
| Sociais | 21 | Pele | 16 |
| Aluno | 17 | Gustavo | 5 |
| Cotista | 17 | Empresa | 3 |
| Universidade | 16 | Candidato | 3 |
| Critério | 12 | Preconceituoso | 3 |

O discurso da Classe 1, "As cotas aumentam o preconceito", transmite a ideia de que as cotas colaboram para o aumento do preconceito, de modo que os alunos cotistas são vistos como "privilegiados" ou "incapazes" de concorrer de forma igual com os outros estudantes.

**São exemplos característicos da Classe 1:**

"Há certo preconceito com alunos cotistas e, portanto, com profissionais que foram cotistas na faculdade".

"Pois os cotistas não passaram no vestibular pelo exame universal, o que desperta em alguns o preconceito e a intolerância".

Na análise dos repertórios discursivos da Classe 2, "A sociedade é preconceituosa", os discursos relatam que os empregadores estão mais preocupados em preservar a imagem da empresa do que em fazer justiça com o candidato em questão, uma vez que a sociedade prefere ser atendida por pessoas brancas, assim, consequentemente, os empregadores irão preferir contratar um candidato branco do que um negro.

**Exemplos dos discursos da Classe 2:**

"Ele preferiu o candidato pela cor da pele, negligenciando a capacidade e a habilidade como engenheiro".

"O gerente apenas agiu seguindo convenções sociais".

É importante destacar que nessa condição experimental não foi possível realizar a análise fatorial pelo software Alceste, por causa da existência de apenas duas classes discursivas. Destaca-se ainda a predominância da Classe 2, "A sociedade é preconceituosa", em detrimento da Classe 1, "As cotas aumentam o preconceito", o que enfatiza a ideia de que o negro sempre sofrerá discriminação, indicando assim a presença de discursos baseados no racismo cordial, transferindo para a sociedade a responsabilidade pelo preconceito racial.

### *Condição candidato negro e cotista racial*

A Classificação Hierárquica Descendente reteve 66% do *corpus* total e apresentou uma divisão composta por três classes (Tab. 8). A Classe 1 corresponde a 11% do *corpus* e foi denominada "Há preconceito com a cor da pele". A Classe 2 reteve 16% do *corpus* e foi nomeada "Preconceito frente às cotas". Por fim, a Classe 3 reteve 53% do *corpus* e foi denominada "As cotas aumentam o preconceito racial".

**Tabela 8. Dendrograma da Classificação Hierárquica Descendente**

| **Classe 1** | | **Classe 3** | | **Classe 2** | |
|---|---|---|---|---|---|
| Há preconceito com a cor da pele | | As cotas aumentam o preconceito racial | | Preconceito frente às cotas | |
| 11% | | 53% | | 16% | |
| **Palavras** | $X^2$ | **Palavras** | $X^2$ | **Palavras** | $X^2$ |
| Competência | 19 | Acham | 6 | Mostra | 17 |
| Igual | 10 | Negro | 6 | Justifica | 17 |
| Deveria | 10 | Capaz | 4 | Ideia | 13 |
| Engenheiro | 10 | Universidade | 4 | Acadêmico | 12 |
| Branca | 7 | Entrada | 3 | Trabalho | 10 |
| Imagem | 7 | Julgado | 3 | Preconceito | 10 |

A análise semântica da Classe 1, "Há preconceito com a cor da pele", afirma a existência do preconceito racial no ingresso ao mercado de trabalho. A ideia central é que a cor da pele do candidato seria um critério para contratação, onde, nesse caso, apesar de ambos terem as mesmas competências, só os brancos seriam aceitos.

**Exemplos dos discursos da Classe 1:**
"A cor da pele não define inteligência e competência. A sociedade e o gerente deveriam avaliar o engenheiro pelas habilidades".

"Ele queria um candidato branco mesmo e só levou em consideração a cor do candidato, pois ambos tinham as mesmas competências".

Na Classe 2, "Preconceito frente às cotas", os discursos afirmam que só o fato de ter sido cotista já resultará em um tratamento diferente, relatando que o sistema de cotas contribui para o aumento do preconceito por ser percebido como uma forma de "privilégio" para o aluno.

**São exemplos de discursos da Classe 2:**
"As cotas reforçam a ideia de preconceito à medida que a pessoa é tratada de forma especial, isso o que reforça o preconceito, na minha opinião".

"Se elas não existissem, com certeza diminuiria o preconceito no mercado de trabalho".

A Classe 3, "As cotas aumentam o preconceito racial", enfatiza a ideia de que o sistema de cotas raciais colabora com a manutenção do preconceito racial, pois coloca o negro em uma situação de inferioridade, sugerindo que eles são incapazes de competir de igual para igual com os demais alunos não cotistas.

**São exemplos dos discursos da Classe 3:**
"Ele pensou que o candidato entrou de forma mais fácil na universidade, sendo menos capaz".

"Ele rebaixou o candidato e o classificou como menos capaz".

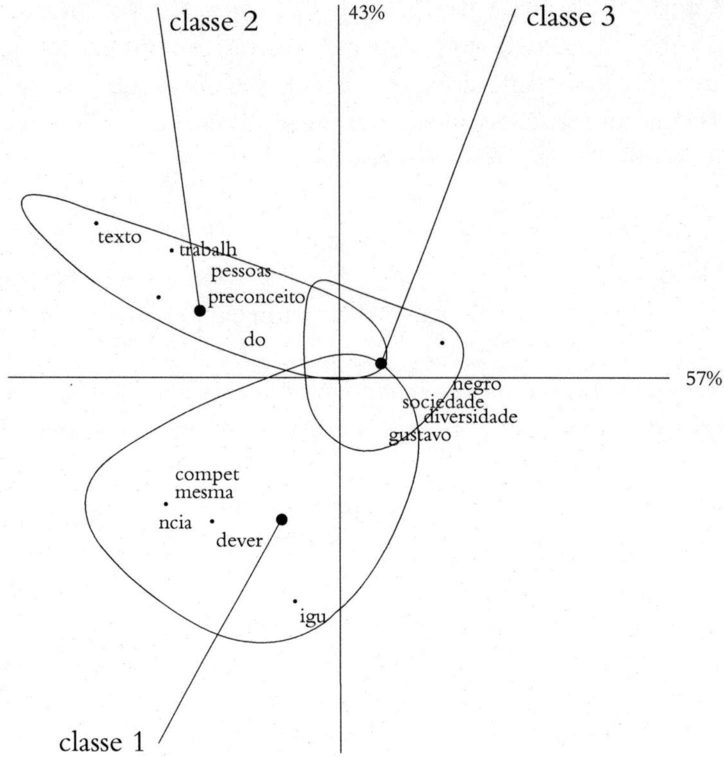


**Figura 4: Análise Fatorial de Correspondência**

A partir da Análise Fatorial de Correspondência (Fig. 4), observa-se as dimensões latentes que organizam as classes. Do lado esquerdo da figura, estão situadas as Classes 1 e 2, refletindo a ideia de que a cor da pele e a condição de ex-cotista vai influenciar na inserção no mercado de trabalho. Percebe-se que as classes do lado esquerdo se opõem em relação ao eixo horizontal, de modo que na parte inferior (Classe 1), os discursos enfatizam que existe preconceito racial no mercado de trabalho, ou seja, vão discriminar somente pela cor da pele do candidato. Na parte superior (Classe 2), os discursos relatam que as cotas raciais vão colaborar para o aumento do preconceito por transmitir uma ideia de que eles precisam de benefícios para conseguir ingressar na universidade.

Do lado direito, encontra-se a Classe 3, que traz em seus discursos a visão de incapacidade dos negros, enfatizando que as cotas raciais fazem com que os negros sejam vistos de forma preconceituosa, dando a entender que os negros não possuem capacidade de competir de forma igual com os brancos. Percebe-se ainda, que todas as classes se sobrepõem no cruzamento dos dois eixos, podendo ser explicado pelo fato de ambas as classes compartilharem um posicionamento que afirma a existência do preconceito racial no mercado de trabalho.

## Considerações finais

Comparando os resultados das duas amostras de participantes, vários aspectos merecem ser destacados. Inicialmente, chama atenção o fato de que os resultados dos testes de qui-quadrados mostram que, para os estudantes pré-universitários, as cotas, em nenhuma situação, levam ao preconceito no mercado de trabalho.

Já para os estudantes universitários, as cotas levariam ao preconceito no mercado de trabalho apenas nas duas condições nas quais o personagem era negro. Esse resultado pode estar sendo ancorado pelo princípio da meritocracia (Silva, 2017) e na ideia de que a adoção de cotas raciais distorceria a ideia de igualdade, colocando os negros em uma posição de inferioridade intelectual, de que necessitam de ajuda para ingressar na universidade. No entanto, o que os resultados aqui apresentados apontam é que o problema das cotas existiria mais quando o cotista é negro, pois só aí elas ajudariam a aumentar o preconceito no Brasil. Dessa forma, podemos inferir que o que realmente acontece é a existência do preconceito racial e não de classe social.

Por outro lado, a análise das justificativas para o posicionamento a respeito da lei de cotas também mostra diferenças entre os posicionamentos de estudantes pré-universitários e universitários. A análise da condição "branco e cotista social" demonstrou que na amostra de estudantes pré-universitários houve a predominância de discursos de que existe preconceito racial no ingresso ao mercado de trabalho, expressando 73% do *corpus*. Enquanto a amostra de estudantes universitários indicou predominantemente a ideia de que negros e brancos possuem as mesmas competências e devem competir de igual para igual, esses discursos representaram 50% do *corpus* em tal condição experimental.

Nessa condição experimental também se pôde observar que além de discursos sobre preconceito racial, os estudantes pré-universitários afirmaram que existe preconceito por parte dos empregadores, de modo que os candidatos ex-cotistas são vistos como menos capazes do que os candidatos não cotistas. Por outro lado, esses discursos não emergiram entre os estudantes universitários, que consideraram que os alunos cotistas e não cotistas tinham as mesmas competências, portanto não expressaram preconceito frente às cotas. Diante desse cenário, pode-se inferir duas razões para o fato de a amostra de estudantes universitários não perceber os candidatos ex-cotistas de forma preconceituosa. Primeiro, porque esse público tem maior acesso à informação crítica e, segundo, porque a convivência com os estudantes cotistas no ensino superior poderia ter contribuído para a diminuição do preconceito.

A comparação dos dois grupos de participantes na condição "negro e cotista social" indicou a presença de dois princípios organizadores dos discursos dos participantes: Preconceito Racial e Preconceito frente às cotas. Os discursos dos estudantes pré-universitários apontaram para a prevalência do preconceito com os candidatos ex-cotistas por parte dos empregadores, representando 47% do *corpus*. Por outro lado, os discursos sobre a existência de preconceito racial no mercado de trabalho por parte da sociedade brasileira foram predominantes nos discursos dos estudantes universitários, expressando 53% do *corpus*.

Na condição "negro e cotista racial", os princípios que organizaram os argumentos dos estudantes pré-universitários apontaram predominantemente para a existência de preconceito racial no ingresso ao mercado de trabalho, ora por parte dos empregados (28%), ora por parte da sociedade brasileira (23%). Juntos, os discursos que afirmavam a existência de preconceito racial no ingresso ao mercado de trabalho expressaram 51% do *corpus*. De forma geral, esse cenário de preconceito racial não pode ser concebido como decorrente de características psicológicas individuais, mas, sobretudo, como o produto das relações de poder entre grupos.

Por outro lado, nessa condição experimental, os estudantes universitários enfatizaram discursos de que o sistema de cotas raciais colabora com a manutenção do preconceito racial, sugerindo que os negros são incapazes de competir de igual para igual com os demais alunos não cotistas no ingresso ao ensino superior. Consequentemente, no ingresso ao mercado de trabalho, são vistos como menos competentes, sendo que tais discursos representaram 53% do *corpus*.

Uma análise comparativa entre as condições experimentais apresentadas aos estudantes do ensino médio revelou que na condição "negro e cotista social", as classes que representam discursos de preconceito racial, Classe 2, "A sociedade é preconceituosa", e Classe 4,

"Preconceito racial", totalizaram 33% do *corpus* total. Enquanto que, na condição "negro e cotista racial", as classes que demonstram discursos de preconceito racial, Classe 2, "A sociedade é preconceituosa", e Classe 4, "Preconceito racial", totalizaram 51% do *corpus* total.

Resultados similares foram obtidos entre estudantes universitários, pois na condição "negro e cotista social" a classe representativa de discursos de preconceito racial, Classe 2, "A sociedade é preconceituosa", expressou 53% do corpus total. Enquanto que, na condição "negro e cotista racial", as classes que apresentaram discursos de preconceito racial, Classe 1 "Há preconceito com a cor da pele" e Classe 3 "As cotas aumentam o preconceito racial", totalizaram 64% do corpus total.

Finalizando, é importante ressaltar que, em conjunto, os resultados aqui apresentados apontam, primeiro, a centralidade da ideia da existência ou não do preconceito racial para o posicionamento frente à política de cotas, raciais ou sociais, no ensino superior. Em segundo lugar, esses resultados parecem apontar que o "problema", no Brasil, está muito mais ligado à cor da pele negra do que ao status econômico de uma pessoa. Esses resultados confirmam a ideia proposta neste estudo de que o candidato negro e cotista racial é visto de forma mais preconceituosa pelos empregadores do que quando o candidato é negro e cotista social.

## Referências


ALCESTE – Analyse Lexicale par Contexte d'un Ensemble de Segments de Texte. Versão 22. 2010. Disponível em: <http://www.alcestesoftware.com.br/manuais/alceste-manual.pdf>. Acesso em: 30 jul. 2019.

ASSIS, J. B. A. Convenção internacional sobre a eliminação de todas as formas de discriminação racial e a gênese da ação afirmativa no Brasil. In: *Conselho Nacional de Pesquisa e Pós-Graduação em Direito.* Manaus: CONPEDI, 2013.

ASSOCIAÇÃO NACIONAL DOS DIRIGENTES DAS INSTITUIÇÕES FEDERAIS DE ENSINO SUPERIOR. 2016. Disponível em: <https://g1.globo.com/educacao/noticia/apos-cotas-universidades-federais-ficam-mais-populares-e-negras-diz-estudo.ghtml>. Acesso em: 1º fev. 2019.

BATISTA, J. R. M. *et al.* Negros e nordestinos: similaridades nos estereótipos raciais e regionais. *Revista Psicologia Política*, v. 14, p. 325-345, 2014.

BARROS, C. M. D. L.; TORRES, A. R. R.; PEREIRA, C. R. Atitudes de estudantes de medicina face ao Mais Médicos revela favorecimento endogrupal. *PSICO*: PUCRS, v. 48, p. 12, 2017.

BOLONHA, C.; DE TEFFÉ, C. Cotas universitárias no Brasil: uma análise sobre o comportamento institucional. *Revista da Faculdade de Direito UFPR*, v. 55, 2012.

BRANDÃO, A. A.; DE MARINS, M. T. A. Cotas para negros no ensino superior e formas de classificação racial. *Educação e Pesquisa,* v. 33, n. 1, p. 27-45, 2007.

CAMINO, L. *et al.* A face oculta do racismo no Brasil: Uma análise psicossociológica. *Revista de Psicologia Política,* v. 1, n. 1, p. 13-36, 2001.

CAMINO, L. *et al.* Repertórios discursivos contemporâneos sobre as desigualdades raciais no Brasil: um estudo com estudantes paraibanos de pós-graduação. *Psicologia & Sociedade,* v. 25, n. 1, p. 113-122, 2013.

CAMINO, L. *et al.* Repertórios discursivos de estudantes universitários sobre cotas raciais nas universidades públicas brasileiras. *Psicologia & Sociedade,* v. 26, p. 117-128, 2014.

CHAUI, M. *Iniciação à Filosofia: ensino médio.* São Paulo: Ática, 2010.

FREYRE, G. *Casa-Grande e senzala: formação da família brasileira sob o regime da economia patriarcal.* Rio de Janeiro: Maia & Schmidt, 1993.

GUIMARÃES, A. S. A. Preconceito de cor e racismo no Brasil. *Revista de Antropologia,* v. 47, n. 1, p. 9-43, 2004.

IBGE – Instituto de Geografia e Estatística. *Síntese de indicadores sociais: uma análise das condições de vida da população brasileira, 2010.* Rio de Janeiro: Departamento de População e Indicadores Sociais, 2010. Disponível em: <biblioteca.ibge.gov.br/visualizacao/livros/liv45700.pdf>. Acesso em: 4 mar. 2019.

IBGE – Instituto de Geografia e Estatística. *Censo demográfico 2015: Características da população e dos domicílios: resultados do universo.* 2016. Disponível em: <https://ww2.ibge.gov.br/home/estatistica/economia/perfilmunic/2015/>. Acesso em: 30 jul. 2019.

IBGE – Instituto de Geografia e Estatística. *Banco de Dados Agregados. Sistema IBGE de Recuperação Automática – SIDRA.* 2014. Disponível em: <http://www.ibge.gov.br>. Acesso em: 1 fev. 2019.

IBM SPSS Statistics, versão 22. Disponível em: <https://www.ibm.com/br-pt/products/spss-statistics>. Acesso em: 26 mar. 2019.

JODELET, D. (Ed.). *Les représentations sociales.* Paris: PUF, 1989.

LEWGOY, B. Cotas raciais na UNB: as lições de um equívoco. *Horizontes Antropológicos,* Porto Alegre, ano 11, n. 23, p. 218-221, jan./jun. 2005.

LIMA, M. E. O. Preconceito. In: CAMINO, L. *et al. Psicologia Social: Temas e Teorias.* Brasília: Technopolitik, 2013. p. 589-642.

LIMA, M. E. O.; VALA, J. Sucesso social, branqueamento e racismo. *Psicologia: Teoria e Pesquisa,* v. 20, n. 1, 2004.

LIMA, M. E. O.; NEVES, P. S. da Costa; SILVA, P. B. A implantação de cotas na universidade: paternalismo e ameaça à posição dos grupos dominantes. *Revista Brasileira de Educação,* 2014.

MAGGIE, Y.; FRY, P. A reserva de vagas para negros nas universidades brasileiras. *Estudos Avançados:* USP, São Paulo, v. 18, n. 50, p. 67-80, 2004.

MAGNONI, M. S. Lei de Cotas e a mídia brasileira: o que diria Lima Barreto? *Revista Estudos Avançados,* 2016.

MOEHLECKE, S. Ação afirmativa: história e debates no Brasil. *Cadernos de Pesquisa,* n. 117, p. 197-217, 2002.

MONTEIRO NETO, F. F. Representações sociais. In: ______. *Psicologia Social.* Lisboa: Universidade Aberta, 1998. v. 1, p. 98-110.

MOSCOVICI, S. *A representação social da Psicanálise.* Rio de Janeiro: Zahar, 1978.

NEVES, P. S. C.; LIMA, M. E. O. Percepções de justiça social e atitudes de estudantes pré-vestibulandos e universitários sobre as cotas para negros e pardos nas universidades públicas. *Revista Brasileira de Educação,* v. 12, n. 34, 2007.

OLIVEIRA FILHO, P. A mobilização do discurso da democracia racial no combate às cotas para afrodescendentes. *Estudos de Psicologia,* v. 26, n. 4, p. 429-436, 2009.

OLIVEIRA, L. R. C. de. Racismo, direitos e cidadania. *Estudos Avançados:* USP, São Paulo, v. 18, n. 50, p. 81-93, jan./abr. 2004.

PÉREZ-NEBRA, A. R.; JESUS, J. G. de. Preconceito, estereótipo e discriminação. TORRES, C.V.; NEIVA, E. R. (Orgs.). *Psicologia Social: principais temas e vertentes,* Porto Alegre: Artmed, 2011. p. 219-237.

PNAD – Pesquisa Nacional por Amostra de Domicílios (PNAD 2013). Rio de Janeiro: IBGE, 2014. Disponível em: <https://biblioteca.ibge.gov.br/visualizacao/periodicos/59/pnad_2013_v33_br.pdf>. Acesso em: 1 fev. 2019.

REINERT, M. ALCESTE, une méthodologie d'analyse des données textuelles et une application: Aurélia de G. de Nerval. *Bulletin de Méthodologie Sociologique,* v. 28, p. 24-54, 1990.

SANTOS, J. P. de F. *Ações Afirmativas e igualdade racial: a contribuição do direito na construção de um Brasil diverso.* São Paulo: Loyola, 2005.

SILVA, M. Cotas raciais na universidade brasileira e a ideologia da meritocracia. *Revista Diálogo Educacional,* v. 17, n. 54, 2017.

TAJFEL, H.; TURNER, J. C. An Integrative Theory of Intergroup Conflict. In: AUSTIN, W. G.; WORCHEL, S. (Eds.). *The Social Psychology of Intergroup Relations.* Monterey, Ca: Brooks/Cole, 1979. p. 33-47.

TECHIO, E. M. *et al.* Racial Quotas: A Study About University Student's And Non-University's Social Representations. *Actualidades en Psicología,* v. 33, p. 33, 2019.

TURRA, C.; VENTURI, G. (Orgs.). *Racismo cordial: a mais completa análise sobre preconceito de cor no Brasil.* São Paulo: Ática, 1995.

# Representações Sociais de homem na Igreja Universal do Reino de Deus: o Projeto IntelliMen

*Alberto Mesaque Martins*
*Adriano Roberto Afonso do Nascimento*

## Introdução

O Brasil é um dos países mais religiosos do mundo, composto por uma diversidade de religiões que atraem, diariamente, milhares de fiéis em todo o território nacional (IBGE, 2010; Gallup International, 2012). Estudos revelam a importância da religiosidade na constituição dos processos de subjetivação e no delineamento das práticas sociais dos brasileiros, orientando os seus modos de pensar, sentir e agir em relação a diferentes aspectos da vida cotidiana, tais como hábitos de saúde, opiniões sobre política e pautas sociais, escolha de parceiros afetivos-sexuais, práticas de lazer, entre outros (Gomes, 2004; Pacheco; Ribeiro; Gomes, 2007; Busin, 2011; Lemos, 2011; Andrade; Menezes, 2013; Jodelet, 2013).

A religiosidade também produz sentidos e interpretações, dita regras morais e prescrições que influenciam o modo como os sujeitos interagem com o mundo transcendental, consigo mesmos, com os outros indivíduos e com os desafios apresentados pelo contexto em que vivem (Pacheco; Ribeiro; Gomes, 2007; Jodelet, 2013; Maskens, 2015; Eves, 2016). Nessa perspectiva, o cenário religioso configura-se como espaço propício para ampliar a compreensão sobre diferentes aspectos da vida cotidiana e dos processos de subjetivação, sendo, portanto, um importante objeto de análise em Psicologia Social (Jodelet, 2013).

Segundo Jodelet (2013), as religiões possuem uma dupla dimensão: a primeira, de caráter espiritual, capaz de religar os sujeitos com o mundo sobrenatural e com os seres que o constituem e, a segunda, eminentemente social, uma vez que as religiões também promovem as relações afetivas e as interações sociais entre sujeitos que compartilham a mesma fé, auxiliando-os na construção de sentidos para o existir.

Na mesma vertente, Moscovici (2011) destaca que "a religião é a matriz da vida em sociedade em todas as épocas e sob todas as latitudes" (p. 54), dando subsídios para existência e manutenção dos grupos de pertença, sendo, portanto, "a matriz do vínculo entre os homens na sociedade" (p. 54). Ainda segundo Moscovici (2011), os deuses e as religiões são fabricações humanas criadas a partir dos modos como os homens compreendem o mundo e a si próprios, atendendo aos interesses e anseios dos grupos aos quais pertencem. Nas palavras do autor, "as sociedades se personificam em seus deuses" (p. 73), organizando a dimensão do sagrado da mesma forma como os homens se organizam em sociedade, inclusive no que se refere às questões de gênero.

Estudos apontam para a importância das crenças e das práticas religiosas no processo de (re)produção de concepções sobre as masculinidades e as feminilidades, revelando que as instituições religiosas também contribuem para a produção e a difusão de representações e normas que orientam os fiéis no exercício dos seus papéis sexuais e no modo como experienciam as relações de gênero (Bovkalovski, 2005; Machado, 2005; Rosado-Nunes, 2005; Lemos, 2007; Ecco, 2008; Lemos, 2011; Mello, 2011; Costa, 2015; Januário, 2015; Eves, 2016; Buchardt, 2017). Em um país marcado pela influência do cristianismo, como o Brasil, predomina a representação social de Deus como uma figura masculina, caracterizada por atributos que ressaltam sua virilidade e hombridade, tais como a força física, a coragem e o seu papel como pai, senhor, protetor e provedor da humanidade (Lemos, 2007; Ecco, 2008; Lemos, 2011).

Apesar dos discursos religiosos serem pautados em ideias essencialistas sobre os gêneros, é preciso reconhecer que a masculinidade não é algo natural e essencial, mas antes, uma construção social que revela marcas dos grupos e das sociedades aos quais os homens pertencem (Connel; Messerschmidt, 2013). Além disso, é importante considerar a existência de uma pluralidade de masculinidades, que coexistem num cenário de disputa e hierarquização (Connel; Messerschmidt, 2013). Desse modo, em cada contexto, será possível perceber um modelo de masculinidade hegemônica que, apesar de inalcançável, orienta homens e mulheres na busca daquilo que se espera de um "homem de verdade".

Essas expectativas são fortemente difundidas pelas instituições sociais e encontram-se largamente presentes em todos os processos de interação, passando a ser incorporadas pelos meninos, desde tenra idade, inclusive no contexto religioso (Oliveira, 2010; Connel; Messerschmidt, 2013; Maskens, 2015; Eves, 2016).

Nessa vertente, Rosado-Nunes (2005) lembra que "as religiões são um campo de investimento masculino por excelência" (p. 363), sendo necessário reconhecer que as experiências religiosas de homens e mulheres se constituem de formas distintas e revelam marcas da divisão sexual da sociedade. Analisando a experiência de conversão ao pentecostalismo, Machado (2005) ressalta que esse evento se dá de forma distinta entre homens e mulheres, revelando influências do modo como esses sujeitos concebem e exercitam suas masculinidades e feminilidades. Segundo a autora, enquanto as mulheres ingressam no pentecostalismo em momentos que vivenciam conflitos familiares e necessidades materiais, os homens se convertem a esse movimento religioso em situações que ameaçam a identidade masculina e o modelo de masculinidade hegemônica, tais como as dificuldades financeiras, o desemprego e os problemas na área da saúde, em especial, o alcoolismo.

A representação da masculinidade como fato natural e divino vem sendo identificada em outros estudos que também analisaram experiências de homens pentecostais (Costa, 2015; Januário, 2015; Pérez, 2015; Januário; Chacel, 2016). Nessa direção, investigando as relações de gênero entre fiéis pentecostais da Assembleia de Deus, Costa (2015) afirma que o machismo ainda persiste junto ao discurso religioso, fazendo com que ele seja praticado pelos homens com o "consentimento" das mulheres, uma vez que a submissão dessas e o caráter de superioridade dos homens são vistos como naturais e determinados pelo Deus-criador. Para Costa (2015), as representações de masculinidade e feminilidade justificam não apenas o modo como os sujeitos se percebem (homens superiores às mulheres, por exemplo), mas também interferem nas práticas religiosas, especificamente, no que tange ao exercício e, em alguns casos, ao impedimento de lideranças femininas nesse contexto.

Em outra investigação que analisou a influência da religião pentecostal em homens jovens da República Dominicana, Pérez (2015) observou a importância das igrejas pentecostais como espaços de socialização que (re)produzem normas e concepções acerca de como esses sujeitos devem vivenciar suas masculinidades. Pérez (2015) também destaca que as igrejas contribuem para a reprodução de ideias machistas e patriarcais, a partir de interpretações literais dos textos sagrados, passando a conceber a masculinidade como natural, divina e superior à feminilidade. Além disso, os homens são representados como chefes de suas famílias, provedores e naturalmente empreendedores (Pérez, 2015).

Outros estudos consideram a experiência de conversão pentecostal como um fator importante para a modificação das relações de gênero, especialmente no que tange às interações familiares e conjugais (Mendonça, 2007; Mello, 2011; Bandini, 2015; Eves, 2016; Maskens, 2017). Nessa vertente, pesquisas revelam que as mulheres de camadas populares são "beneficiadas", ainda que não intencionalmente, pela conversão de seus cônjuges ao pentecostalismo, uma vez que, ao se converterem, os homens são proibidos de ingerir bebidas alcoólicas e utilizar drogas e substâncias psicoativas, reduzindo os conflitos associados à dependência química, como a violência doméstica e familiar (Mendonça, 2007; Lima, 2010; Costa, 2015; Maskens, 2015; Buchardt, 2017). Além disso, os fiéis são incentivados a manter a fidelidade conjugal e sexual às suas esposas, a manter o compromisso com as famílias, a dedicar mais tempo à criação dos filhos e, ainda, são estimulados a não praticar nenhum tipo de violência física contra suas parcerias e outros familiares, estando sujeitos a sanções religiosas (Lima, 2010; Mello, 2011; Maskens, 2015; Buchardt, 2017).

Para Mendonça (2007), após a conversão, as expectativas relacionadas aos papéis e à identidade do homem pentecostal contribuem para uma reconfiguração da subjetividade masculina exigindo novos modos de conceber e exercitar sua masculinidade. Segundo a autora, "o pentecostalismo combate a identidade masculina predominante na sociedade brasileira, estimulando nos homens que aderem ao movimento as formas de conduta e as qualidades tradicionalmente alocadas ao gênero feminino" (p. 389). Na mesma direção, Bandini (2015) ressalta que, após a conversão, os fiéis devem articular suas identidades aos preceitos estabelecidos pelas religiões, que, por sua vez, acabam reforçando expectativas de papéis sociais para homens e mulheres, delineando assim o modo como vivenciam suas feminilidades e masculinidades.

Nesse contexto, situamos a Igreja Universal do Reino de Deus (IURD) que, entre as igrejas neopentecostais brasileiras, vem se destacando tanto pelo crescente número de fiéis, congregados em templos distribuídos por todo o território nacional, como também pelo lugar de destaque que essa instituição vem ocupando, ao longo de sua história, tanto no cenário político brasileiro como também nos veículos de comunicação de massa, produzindo estratégias que buscam orientar o modo como seus fiéis exercitam suas feminilidades e masculinidades (Bovkalovski, 2005; Lima, 2010; Bandini, 2015; Mariano, 2014; Teixeira; Menezes, 2013; Bingemer; Andrade, 2014).

Nesse sentido, a IURD conta com duas reuniões específicas voltadas para a discussão de temáticas relacionadas aos papéis sociais ideais de homens e mulheres. Trata-se do Godllywood, direcionado ao público feminino, e do Projeto IntelliMen, voltado, exclusivamente, para os frequentadores do sexo masculino. Guardadas suas singularidades, ambos os projetos compartilham o objetivo de disseminar entre os fiéis os valores e as expectativas da IURD relacionados à vida religiosa e social de homens e mulheres cristãos.

Analisando as publicações da IURD sobre os papéis masculinos e femininos, escritas pelo próprio Bispo Edir Macedo, Bovkalovski (2005) se depara com a concepção de "Homem de Deus", a qual se constrói a partir da incorporação de atributos divinos pelos homens, tais como a autoridade, a força e a inteligência. Bovkalovski (2005) também destaca que essa concepção justifica a restrição dos cargos de poder e maior visibilidade da IURD aos homens, uma vez que as mulheres são representadas como submissas, inferiores e obedientes.

Na mesma direção, Januário e Chacel (2016) analisaram o modo como a masculinidade é veiculada no programa The Love School, da IURD, conduzido pelo casal formado por Renato Cardoso e Cristiane Macedo. As autoras chamam a atenção para a importância da imagem (re) produzida pelo casal para orientação dos fiéis em relação ao seus papéis sexuais, bem como para a conformação e naturalização do discurso da superioridade dos homens em relação às mulheres (Januário; Chacel, 2016). Desse modo, sustenta-se uma ideia da mulher como sexo frágil, a qual necessita ser sustentada e protegida pelo seu esposo, ao mesmo tempo em que valores como virilidade, força, agilidade e poder são percebidos como atributos masculinos, por excelência (Januário; Chacel, 2016).

O IntelliMen, objeto desse estudo, é um projeto criado, em 2013, pelo bispo Renato Cardoso, genro de Edir Macedo, sendo dirigido, exclusivamente, para homens com idade entre 8 e 88 anos, membros ou não da IURD. O nome do projeto apresenta uma conjugação das palavras, em inglês, "inteligente" e "homens", indicando a intenção dos idealizadores de formar "homens inteligentes". O projeto é ofertado, mensalmente, em todos os templos da IURD, no Brasil e, atualmente, já se encontra disponível em diversos países, em todo o mundo. A participação dos homens se dá por meio de reuniões mensais que acontecem nos principais templos da denominação e mediante a formação de duplas de trabalho, compostas pelo participante e um outro homem, intitulado seu "parceiro oficial". Durante os encontros, os homens recebem orientações dos pastores, denominados "Itrainers", e realizam exercícios, chamados "treinos", sobre diversos temas tais como: sexualidade, saúde, relacionamentos, planejamento financeiro, masculinidade, vida cristã, entre outros.

Além dos encontros presenciais, os participantes se orientam a partir de um manual intitulado *IntelliMen: 53 desafios para homens inteligentes*, frequentemente mencionado como "IntelliMen Book". Trata-se de um livro de exercícios e registros onde os participantes encontram reflexões e informações sobre os princípios e valores do projeto, distribuídas para cada semana do ano. Ao final de cada capítulo, é dada uma orientação chamada de "desafio", o qual deve ser colocado em prática pela dupla de participantes e o resultado compartilhado nas redes sociais, por meio de hashtags determinadas pelos idealizadores do projeto (Intellimen Book, 2014).

Dado o grande alcance do projeto, especialmente, considerando o grande investimento da IURD na divulgação das suas ideias e ações do IntelliMen nos veículos de comunicação de massa como rádio, televisão, sites e blogs da internet, redes sociais, entre outros e, ainda, o expressivo número de homens que a IURD consegue congregar e informar, mensalmente, em diversas partes do Brasil e do mundo, torna-se importante refletir sobre quais representações de masculinidades são produzidas e difundidas nesse contexto. Nessa perspectiva, o estudo que é aqui apresentado teve como objetivo principal identificar e analisar as Representações Sociais de homens no contexto do Projeto IntelliMen da Igreja Universal do Reino de Deus.

## Método

Trata-se de um estudo qualitativo, exploratório, do tipo documental (Cellard, 2004), alicerçado nas contribuições da Psicologia Social para a compreensão dos fenômenos que compõem a vida religiosa e, em especial, na Teoria das Representações Sociais, ou TRS (Jodelet, 2001; Moscovici, 2011). De acordo com Jodelet (2001), as Representações Sociais são "uma forma de conhecimento, socialmente elaborada e partilhada, com um objetivo prático, e que contribui para a construção de uma realidade comum a um conjunto social" (Jodelet, 2001, p. 22). Em outras palavras, trata-se de teorias do senso comum que auxiliam os sujeitos a produzirem conhecimentos sobre o mundo e a se posicionarem frente às pressões à inferência e aos desafios cognitivos com os quais se deparam no cotidiano, tornando o estranho em algo familiar.

Segundo Moscovici (2003), as Representações Sociais são construídas por meio de dois processos. No primeiro, denominado ancoragem, os sujeitos buscam nos seus conhecimentos anteriores e experiências prévias subsídios que os auxiliam a compreender e a se posicionar frente ao fenômeno que causa estranhamento. No segundo, denominado objetivação, os sujeitos transformam seus modos de pensar em uma imagem, quase concreta, capaz de refletir o objeto das Representações Sociais.

De acordo com Jodelet (2013), a TRS pode fornecer importantes subsídios para compreensão de fenômenos que compõem o campo religioso e a vida religiosa, uma vez que a religiosidade ocupa um lugar central na organização das práticas em sociedade, como também das concepções, valores e representações. Nesse sentido, a TRS oferece um arcabouço teórico e metodológico capaz de auxiliar os pesquisadores em um campo ainda incipiente na Psicologia Social (Jodelet, 2013; Moscovici, 2011).

Na primeira etapa, na perspectiva da pesquisa documental (Cellard, 2014), foi realizada leitura flutuante dos 53 desafios que compõem o IntelliMen Book, apresentados na Tab. 1.

**Tabela 1: Desafios do Projeto IntelliMen**

| Nº | Desafios |
|---|---|
| 01 | Encontrar um parceiro oficial para fazer o projeto com você e tornar pública sua participação. |
| 02 | Identificar três coisas que você precisa melhorar sobre si mesmo com urgência. |
| 03 | Descobrir suas qualidades principais. |
| 04 | Reservar tempo com um familiar fazendo algo de que ele goste. |

| | |
|---|---|
| 05 | Assistir a série de vídeos "Seja homem!" e refletir sobre seu papel como homem em casa, no trabalho/escola, na igreja e consigo mesmo. |
| 06 | Rever os resultados e aprendizados dos primeiros 5 desafios: falar do projeto com alguém que ainda não está fazendo e motivá-lo a participar. |
| 07 | Aprender a definir objetivos inteligentemente; colocar em prática o que aprendeu definindo um objetivo inteligente. |
| 08 | Encontrar algo que o esteja dominando e passar a dominá-lo. |
| 09 | Tomar uma atitude ousada e corajosa por uma boa causa. |
| 10 | Despertar sua raiva contra algo errado e usá-la inteligentemente para fazer o certo. |
| 11 | Entrar na disciplina de tirar uma hora para fazer exercício físico pelo menos três vezes por semana. (Se você já o faz, leia até o fim mesmo assim.) |
| 12 | Vigiar seus pensamentos e remover todos os que não lhe fazem bem. |
| 13 | Aprender a ser mais cavalheiro e menos cavalo. |
| 14 | Disciplinar-se em guardar uma quantidade de dinheiro regularmente. |
| 15 | Reconhecer a disciplina do Todo-Poderoso e aceitá-la. |
| 16 | Fazer um pacto com seus olhos de não cobiçar nenhuma mulher. |
| 17 | Rever todos os desafios até aqui e se atualizar no projeto. |
| 18 | Ensinar uma habilidade ou outro ensinamento útil ao seu parceiro. |
| 19 | Convidar sua esposa/noiva/namorada para fazer a caminhada do amor. (Se você não tem namorada, leia a seguir sobre o que fazer.) |
| 20 | Descobrir sua área de excelência e desenvolvê-la. |
| 21 | Começar todos os dias da semana como o Rei Davi. |
| 22 | Identificar um mau hábito e eliminá-lo. |
| 23 | Adotar um novo bom hábito. |
| 24 | Aprender a dizer "sim" e "não" mais corajosamente. |
| 25 | Identificar imaturidade e desenvolver a maturidade. |
| 26 | Rever todos os desafios até aqui, se atualizar no projeto e divulgar o IntelliMen. |
| 27 | Terminar um projeto que abandonou. |
| 28 | Resolver um problema interessante – seu ou de alguém. |
| 29 | Ler um livro edificante nos próximos 30 dias. |
| 30 | Usar a negatividade dos outros a seu respeito como combustível para conseguir o que quer. |
| 31 | Identificar seu peso saudável e ajustar sua alimentação e atividade física para alcançá-lo. |
| 32 | Emotivo demais ou de menos? Confronte e equilibre suas emoções. |
| 33 | Ser pontual em todos os seus compromissos esta semana (e depois, sempre). |
| 34 | Fazer um dinheiro extra de forma criativa. |

| | |
|---|---|
| 35 | Entender as verdades sobre o tempo e aprender a respeitá-lo. |
| 36 | Fazer uma surpresa agradável para a mulher que você ama. |
| 37 | Aprender a fazer o que é certo com ou sem vontade. |
| 38 | Fazer o jejum de Daniel por 21 dias. |
| 39 | Planejar o seu dia na noite anterior. |
| 40 | Buscar ajuda. |
| 41 | Oferecer ajuda a um homem que precise. |
| 42 | Proibir-se de usar certas palavras negativas. |
| 43 | Praticar pelo menos três gestos de generosidade esta semana. |
| 44 | Rever os desafios desde o 27 até o 43; se atualizar no projeto e fazer a leitura da semana. |
| 45 | Aprender a dominar a raiva e usá-la a seu favor. |
| 46 | Assistir ao vídeo "Pornografia no Cérebro". |
| 47 | Bloquear a pornografia da sua vida e blindar-se contra ela. |
| 48 | Vingar-se do mal que lhe fez sofrer fazendo o bem. |
| 49 | Assumir seus erros e pedir desculpas. |
| 50 | Sair com seu parceiro oficial para curtirem alguma atividade juntos. |
| 51 | Entender como suas decisões são influenciadas e ficar mais atento a isso. |
| 52 | Organizar um encontro com homens para falar de como o projeto IntelliMen os tem ajudado e motivá-los a fazer os desafios. |
| 53 | Certificar-se de ter rigorosamente cumprido todos os 52 desafios. Todos. |

Após essa etapa, cada desafio foi associado a áreas temáticas correspondentes, podendo um mesmo desafio estar inserido em mais de uma área simultaneamente. Nesse momento, emergiram 32 áreas temáticas (Tab. 2).

**Tabela 2: Categorização Temática dos Desafios do Projeto IntelliMen**

| Categorias | Frequência |
|---|---|
| Autopercepção | 20 |
| Prática | 16 |
| Disciplina | 10 |
| Sociabilidade Masculina | 10 |
| Correção | 9 |
| Altruísmo | 8 |

| | |
|---|---|
| Autocontrole | 8 |
| Autotransformação | 8 |
| Estratégia | 8 |
| Aprendizado | 7 |
| Planejamento | 6 |
| Publicização | 5 |
| Revisão | 5 |
| Virar o jogo | 5 |
| Emoções | 3 |
| Persistência | 3 |
| Atividade física | 2 |
| Coragem | 2 |
| Família | 2 |
| Finanças | 2 |
| Meta | 2 |
| Modelo de Homem | 2 |
| Motivação | 2 |
| Mulher-própria | 2 |
| Sexualidade | 2 |
| Vigilância | 2 |
| Autoavaliação | 1 |
| Cobiça | 1 |
| Diversão | 1 |
| Mulher-outra | 1 |
| Papel do Homem | 1 |
| Resignação | 1 |

Na etapa seguinte, foram selecionadas as quatro áreas com maior frequência, a saber: "autopercepção", "prática", "disciplina" e "sociabilidade masculina". Em seguida, foi realizada uma organização dos desafios, inserindo-os nas categorias mais recorrentes, descritas acima, buscando evidenciar, à luz do referencial teórico, elementos que permitissem identificar as Representações Sociais de homem presentes no conjunto de treinos. É preciso destacar que todos os 53 desafios do IntelliMen Book foram incluídos e analisados, de modo que as quatro áreas com maior número de ocorrências foram utilizadas como estratégia para articulação e análise de todos os desafios.

## Tornando-se IntelliMen: autopercepção, prática e disciplina no mundo dos homens

O atributo de um IntelliMen mais recorrentemente citado nos 53 desafios é a *autopercepção*, ou, mais especificamente, aquilo que possibilita que ele vigie a si mesmo, conhecendo o seu interior e sendo capaz de identificar seus pontos fortes e qualidades, assim como suas fragilidades, podendo, então, se transformar. Nessa vertente, os idealizadores estimulam o participante a usar sua inteligência para "identificar coisas que precisa melhorar em si mesmo com urgência" (Desafio 02), "encontrar algo que o esteja dominando e passar a dominá-lo" (Desafio 08), "vigiar os seus pensamentos" (Desafio 12), "identificar imaturidade e desenvolver a maturidade" (Desafio, 25) e "resolver um problema interessante" (Desafio 28), entre outros.

Como atributo associado e dependente da autopercepção, um IntelliMen também deve se caracterizar como puro, em especial no que tange ao exercício da sua sexualidade. Mais especificamente, ele é convocado a "vigiar os seus pensamentos" (Desafio 12) e a "fazer um pacto com seus olhos de não cobiçar nenhuma mulher" (Desafio 16) além da sua parceira. Tais estratégias buscariam auxiliar os homens a enfrentar os seus desejos sexuais, principalmente aqueles que poderiam atraí-lo para a infidelidade conjugal. Desse modo, também é exigido que os homens compreendam os efeitos da "Pornografia no Cérebro" (Desafio 46) e assumam o compromisso de "bloquear a pornografia da sua vida e blindar-se contra ela" (Desafio 47), tendo em vista seu suposto potencial de trazer conflitos para os relacionamentos afetivo-sexuais, minando a pureza sexual dos fiéis.

> Analisando o conjunto de desafios, percebe-se que a *disciplina* também é um atributo importante na representação de homem no material analisado. Segundo o IntelliMen Book, "o homem inteligente [IntelliMen] deve ser a imagem da disciplina" (Desafio 11, p. 66), a qual deve ser vivenciada em diferentes áreas da vida cotidiana, em especial nos âmbitos pessoal, familiar e profissional. Desse modo, os homens são estimulados a "disciplinar-se em guardar uma quantia de dinheiro regularmente" (Desafio 14), a "terminar um projeto que abandonou" (Desafio 27), a "ser pontual em todos os seus compromissos" (Desafio 33), a "planejar o seu dia na noite anterior" (Desafio 39), a "reconhecer a disciplina do Todo-Poderoso" (Desafio 15),

a “bloquear a pornografia” nas suas vidas (Desafio 47), entre muitas outras ações que exigem do participante um importante controle sobre si.

Sobre a importância da disciplina no contexto em foco, vale lembrar que o ano 2016, primeiro ano de oferta do Projeto IntelliMen, foi denominado pelos idealizadores como “o ano da disciplina”, revelando a centralidade desse atributo para a idealização dos objetivos e o desenvolvimento do projeto. No contexto da IURD, a disciplina também permitiria a construção de outros traços que compõem o IntelliMen, contribuindo para a sua caracterização como um homem bem-sucedido, inteligente, educado, marido, puro, fiel, parceiro e saudável, atributos desejados e também encontrados nos desafios analisados.

Segundo a definição do que seria um IntelliMen, dada pelo próprio IntelliMen Book:

> Um IntelliMen é um homem inteligente. Ele vence a si mesmo, honra sua mulher e ajuda o seu parceiro. Se é difícil, ele supera. Se é assustador, ele enfrenta. Se demora, ele persevera. Conhece o seu valor diante dos homens de Deus. *Ama a disciplina*, o caráter e o bem. Sua missão é inspirar outros a se tornarem IntelliMen (Desafio, 53, p. 276, grifo nosso).

Desse modo, espera-se que um IntelliMen possua controle de si, sendo capaz de “confrontar e equilibrar suas emoções” (Desafio 32) e “dominar a raiva e usá-la a seu favor” (Desafio 10), inclusive nos negócios, pois o homem inteligente também usa a sua inteligência para acúmulo de bens e sucesso profissional. Como “Homem Bem-Sucedido”, o IntelliMen é apresentado como um homem financeiramente estável e corajoso, capaz de tomar “uma atitude ousada e corajosa” (Desafio 09), de “descobrir sua área de excelência e desenvolvê-la” (Desafio 20), de tomar atitudes “mais corajosamente” (Desafio 24) e de “fazer um dinheiro de forma criativa” (Desafio 34), resultando, assim, no alcance do sucesso e do reconhecimento profissionais. Ainda no contexto dos negócios, outra característica desejada e ressaltada pelo IntelliMen Book é a aptidão para o empreendedorismo associada a uma inconformidade para assumir posições de submissão no mercado de trabalho, como pode ser observado no Desafio 34:

> Um IntelliMen é desembaraçado, inventivo, cheio de recursos. [...] você nunca encontrará um IntelliMen que seja pobre ou

> continue pobre por muito tempo. Ele pode até perder tudo, mas seu espírito empreendedor o ajudará a conquistar tudo de novo. Todo IntelliMen deve saber ganhar dinheiro por conta própria. Ele pode até ter um emprego, mas sabe que não pode ficar na dependência total desse emprego. Se um dia a economia mudar e o patrão o mandar embora, o que ele fará? Ele se apoiará em suas habilidades empreendedoristas (Desafio 34, p. 174).

Nos desafios analisados, há outro campo no qual se deve exercitar a disciplina: o próprio corpo. Nesse aspecto, no âmbito iurdiano, o IntelliMen também deve ser um homem saudável que atesta com o próprio corpo a força da sua disciplina e do seu autocontrole. Para isso, ele "tira uma hora para fazer exercício físico pelo menos três vezes por semana" (Desafio 11), "identifica um mau hábito e o elimina" (Desafio 22) e, também, sabe "identificar seu peso saudável e ajustar sua alimentação e atividade física para alcançá-lo" (Desafio 31).

Como esperado, o exercício da disciplina deve se associar à fé e à religiosidade. Assim, o IntelliMen também exercita a sua disciplina para "reconhecer a disciplina do Todo-Poderoso e aceitá-la" (Desafio 15), para "ler um livro edificante" (Desafio 29), para "começar todos os dias da semana" fazendo orações, assim "como o Rei Davi" (Desafio 21), fazendo "o Jejum de Daniel" (Desafio 38) e se abstendo das redes sociais, internet e outros veículos de comunicação seculares por um período de 21 dias.

Analisando o termo "desafio", utilizado pelos idealizadores para nomear os exercícios e atividades do projeto, é possível constatar que os participantes são pressionados a travar uma dura batalha em prol da construção de um novo homem: o IntelliMen. Entretanto, é preciso ressaltar que esse desafio não se dá no nível interpessoal, tendo num outro homem a figura de oponente a ser combatido e derrotado. A disputa acontece no âmbito intraindividual, ou seja, o próprio participante é estimulado a se desafiar, testando os seus limites pessoais na busca do cumprimento de uma meta, pactuada ao aderir ao projeto. Nota-se, ainda, uma grande semelhança dessa estratégia de superação de si a outros "desafios" que os homens são submetidos em contextos distintos, como aqueles relativos ao próprio condicionamento físico para a construção de um corpo saudável. Assim, tornar-se um IntelliMen exige um fazer constante ou, como nomeamos aqui, uma *prática* específica. Na esfera dessa prática, outra característica do IntelliMen, destacada pelos idealizadores, é a sua educação, fortemente ancorada e objetificada na imagem do cavalheiro. Conforme pode ser observado no conjunto de desafios, o IntelliMen preza pela pontualidade e pela cordialidade, sabe administrar bem o seu tempo, pratica gestos de generosidade e, quando erra, possui a capacidade de pedir desculpas. Nesse sentido, o participante se vê diante de desafios que exigem que "aprenda a ser mais cavalheiro e menos cavalo" (Desafio 13), a "ser pontual em todos os seus compromissos" (Desafio 33), a "entender as verdades sobre o tempo e aprender a respeitá-lo" (Desafio 35), a "praticar pelo menos três gestos de generosidade" (Desafio 43) e, ainda, a "assumir seus erros e pedir desculpas" (Desafio 49).

Além disso, o IntelliMen é representado como um homem que possui algumas qualidades relacionadas ao âmbito doméstico e familiar, que asseguram a manutenção do seu papel principal como pai e marido. Nesse sentido, durante os treinos o participante também é desafiado a construir uma relação mais afetiva com sua família, passando a "reservar tempo" com seus familiares (Desafio 04), em especial, com a sua esposa e os seus filhos. No que tange à sua parceira, o participante é estimulado a "convidar sua esposa/noiva/namorada para fazer a Caminhada do Amor" – um dos projetos iurdianos voltados para a qualidade dos casamentos (Desafio 19) e, também, a "fazer uma surpresa agradável para a mulher que ama" (Desafio 36), buscando assim, assegurar a qualidade da sua relação conjugal.

Ainda que a família do IntelliMen possua papel de destaque na sua rede de sociabilidade, são os outros homens que devem ser considerados como essenciais para a sua transformação. É por isso que ele também reserva tempo para "organizar um encontro com homens para falar de como o projeto IntelliMen os tem ajudado" (Desafio 52), revelando o seu papel como multiplicador e evangelizador, buscando novos fiéis para a igreja e novos participantes para o projeto.

Por fim, outra característica marcante de um IntelliMen é o seu potencial de ser Parceiro. Nesse sentido, ele "encontra um parceiro para fazer o projeto" (Desafio 01) e sai com ele "para curtirem alguma atividade juntos" (Desafio 50), formando uma parceria que, ao mesmo tempo, motiva e monitora os participantes, assegurando o alcance dos resultados. Além disso, "oferece ajuda a um homem que precise" (Desafio 41), se colocando disponível para "ensinar uma habilidade ou outro ensinamento útil" a outros homens que necessitem, em especial, ao seu parceiro (Desafio 18).

## Fabricar, lapidar, refinar: do homem comum ao IntelliMen

Buscando atender à necessidade de produzir homens de acordo com o modelo composto por esse conjunto de atributos que acabamos de apresentar, observa-se que o projeto IntelliMen assume uma função de produção de "homens inteligentes", por meio de uma sequência formativa, semelhante a um processo bastante simplificado de "produção industrial", como pode ser observado na Fig. 1.

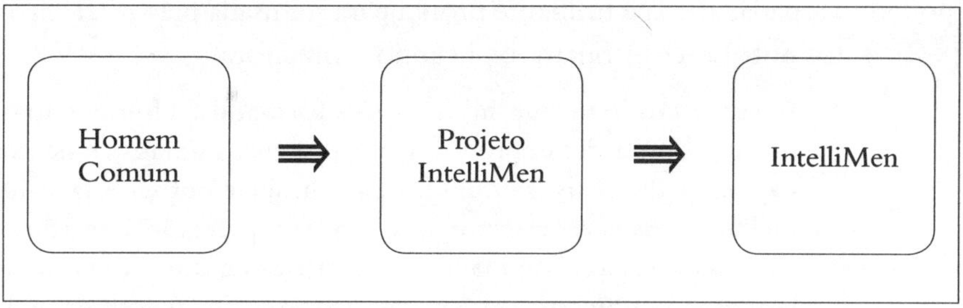


**Figura 1: "Linha de produção" do IntelliMen da IURD**

Desse modo, na primeira etapa da linha de produção/montagem de masculinidades do IntelliMen estaria o "Homem Comum", semelhante a uma matéria-prima bruta e rústica que, embora carregue dentro de si qualidades e valores, necessita passar por um duro processo de aperfeiçoamento.

Em seguida, por meio dos treinos, desafios e exercícios, o Projeto IntelliMen apresenta aos fiéis da IURD as prescrições, as expectativas e as normatizações sobre o exercício da masculinidade nesse contexto. Desse modo, os idealizadores apresentam um conjunto de treinos e desafios, semelhantes às técnicas de coaching e de autoajuda, onde os participantes são, como vimos, treinados a se auto-observar, a agir em direção à mudança desejada, a manter os novos hábitos por meio da disciplina e, finalmente, a divulgar e ampliar as transformações para seus grupos de interação social.

A ideia de uma "fabricação" de homens encontra-se presente em diferentes trechos do IntelliMen Book. No desafio 41, por exemplo, os participantes são convocados a oferecer ajuda a um outro homem. No texto explicativo do treino, os idealizadores parecem reconhecer que a construção da masculinidade se dá a partir da interação entre outros homens e, para isso, utilizam uma metáfora do processo de forja de "espadas". Vale lembrar que o termo "espada", popularmente, é utilizado como um dos sinônimos de "homem de verdade", sendo usado como sinônimo de virilidade. Desse modo, é mencionada uma fala do Rei Salomão, no livro de Provérbios, que afirma: "Como o ferro com o ferro se afia, assim, o homem, ao seu amigo". Os idealizadores entendem que a passagem bíblica se refere ao processo de construção de espadas, que envolvia um processo de utilizar instrumentos de ferro para moldar o próprio ferro, transformando um simples "pedaço de ferro" em uma "poderosa espada, afiada e brilhante pronta para ser usada pelo guerreiro" (p. 210). Os autores continuam explicando a metáfora:

> É assim também que homens são formados. Homens mais maduros, provados e aprovados, que já se tornaram instrumentos nas mãos de Deus, são usados para moldar outros e fazê-los melhores. Às vezes esse processo requer repreensão, confronto, até uma certa agressividade característica de uma conversa de homem pra homem – mas necessário para a formação daquele pedaço de ferro bruto em uma poderosa espada. O IntelliMen que sou hoje é graças aos vários homens que Deus usou, e continua usando, para me formar. E você, agora, pode ser um instrumento nas mãos d'Ele para ajudar alguém a ser melhor" (Desafio 41, p. 210).

Vale destacar que o processo de "fabricação de homens" não é uma novidade proposta pelo IntelliMen. Em diferentes contextos da cultura latino-americana é possível constatar a utilização de diferentes estratégias pedagógicas para a (re)produção de masculinidades que buscam transformar "homens comuns" em "homens de verdade" (Connel; Messerschmidt, 2013). Tais práticas podem ser percebidas nos diferentes rituais de iniciação de homens, como aqueles praticados nas instituições militares onde é recorrente a utilização de exercícios e desafios de alta resistência física e psicológica para transformar "meninos" em "homens de verdade" (Oliveira, 2010; Brito, 2016). Da mesma forma, no campo esportivo, em especial naqueles esportes que envolvem a força física, também é possível constatar um processo semelhante, no qual os homens são iniciados por meio de desafios que visam "polir", "lapidar" e aprimorar suas masculinidades (Connel; Messerschmidt, 2013; Brito, 2016).

Ao final da linha de produção de homens do IntelliMen, ou seja, após os "homens comuns" serem submetidos à "lapidação" por meio da disciplina dos treinos e executarem, cuidadosamente, os exercícios e desafios propostos, seria possível atingir a meta do projeto: a produção de um "homem inteligente" – o IntelliMen. Embora em alguns momentos esse modelo de masculinidade possa parecer impossível de ser encarnado, apresentando-se como uma meta de difícil alcance, os idealizadores também destacam exemplos de diferentes personagens bíblicos ou personalidades históricas que são tomados como modelos de IntelliMen a serem seguidos pelos participantes do projeto, uma vez quer alcançaram e passaram a encarnar os ideais do projeto. Nesse sentido, são citados como exemplos Moisés, Davi, Jesus Cristo, Martin Luther King Jr., Mandela, Mark Zuckerberg, que, segundo os idealizadores do projeto, usaram sua força, determinação e inteligência para transformar as suas vidas e as das pessoas ao seu redor, sendo, portanto, IntelliMen.

Além disso, percebe-se que, no Projeto IntelliMen, a masculinidade é tomada como uma experiência que pode ser ameaçada, fugir ao controle do homem e que, portanto, exige uma vigilância e auto-observação constantes. Desse modo, como visto, a autopercepção é fortemente estimulada para que os participantes reflitam sobre a sua masculinidade e deixem para trás comportamentos, sentimentos e atitudes tidos como naturais, porém indesejáveis (Desafios, 02, 03, 05, 13, 22, 25, 51). Em outras palavras, para se tornar um IntelliMen, é necessário forjar uma nova identidade a partir do abandono de velhos hábitos e costumes.

Ainda nessa direção, no âmbito do IntelliMen, parece haver uma disputa de sentidos sobre a masculinidade. De um lado, é possível perceber que o pensamento religioso, ancorado nos textos da Bíblia Sagrada, é associado a outros modos de pensar, com tons evolucionistas, que criam um cenário onde o divino e o natural se misturam e se fundem numa representação de uma masculinidade "naturalmente divina". Aqui, a masculinidade figura como um fato natural e essencial, já criada e estabelecida pelo próprio Deus. Por outro lado, também é possível observar a representação da masculinidade como algo plástico e mutável, podendo ser modificada e aperfeiçoada por meio da autopercepção, da disciplina, da prática de novos comportamentos e por meio dos processos de sociabilidade masculina. A própria concepção de um projeto com objetivo de "formar" e "treinar" os homens no exercício e aperfeiçoamento de sua masculinidade revela esse ruído, uma vez que, sendo ela um atributo natural, determinado naturalmente pelo próprio Deus-criador, a masculinidade não demandaria uma pedagogia a ser ensinada e praticada durante uma formação.

Entretanto, percebe-se a convicção de que essa suposta "natureza divina" também poderia ser corrompida, de modo que outros modelos de masculinidade seriam percebidos como antinaturais e, ao mesmo tempo, profanos. É justamente a possibilidade de "polir", "refinar" e transformar essa masculinidade "naturalmente bruta" que justifica o caráter pedagógico do Projeto IntelliMen. Conforme os idealizadores afirmam:

> Homem é *naturalmente* bruto, indelicado e até grosso. Sensibilidade não é o seu forte. [...] porém não quer dizer que essa *natureza rude* não possa ser *polida, refinada* a ponto de ele se *tornar* um homem mais educado *sem perder a masculinidade* (Desafio 13, p. 74, grifo nosso).

É interessante ressaltar que, mesmo para os idealizadores, os IntelliMen não são todos iguais, revelando que no processo de fabricação dos homens inteligentes podem haver nuances relacionadas ao nível de engajamento e comprometimento dos homens com a sua própria transformação. Nesse sentido, no IntelliMen Book, os idealizadores fazem uma distinção de estilos de masculinidade dos homens que concluíram o IntelliMen, apresentando, assim, quatro tipos de "Perfil IntelliMen": "IntelliMen Básico", "IntelliMen Esforçado", "IntelliMen Fera" e, por fim, "IntelliMen Top 5". Apesar de não haver detalhes sobre como os idealizadores compreendem cada uma dessas tipificações, os participantes são incentivados a descobrir o seu Perfil IntelliMen por meio de uma soma da pontuação obtida nos exercícios intitulados "Mais uma milha". Trata-se de uma seção, ao final do IntelliMen Book, que apresenta desafios extras para os participantes que podem escolher ou não executá-los. Entretanto, conforme consta no primeiro desafio, o próprio participante é quem decide, por meio do seu engajamento pessoal com o treino, o tipo de IntelliMen que será, reforçando, mais uma vez, uma percepção de uma masculinidade que pode ser aprimorada e modificada a partir de esforços individuais.

## Primeiras conclusões

De forma geral, a análise do conjunto de desafios revelou que as Representações Sociais de masculinidades no Projeto IntelliMen encontram-se organizadas e objetivadas nas imagens de dois tipos de homens, cujas referências se contrapõem: o "Homem Comum" e o "IntelliMen". No contexto iurdiano, o "Homem Comum" é representado como rude, agressivo, instintivo, indisciplinado e que precisa enfrentar a sua própria natureza para aprender a disciplina e o autocontrole necessários para transformar-se em um novo homem, que atenda aos ideais desse grupo religioso. Por outro lado, o "IntelliMen" é representado como o "Homem Inteligente" e "Disciplinado", também reconhecido como sinônimo de "Homem de Verdade", forjado através da sua disciplina na auto-observação e cumprimento dos treinos prescritos pelos idealizadores do projeto.

No contexto do projeto iurdiano, o IntelliMen é apresentado aos fiéis como o modelo ideal de masculinidade, que incorporaria todos os preceitos e prescrições do grupo religioso, devendo, portanto, ser tomado como modelo a ser desejado e alcançado. Em contraposição, o "Homem comum" é apontado como uma outra possibilidade de exercício da masculinidade da qual os homens iurdianos devem se afastar, deliberadamente.

Adicionalmente, também está clara uma segunda dicotomização, dessa vez interna, entre os homens que conseguem colocar em prática as ações prescritas e aqueles que, tendo iniciado o treinamento, não conseguem ou não o fazem. Enquanto os primeiros são intitulados de "determinados" e "comprometidos", aqueles que não seguem as instruções são denominados de "curiosos", "fracos" e "enrolados", como pode ser percebido no trecho a seguir: "Estamos no sétimo desafio. Os curiosos já foram embora, os fracos já desistiram, e os enrolados ainda estão tentando entender o primeiro desafio. Restam somente os comprometidos e determinados a serem homens melhores em tudo" (p. 46).

Considerando o que dissemos até agora, é possível afirmar que as Representações Sociais de homem presentes no IntelliMen encontram-se associadas ao modelo de masculinidade hegemônica (Connel; Messerschmidt, 2013; Brito, 2016). Mesmo possuindo evidente caráter religioso, a representação de homem no IntelliMen baseia-se nos mesmos atributos idealizados e exigidos dos homens, cotidianamente, no âmbito secular. Mais especificamente, o modelo de homem difundido pela IURD reproduz características, atitudes e valores de expectativas socialmente difundidas e que relacionam a masculinidade ao sucesso profissional, à construção de um corpo forte e viril, à bravura, à coragem e ao controle das emoções. Além disso, assim como nos grupos seculares, o IntelliMen é heterossexual, não havendo espaço para exercer sua masculinidade de um modo que questione as normas sexuais impostas. Resultados semelhantes foram identificados em outros estudos que analisaram o contexto neopentecostal, revelando que, no cenário religioso, as desigualdades de gênero, além de naturalizadas, também passam a ser percebidas como sagradas, sendo, portanto, incontestáveis (Machado, 2005; Rosado-Nunes, 2005; Costa, 2015; Eves, 2016; Buchardt, 2017).

Por outro lado, também é preciso considerar que, ao mesmo tempo em que o Projeto IntelliMen reforça o modelo de masculinidade hegemônica, ele também abre espaço, ainda que limitado, para variações no exercício das masculinidades. Assim, embora os idealizadores reforcem uma representação de homens disciplinados, bem-sucedidos, determinados, inteligentes, heterossexuais e provedores, alguns desafios colocam os homens diante de outras possibilidades de exercício das masculinidades, incentivando os fiéis a partilhar da construção de relações mais afetivas com os seus familiares, a serem mais gentis e generosos em suas interações sociais, a enfrentarem o orgulho e reconhecerem a necessidade de buscar ajuda em momentos de fragilidade, a assumir os erros e pedir desculpas, a se envolver em atividades religiosas, entre outras.

Por fim, consideramos adequado reconhecer que, no que tange ao campo das intervenções com o público masculino, a IURD apresenta uma proposta bastante inovadora, uma vez que consegue congregar um grande grupo de homens para discutir, ainda que sob um viés religioso, o tema das masculinidades. Vale ressaltar que envolver os homens na reflexão sobre as questões de gênero tem sido reconhecido como um grande desafio para profissionais e pesquisadores, em diferentes contextos. O êxito da IURD ao envolver os homens na reflexão sobre as masculinidades e, ainda, na construção de parcerias de ajuda mútua, por meio dos parceiros oficiais, talvez revele o quanto a academia tem subestimado a potência do campo religioso para intervenções no âmbito das relações de gênero, como também o potencial dos grupos religiosos para a mobilização social e o engajamento dos seus fiéis para a discussão de diferentes temáticas.

## Referências

ANDRADE, P.; MENEZES, J. Censo 2010: antigas questões e novos desafios interpretativos à Sociologia da Religião. *Cadernos do Tempo Presente*, v. 11, n. 1, p. 1-17, 2013.

BANDINI, C. P. Gênero e poder na Igreja Universal do Reino de Deus. *Horizonte*, v. 13, n. 39, p. 1410-1426, 2015.

BINGEMER, M.C.; ANDRADE, P. F. *O Censo e as religiões no Brasil*. Rio de Janeiro: PUC-Rio, 2014. p. 192.

BOVKALOVSKI, E. T. *Homens e mulheres de Deus: modelos de conduta ética da Igreja Universal do Reino de Deus (1986-2001)*. Curitiba: UFPR, 2015. Tese (Doutorado em História) – Programa de Pós-Graduação, Universidade Federal do Paraná, Curitiba 2005. p. 245. BRITO, L. T. Performance de masculinidades na história da Educação Física em fins do século XIX. *Revista Dia-logos*, v. 10, n. 2, p. 41-51, 2016.

BUCHARDT, M. Saved From Hegemonic Masculinity? Charismatic Christianity and Men's Responsibilization in South Africa. *Current Sociology*, p. 1-18, 2017.

BUSIN, V. M. Religião, sexualidades e gênero. *Rever*, p. 105-124, 2011.

CELLARD, A. A análise documental. In: POUPART, J. *et al. A Pesquisa Qualitativa: enfoques epistemológicos e metodológicos*. 4. ed. Petrópolis: Vozes, 2014. p. 295-316.

CONNEL, R. W.; MESSERSCHMIDT, J. W. Masculinidade hegemônica: repensando o conceito. *Estudos Feministas*, v. 21, n. 1, p. 241-282, 2013.

COSTA, O. B. R. Alguns apontamentos sobre as mudanças nas relações de gênero no meio pentecostal. *Revista Vernáculo*, v. 36, n. 2, p. 165-195, 2015.

ECCO, C. A função da religião na construção social da masculinidade. *Revista da Abordagem Gestáltica*, v. 14, n. 1, p. 93-97, 2008.

EVES, R. Reforming Men: Pentecostalism and Masculinity in Papua New Guinea. *The Australian Journal of Anthropology*, v. 27, n. 2, p. 244-259, 2016.

GALLUP INTERNATIONAL – *Global Index Of Religion And Atheism: press release*. 2012. Disponível em: <https://sidmennt.is/wp-content/uploads/Gallup-International-um-trú-og-trúleysi-2012.pdf>. Acesso em: 16 jan. 2018.

GOMES, A. M. A. As Representações Sociais e o estudo do fenômeno do campo religioso. *Ciências da Religião: História e Sociedade*, v. 2, n. 2, p. 36-60, 2004.

IBGE – INSTITUTO BRASILEIRO DE GEOGRAFIA E ESTATÍSTICA. *Censo Demográfico 2010: Manual do Recenseador*. CD 1.09. Rio de Janeiro: IBGE, 2010.

JANUÁRIO, S. Masculinidades e modos de ser homem na Igreja Universal do Reino de Deus. In: SIMPÓSIO NORDESTE DA ASSOCIAÇÃO BRASILEIRA DE HISTÓRIA DAS RELIGIÕES, 2., 2015, Recife. *Anais...* Recife: UFPE, 2015.

JANUÁRIO, S.; CHACEL, M. C. C. Homens de fé: estratégias de consumo na Universal. In: CONGRESSO INTERNACIONAL COMUNICAÇÃO E CONSUMO, 6., 2016, São Paulo. *Anais...* São Paulo: ESPM, 2016.

JODELET, D. As Representações Sociais: um domínio em expansão. In: JODELET, D. (Org.). *As Representações Sociais*. Rio de Janeiro: EDUERJ, 2001.

JODELET, D. A perspectiva interdisciplinar no campo de estudo do religioso: contribuições da Teoria das Representações Sociais. In: FREITAS, M. H.; PAIVA, G. J.; MORAES, C. *Psicologia da religião no mundo ocidental contemporâneo: desafios da interdisciplinaridade.* Brasília: Universa, 2013. v. 1, p. 89-111.

LEMOS, F. "Se deus é homem, o demônio é [a] mulher!": a influência da religião na construção e manutenção social das representações de gênero. Ártemis, v. 6, p. 114-124, 2007.

LEMOS, F. A Representação Social da masculinidade na religiosidade contemporânea. *Diversidade Religiosa,* v. 1, n. 1-17, 2011.

LIMA, D. Alguns fiéis da Igreja Universal do Reino de Deus. *Maná,* v. 16, n. 2, p. 351-373, 2010.

MACHADO, M. D. C. Representações e relações de gênero nos grupos pentecostais. *Estudos Feministas,* v. 13, n. 2, p. 387-396, 2005.

MARIANO, R. *Neopentecostais: sociologia do novo pentecostalismo no Brasil.* 5. ed. São Paulo: Loyola, 2014.

MASKEN, M. The Pentecostal Reworking of Male Identities In Brussels: Producing Moral Masculinities. *Etnográfica,* v. 19, n. 2, p. 323-345, 2015.

MELLO, I. C.V. Uma leitura de gênero a partir das relações de poder no pentecostalismo brasileiro. *Protestantismo em Revista,* v. 24, p. 17-33, 2011.

MENDONÇA, A. G. Evangélicos e pentecostais: um campo religioso em ebulição. In: TEIXEIRA, F.; MENEZES, R. (Orgs.). *As religiões no Brasil: continuidades e rupturas.* Petrópolis: Vozes, 2007. p. 89-110.

MOSCOVICI, S. *Representação social: investigação em Psicologia Social.* Petrópolis: Vozes, 2003.

MOSCOVICI, S. *A invenção da sociedade.* Petrópolis: Vozes, 2011.

OLIVEIRA, J. H. O corpo como significado ou o significado do corpo: poder, violência e masculinidade na polícia militar. *Vivência,* v. 35, n. 1, p. 101-117, 2010.

PACHECO, E. T.; SILVA, S. R.; RIBEIRO, R. G. "Eu Era do Mundo": transformações do Autoconceito na Conversão Pentecostal. *Psicologia: Teoria e Pesquisa,* v. 23, n. 1, p. 53-62, 2007.

PÉREZ, C. N. D. *Incidencia de la religión en la construcción de la masculinidad en jóvenes pentecostales dominicanos de extracción popular.* Santo Domingo: INTEC, 2015. Dissertação (Mestrado em Gênero e Desenvolvimento) – Instituto Tecnológico de Santo Domingo, Santo Domingo, 2015.

ROSADO-NUNES, M. J. Gênero e religião. *Estudos Feministas,* v. 13, n. 2, p. 363-365, 2005.

TEIXEIRA, F.; MENEZES, R. (Orgs.). *Religiões em movimento.* Petrópolis: Vozes, 2013.

# Identidades em movimento: estudos sobre discentes que se formam para atuar nas escolas do campo[1]

*Luiz Paulo Ribeiro*
*Maria Isabel Antunes-Rocha*

## Introdução

A Teoria das Representações Sociais (TRS) proposta por Serge Moscovici em 1962 vem se constituindo nestes mais de 50 anos como um referencial utilizado, em crescente expansão, nas diferentes áreas do conhecimento. Entre as diversas reflexões sobre os motivos dessa expressiva repercussão, pode-se afirmar que a abordagem possibilita o complexo diálogo entre as formas de pensar, sentir e agir dos sujeitos com relação aos objetos, temas e processos vivenciados no cotidiano, condição que não se encontra com facilidade nos diferentes referenciais circulantes nas Ciências Humanas e Sociais. Acresce-se o fato de que a própria representação, antes de ser teoria, é um fenômeno psicossocial, isto é, informa sobre uma forma específica de lidar de forma subjetiva com o que está fora, aí incluindo a própria subjetividade.

A potencialidade das Representações Sociais foi expressa com maestria por Jodelet (2001), quando nos fala que as Representações Sociais estão nos discursos, nas palavras, nas expressões midiáticas e nas condutas. Representar é um ato social, uma vez que é factual perceber que esse é um tipo de conhecimento que adquirimos e construímos

[1] As reflexões elaboradas neste texto fazem parte da pesquisa de pós-doutoramento intitulada "Marcas identitárias em representações sociais de sujeitos da educação do campo: como a identidade se relaciona e mobiliza movimentos nas formas de pensar, sentir e agir dos sujeitos do campo?", desenvolvida por Luiz Paulo Ribeiro sob supervisão da professora Maria Isabel Antunes-Rocha.

quando vivenciamos e partilhamos o mundo. E, também, quando sinaliza sobre como e quando construímos representações: "Este conhecimento se constitui a partir de nossas experiências, mas também das informações, saberes, modelos de pensamento que recebemos e transmitimos pela tradição, educação e comunicação social" (Jodelet, 2014, p. 366).

Os estudos que tratam da expansão do uso da teoria, bem como a territorialização do seu uso são variados (Jodelet, 2001; Moliner; Guimelli, 2015), mas todos são unânimes em informar sobre a intrínseca relação com a prática, com a afetividade e com a cognição como elementos centrais que tornam a abordagem possível de ser utilizada focalizando uma ou outra dimensão, ou até mesmo buscando integrá-las. Vale ressaltar os trabalhos publicados que abordam o estado da arte de uso da teoria em áreas e/ou em estudos sobre temas específicos no Brasil (Arruda, 2009; Jodelet, 2011).

É nesse cenário em que estão presentes diferentes vozes localizadas em tempos e espaços diversos que podemos localizar a presença da preocupação com o tema da identidade. Os estudos sobre identidade, por si mesmos, inseridos em variados campos disciplinares, com diversificadas referências teóricas, encontraram na TRS um espaço fértil de possibilidades. Ao adentrar as reflexões sobre identidade, cabe fazer ressalva que as noções de sujeito, subjetividade e do próprio termo "identidade" têm polissemias enlaçadas às epistemologias demarcadas por posicionamentos em cada momento histórico e em cada campo do conhecimento. Muitas vezes, ao se abranger os temas identidade, sujeito e subjetividade, diz-se de processos em como um determinado indivíduo se constrói na sua individualidade e processos internos e, ao mesmo tempo, influenciado e determinado por processos que lhe são externos, como sua inclusão e participação social. Nesse sentido, sabe-se que "a importância conferida ao estudo da identidade foi variável ao longo da trajetória do conhecimento humano, acompanhando a relevância atribuída à individualidade e às expressões do eu nos diferentes períodos históricos" (Jacques, 2011, p. 158). Mostra disso é que em Psicologia Social, a temática ocupou centralidade nos estudos de William James e George Mead (Jacques, 2011; Deschamps; Moliner, 2014).

Ao abordarmos a identidade neste texto nos situamos também na complexa teia que articula este tema, mesmo porque o assunto só recentemente assumiu centralidade em nosso grupo de pesquisa, o Grupo de Estudos sobre Representações Sociais (Geres/FaE/UFMG).

Até então estivemos preocupados com a discussão sobre a construção de Representações Sociais de professores (em formação ou na prática) que vivenciavam desafios para alterar suas formas de pensar, sentir e agir. Desses estudos, emerge o conceito de representação social em movimento (Ribeiro; Antunes-Rocha, 2018). E, na sequência, a identidade salta aos olhos nas narrativas docentes, como desafio para realizar a prática docente no campo. Deste então temos refletido sobre o tema, partilhando com a comunidade científica e contribuindo para uma compreensão das dimensões identitárias nas Representações Sociais, algo que denominamos "identidades em movimento".

Com essa perspectiva elaboramos o texto, a partir desta introdução, em três tópicos. No primeiro, apresentamos estudos ainda preliminares sobre os diálogos já estabelecidos por outros pesquisadores no estudo da identidade a partir das Representações Sociais. No segundo, elaboramos algumas reflexões a partir dos dados empíricos obtidos em pesquisas que nos conduzem no caminho das identidades em movimento. No terceiro tópico, trazemos algumas considerações à guisa de provocar o debate em torno das reflexões propostas.

## Diálogos entre identidade e Representações Sociais

Temos em mente, conforme Markova (2007), que desde a década de 1960 tanto a Teoria das Representações Sociais quanto a Teoria da Identidade Social influenciam os psicólogos sociais, porque elas têm no seu cerne a tentativa de entender como fenômenos sociais complexos têm acontecido na contemporaneidade. Assim, traçar correlações entre essas duas teorias é também algo complexo e passível de revisões constantes. Essas tentativas acabaram por gerar expressões como "a identidade é uma representação", "há um relacionamento extenso entre identidade e Representações Sociais" e, ainda, o termo "representações identitárias".

Moliner e Cohen-Scali (2008), ao fazerem um resgate teórico sobre as correlações entre identidade e Representações Sociais, apontam que na bibliografia disponível há quatro utilizações – formas de abordar – possíveis de fazer essa relação: como orientação, função, como geratriz ou como meio para a personificação.

A abordagem mais vinculada aos estudos de Henri Tajfel diz que a identidade é dotada de uma cognição orientada pelas questões individuais e coletivas, na qual o indivíduo faz uma síntese buscando uma coerência entre as inserções sociais que faz. Nesse sentido, a identidade não é construída por "um conjunto de representações estáveis, mas como categorias de si em movimento em função das relações sociais desenvolvidas" (Moliner; Cohen-Scali, 2008, p. 468).

Cohen-Scali (2010) indica que a identidade é indissociável desse processo de categorização social e, diante disso, lembramos que a teoria da identidade social de Tajfel (Tajfel; Turner, 1979) indica que ao categorizar, identificar e comparar, a tentativa é de organizar o mundo exterior, se incluir/excluir das categorias e participar nos grupos sociais. Entendemos que as categorias criadas pelas Representações Sociais (RS) nos processos de ancoragem e objetivação facilitam/possibilitam o processo de estruturação da coerência, diferenciação e divergência entre eu-outro-objeto. "A construção identitária guiada pela busca de valorização de desenvolvimento do Eu se apoia sobre o processo de categorização social baseada sobre uma distinção Eu-Outro" (Cohen-Scali, 2010, p. 65).

Existe também a abordagem que afirma que as Representações Sociais possuem funções identitárias, uma vez que certas representações permitem que os indivíduos se reafirmem, signifiquem ou reivindiquem particularidades ou algo que cause a singularidade no seu grupo de pertencimento. Isso aponta para a verificação de que as Representações Sociais podem ser utilizadas como reforçadores de identidades. O indivíduo, ao categorizar-se, igualar-se e diferenciar-se dentro do seu grupo social, instrumentaliza-se sobre suas formas próprias, espelhadas e partilhadas no seu grupo, de pensar, sentir e agir.

Jodelet (2001) já havia notado a correlação entre as Representações Sociais e os sentimentos de pertença dos sujeitos. Essa pertença, que não é apenas uma mera inclusão ou participação, traz implicações afetivas e normativas ao interiorizar e engajar "experiências, práticas, modelos de condutas de pensamento, socialmente inculcados ou transmitidos pela comunicação social, que a ela estão ligadas" (p. 22).

Outra abordagem está vinculada aos estudos de Willem Doise, que considera o "eu", a identidade, como uma representação social, uma vez que as RS são como princípios geradores de tomadas de posição ligadas à estruturação do eu. Se de início se pensa que as RS estão na geração da identidade, pensa-se também que elas e as categorias da identidade mantêm interações permanentes ao longo da vida dos sujeitos. Assim, as RS serviriam como denominadores comuns dos sujeitos que vivem nos mesmos contextos sociais. Dizem isso porque as RS auxiliam na construção da realidade, instruindo e instituindo formas de pensar, sentir e agir, por vezes facilitando algumas percepções, e em outras, ocultando e excluindo outras.

Por outro lado, essa abordagem auxilia no entendimento da correlação entre RS, identidade e normas sociais, já que é possível verificar que "as RS forçam a identidade a se elaborar em referência ao conjunto de normas explícitas ou implícitas em vigor no mundo social no qual o indivíduo evolui" (Moliner; Cohen-Scali, 2008, p. 473). Essa fala corrobora com a verificação de Jodelet (2001) de como as Representações Sociais estão dispersas nos discursos, palavras e imagens midiáticas, que mesmo aparentemente passando desapercebidas pressionam os sujeitos a partir da vivência social a se estruturarem como tal, identitariamente.

Costalat-Founeau (1997), também ao tentar entender a abordagem doiseana sobre o Eu e as Representações Sociais, indica que há uma hierarquização da construção identitária em que, num primeiro nível, encontramos a organização das experiências de forma intraindividual, e num segundo nível, temos que os indivíduos têm em mente o seu contexto e por isso seria interindividual. No terceiro nível hierárquico, temos um nível posicional no qual é colocada em evidência a posição social que diretamente influencia os suportes individuais. E, por último, um nível ideológico, que é constituído pelas "ideologias, os sistemas de valores e de crenças e de representações, de avaliações e normas que devem justificar e manter uma ordem estável de suportes sociais" (Doise, 1982[2] *apud* Costalat-Founeau, 1997, p. 20).

Uma quarta abordagem indica que há uma tendência de que as Representações Sociais se personalizarem, porque, "a identidade pessoal é concebida como uma entidade cognitiva e emocional utilizando as Representações Sociais nas reinterpretações para se construir" (Moliner; Cohen-Scali, 2008, p. 474). Essa proposta está em correlação com a concepção de que existe um mundo interior em cada indivíduo que é construído em correlação direta com o mundo exterior, o meio. A forma de comunicação entre o interior e o exterior seriam as Representações Sociais, na qual "as Representações Sociais fornecem os valores e os atributos identitários e contribuem à proteção da identidade" (Cohen-Scali, 2010, p. 67).

[2] DOISE, W. *L'Explication en Psychologie Sociale.* Paris: PUF, 1982.

Ou seja, há já um caminho percorrido por diferentes pesquisadores da TRS que reafirmam os "encontros" entre identidade e Representações Sociais. Nesse caminho, Costalat-Founeau (1997) indica que os processos cognitivos e afetivos se correlacionam com as formas de ação estando entrecruzados com as Representações Sociais e representações do Eu (identidade). Assim como há caminhos que conectam as Representações Sociais com a emoção e a cognição e caminhos que perpassam a identidade. A ação apresenta relação com as formas de pensar e sentir, ligadas diretamente com as RS, o que nos faz lembrar os ensinamentos de Jodelet (2001) quando aponta que as RS são instruções à ação, às formas de agir diante de determinados objetos. Entretanto, o que mais nos importa aqui é o trespassar das ligações entre RS e as dimensões afetivas e cognitivas pela identidade. O que isso pode revelar? Para nós, revela que em muitos casos é a partir da vinculação identitária que o sujeito pensa e sente, orientando-se também pelas RS.

Há então uma interdependência e reciprocidade. Dependendo do caminho tomado não se chega a uma RS sem passar pela identidade, assim como uma RS não atinge o objeto sem passar pela identidade do sujeito. Em Costalat-Founeau (1997, p. 21) também há outra forma de interpretar tal questão, já que a autora considera que "o conceito de Eu deve ser estudado como uma representação social porque ele é um importante princípio organizador das relações simbólicas entre os agentes sociais". Esse posicionamento corrobora com a proposta de Zavalloni e Louis-Guérin (1984) na proposição de que é a partir dos processos identitários que as RS se enraízam na consciência.

As Representações Sociais são marcadores da identidade quando são o meio pelo qual um determinado grupo as usa para afirmar o que lhes é particular e diferente. Sendo que "esta necessidade de distinção pode até levar os indivíduos a abandonar momentaneamente crenças às quais aderem, por pouco que essas estejam associadas a um grupo antagonista" (Deschamps; Moliner, 2014, p. 142). Como produtos identitários, demarca-se que os grupos têm Representações Sociais deles mesmos e a posição que ocupam em relação aos outros grupos, ou seja, é através delas que os indivíduos "aprendem sua diferença e semelhança em relação ao outro" (p. 144). Neste caso é como que se os grupos contenham metainformações, como grupos de referência (Wagner, 1998). Por último, como reguladores identitários, as RS atuam como preservadores da compatibilidade entre as representações do que o grupo é e as Representações Sociais que este grupo produz, dando coerência ao modo de vida, sociabilidade e subjetividade, ou seja, buscam a "congruência com as aspirações e as coações identitárias dos indivíduos" (p. 149).

Nessas primeiras indicações, torna-se quase inegável que, ao representar socialmente algo, os sujeitos se coloquem identitariamente para o objeto representado, ou seja, ao representar, os indivíduos imprimem marcas nos objetos partilhados ao passo que tais objetos também marcam as posições sociais desses próprios indivíduos na dinâmica social. Cohen-Scali (2010) afirma que essa relação é dialética, já que um elemento pressiona o outro a categorizar, identificar e comparar. E ainda, "compreende-se que a representação preencha certas funções na manutenção da identidade social e do equilíbrio sociocognitivo a ela ligados" (Jodelet, 2001, p. 35).

Dessa forma, Cohen-Scali (2010) nos auxilia na consideração de que as Representações Sociais presentes em um contexto social se constituem como referências que permitem o Eu se enriquecer e se posicionar no quadro social e identitário, porque contribuem para a interpretação das situações e a expressão do Eu. Mesmo que essa autora já nos indique a fazer essa defesa, há também a consideração de que há "trabalhos que concebem a identidade como um conjunto de Representações Sociais" (p. 61) – como é o caso do trabalho de Costalat-Founeau (1997) –, porém essas relações e concepções precisam ser mais entendidas, algo que buscaremos colaborar neste artigo, a partir de pesquisas da área da Educação.

No Brasil, o Movimento por uma Educação do Campo vem se protagonizando a partir das demandas e das proposições de organizações governamentais e não governamentais que pressionam as instituições no sentido da construção de políticas públicas educacionais para atender as necessidades de escolarização dos povos campesinos (Antunes-Rocha, 2010; Antunes-Rocha *et al.*, 2012; Fernandes; Cerioli; Caldart, 2011). Ao se vincular às necessidades dos sujeitos e do contexto campesino, a Educação do Campo evidencia a necessidade de levar em consideração uma identidade que seja vinculada às formas de produção e reprodução da vida no campo.

Assim, neste texto, buscou-se identificar como as relações entre identidade e Representações Sociais podem ser verificadas nas pesquisas em contextos educativos de campesinato, em específico da Educação do Campo. Isso porque entendemos que os sujeitos e seus contextos mobilizam/pressionam os professores a se posicionarem como sujeitos em relação a identidades que buscam afirmação no espaço escolar, ou seja, estão em movimento.

## Identidades em movimento: professores em formação para a docência nas escolas do campo[3]

O termo "identidades em movimento" foi se configurando ao longo de quase três décadas de pesquisas. Anteriormente elaboramos o conceito Representações Sociais em movimento (RSM), para em seguida compreender que o pensar, sentir e agir dos sujeitos tinha relação direta com a forma como se relacionavam com os sujeitos e suas realidades no contexto campesino. E que tomar uma posição sobre um aluno, ou sobre a violência no campo ou sobre a leitura significava levar em consideração aspectos de uma identidade, marcada historicamente pela desqualificação. Isso porque ser trabalhador campesino significa no contexto brasileiro se constituir como atrasado, ignorante, preguiçoso, puro, ingênuo, violento, entre outros atributos marcados ora pela desqualificação, ora pela idealização (Antunes-Rocha, 2012).

Nos estudos realizados (Antunes-Rocha, 2010, 2012) obtivemos evidências de que os professores em exercício, que eram de origem urbana, encontravam dificuldades para construir uma representação social marcada pela positividade com relação aos alunos campesinos. Ainda que houvesse uma intensa mobilização por parte dos pais, das comunidades e das políticas públicas estavam presentes formas de pensar, sentir e agir que demonstravam dificuldades desses docentes para reconhecerem os estudantes como sujeitos qualificados para a escolarização.

A partir de 2004, com a implantação do curso de Licenciatura em Educação do Campo na Universidade Federal de Minas Gerais, voltamos nossas pesquisas para os alunos dessa graduação. Isso porque para se matricular no curso era necessário comprovar residência no campo, isso é, o discente campesino se propunha a ser docente nas escolas de educação básica em suas comunidades. Desde então compreendemos que esses

---

[3] As discussões aqui produzidas vão se configurando e ampliando a partir de cada texto produzido. Sendo assim, há informações aqui descritas que estão em outros textos, pois os conceitos aqui desenvolvidos são fruto de uma intensa e contínua elaboração. Em cada texto recortamos, ampliamos, modificamos e reestruturamos as reflexões a partir dos resultados obtidos com as pesquisas.

sujeitos, ao procurarem o curso, demonstravam interesse em permanecer no campo atuando como professores, o que os tornava diferentes dos docentes que eram do meio urbano. Essa decisão os colocava em um lugar diferenciado, pois eles mesmos se constituíam como campesinos. Nessa perspectiva, os desafios que vivenciavam diziam respeito a como enfrentavam as dificuldades para superar a desqualificação de si mesmos, dos seus familiares, dos seus conterrâneos, dos seus contextos e dos seus modos de vida.

Com essa perspectiva, empreendemos pesquisas focalizando temas como leitura, escrita, violência, práticas artísticas e o campo (Aquino, 2013; Diniz-Menezes, 2013; Carvalho, 2015, 2017; Ribeiro, 2016; Benfica, 2017; Gomes, 2018).

O texto de Aquino (2013) trata das Representações Sociais de educandos e educandas da Licenciatura em Educação do Campo sobre a leitura de textos acadêmicos; para tanto, ela utiliza de questionários e observações para demonstrar o quanto as práticas de leitura proporcionadas pela vivência da universidade tensionam os sujeitos a se colocarem em outro lugar da aprendizagem. A autora parte do pressuposto que "esses estudantes, que moram no meio rural, enfrentaram muitas dificuldades com as práticas de leitura durante a formação escolar, uma das causas que gera as dificuldades pode ser relacionada à falta de acesso a materiais para a leitura".

A pesquisa de Aquino (2013) permite questionar, a partir do estudo aqui colocado, se a leitura, inerente ao processo de escolarização, é algo representado e identificado como pertencente à identidade campesina, ou ainda, se ser leitor é algo próximo a essa identidade e, mais ainda, se ser leitor é uma identidade. Resgatando o conceito de Jodelet (2001) de que as RS são instruções à ação, a não correlação entre ser campesino e ser leitor pode trazer pelo menos duas consequências, mesmo que o incentivo à leitura não seja restrito à escola: (a) se o professor, apesar das dificuldades de acesso à leitura, desconsidera a importância da prática com seus alunos, considerando-a não pertencente à sua identidade/cultura, ele pode não dispor, ou se esforçar a disponibilizar materiais para tal prática e (b) se o estudante campesino não se vê – se representa/se identifica – como leitor tal prática pode ficar embotada, restrita e até impedir o processo de escolarização.

Nesse sentido, tal pesquisa coloca que o grande desafio para os estudantes ao adentrar a universidade – muitas das vezes um espaço não constituído para as populações do campo – é passarem a se ver como leitores. Isso porque, conforme a autora, existem várias dificuldades em transformar o que é estranho em familiar, sendo que:

> As dificuldades que surgirem, possivelmente, estarão relacionadas a questões, como: falta de interesse pela leitura, fragilidades nas práticas de leitura desde o ensino fundamental e médio, falta de gosto pela leitura e/ou falta de incentivo por parte do grupo familiar e por parte da escola. Além disso, tem ainda, as dificuldades de acesso a materiais de leitura, principalmente, de estudantes oriundos de escolas das comunidades rurais, porque a maioria delas não tem bibliotecas. Outra questão que pode aumentar as dificuldades sobre o ato de ler são as atitudes de resistência dos estudantes em assumir novas formas de leitura, o que possibilita resultar em um baixo nível de desempenho nas práticas de leitura (Aquino, 2013, p. 20).

Por outro lado, a autora reflete sobre o processo de formação do leitor no Brasil e ressalta as funções da leitura no contexto comunitário. Algumas vezes nem todos os sujeitos da comunidade são leitores, e a leitura em voz alta, extensiva, se apresenta como uma possibilidade de ter acesso aos textos, assim como a possibilidade de ler é correlacionada a certo *status* social. Essas apreensões nos fazem questionar: historicamente, a quem foi possibilitada a leitura? Como a leitura chega ao povo campesino? Como esses sujeitos a representam? A leitura está historicamente ligada à identidade campesina?

Se por um lado esses questionamentos são possíveis, a discussão de Aquino (2013) aponta também para outro entendimento da vinculação da Educação do Campo com um projeto de Sociedade, Campo e Escola que respeite a identidade campesina, esta composta pelos seus diferentes saberes e histórias de vida e diferentes formas de lidar com o território e natureza, que revelam seu modo de trabalho e suas experiências. Nessa vinculação, a luta pela educação do campo está para um movimento identitário que garanta direitos, ao passo que demarca formas de pensar, sentir e agir sobre os próprios campesinos, não mais como desprovidos de uma cultura escolarizada, mas como sujeitos de direitos, sujeitos com identidades territorializadas, em luta.

Ao resgatar o papel da formação de professores nesse contexto, a autora novamente tangencia o que temos correlacionado entre identidade e Representações Sociais. Nesse caso, *ser professor* (identidade de professor e representação social de professor) do campo é constituído por quesitos que delimitam a ação e, ao mesmo tempo, fazem com que o sujeito adira ao modo de vida do campesinato, com seus hábitos, costumes e fazeres: ação implicada e engajada com o território.

Nesse caminho, a pesquisa de Aquino (2013) traz à cena a proposta genética de Serge Moscovici, na qual algo que é estranho passa a ser familiar, ou seja, é integrado às formas de pensar, sentir e agir dos sujeitos passando a ser algo aceitável, conhecido e, por vezes, praticado. O objeto analisado – a leitura de textos acadêmicos – por futuros professores do campo é tido como algo que era estranho e precisou ser assimilado, ou melhor, esses sujeitos passaram a ter acesso aos materiais qualificados de leitura, demandando a eles "novas" formas de representar a leitura. Por vezes, há a possibilidade de se passar a ver como campesino, algo discutido pelas outras pesquisas aqui analisadas (Ribeiro, 2016).

Assim, a proposta da análise da pesquisa de Aquino (2013) parte da apresentação de cenas, vivências de sala de aula, em que os alunos são colocados a praticar a leitura de textos diversos e, ao mesmo tempo, a pesquisadora vai analisando suas falas e gestualidades em relação ao que verificou sendo uma prática não familiar entre os educandos. De início o comportamento mais observado foi o de estranhamento, de "pouca familiaridade" (p. 63). Os futuros professores, diante das dificuldades de leitura "[...] se justificam dizendo que o texto está difícil, que não trata dos assuntos dos interesses deles e da realidade em que estão inseridos [...]" (p. 63). Noutra cena, os alunos demonstram proximidade com a leitura de jornais e revistas e a autora infere: "[...] que não existe falta de interesse dos alunos com a leitura, mas sim escassez de suportes que garantam um diálogo entre o que já sabem, sentem e fazem com as práticas e saberes a serem aprendidos em sala de aula [...]" (p. 65).

A autora não analisa os seus achados de pesquisa nos referenciais das teorias da identidade, porém, ao terminar o trabalho, indica "[...] é preciso que cada educador e educadora reflita sobre as origens, permanências e consequências de suas representações acerca dos povos do campo" (Aquino, 2013, p. 76). Tal análise, a partir da leitura epistemológica que nós colocamos neste artigo, considera a correlação entre identidade e Representações Sociais.

A pesquisa de Diniz-Menezes (2013) trata das Representações Sociais de alunos do curso de Licenciatura em Educação do Campo da Faculdade de Educação da UFMG sobre a própria Educação do Campo.

Ou seja, analisa como os próprios sujeitos em processo de formação estão se envolvendo (ancorando e objetivando) suas formas de pensar, sentir e agir sobre sua área de atuação. Para tanto, parte para uma análise estrutural das Representações Sociais sobre a Educação do Campo. A escola pela abordagem estrutural das RS faz com que essa pesquisa se diferencie das demais aqui elencadas.

Há algo de diferente também na escolha pelos sujeitos. Apesar de serem participantes da Licenciatura em Educação do Campo da UFMG, ela fez uma escolha por critérios identitários e de pertencimento. É que a terceira edição do curso tem um perfil diferente das duas demais turmas, já que, ao passar a ser um curso regular na universidade em questão, houve uma abertura para sujeitos que não apresentavam um conhecimento prévio ou proximidade com os movimentos sociais e com o movimento de luta pela educação do campo.

A escolha por essa turma perpassa uma alternativa metodológica tentando capturar como algo que pode ser considerado estranho mobiliza as formas de pensar, sentir e agir, evidenciando movimentos de familiarização. Para isso, foram aplicados aos sujeitos da pesquisa (n = 21) um questionário contendo perguntas de cunho geral e uma associação livre de palavras. A análise feita se baseou nos métodos estatísticos da abordagem estrutural das RS e buscou identificar o núcleo e a periferia da RS sobre a Educação do Campo.

A correlação entre identidade e RS acontece em dois momentos da pesquisa de Diniz-Menezes (2013). Ela localiza, primeiramente, uma tensão identitária no campo, de âmbito territorial, ou ainda de uma representação social do que é o campo e o campesino. Essa tensão diz do campo que ora é espaço de preservação dos hábitos, e daí seus sujeitos são os roceiros, caipiras e coronéis, que convivem pacificamente, ora é espaço de modernização e de produção de commodities, em que seus sujeitos são os trabalhadores rurais assalariados e os proprietários (latifundiários). Verificamos que essa tensão identitária e representacional através do embate entre o agronegócio e a agricultura (principalmente a familiar) mobiliza os sujeitos do campo a se identificarem e se representarem de formas distintas: depreciando ou idealizando, menosprezando ou sendo sujeitos de direitos.

Num segundo momento, já na análise de dados, a "identidade" aparece como componente do conjunto de termos que compõe a RS de educação do campo. "Pode-se perceber que a partir dos termos que os educandos evocam eles constituem um grupo que está buscando seu protagonismo, um grupo que luta pela valorização de sua cultura e que está construindo uma identidade a partir da coletividade" (Diniz-Menezes, 2013, p. 68-69).

Assim, o termo "identidade" foi evocado duas vezes. Quando referido, esteve relacionado à Educação do Campo como uma prática relacionada à identidade dos povos do campo, à coletividade. Ou ainda como ressalta a pesquisadora:

> A identidade dessa educação a partir de seus sujeitos, da cultura, do trabalho, das lutas sociais e modos de vida dos camponeses, forma um conjunto de condições que não se limitam à escola, mas dela também se alimenta pela sua "vocação" universal de ajudar no processo de humanização das pessoas (Diniz-Menezes, 2013, p. 70).

Assim, na pesquisa de Diniz-Menezes (2013) a identidade é um componente da RS da Educação do Campo, que, por sua vez, está direcionada a sujeitos específicos: os sujeitos camponeses. A luta dos povos do campo, enunciada pela autora, diz da valorização da identidade cultural camponesa e do movimento por uma educação pública, gratuita e de qualidade que não mantenha os sujeitos do campo como pobres, desprovidos de valor e de cultura. Quando ela analisou a RS da Educação do Campo para futuros professores do campo, identificou que o elemento mais forte formalizado pelos sujeitos era a luta. Muito embora esses sujeitos não sejam pertencentes aos movimentos sociais, eles já identificavam a necessidade de lutar pelo campesinato – construção identitária? – e pelos direitos dos povos do campo.

A pesquisa de Carvalho (2015) trata das Representações Sociais sobre as práticas artísticas dos educandos do curso de Licenciatura em Educação do Campo da FaE-UFMG. Nesse sentido, ela analisa as tensões presentes na arte nas suas manifestações eruditas e populares. A partir desse tensionamento é que se torna possível, numa perspectiva dialética, o reconhecimento da identidade dos participantes da pesquisa, uma identidade camponesa. Assim, ela tem como pressuposto que os alunos chegam ao curso já com referenciais artísticos populares e durante o curso são tensionados, ao reconhecerem as práticas eruditas, evidenciando a pressão à inferência em relação às suas RS de práticas artísticas.

A metodologia utilizada contou com questionários estruturados e vinte e duas entrevistas narrativas, além de análise de documentos do curso.

Ressaltamos que os sujeitos participantes têm origem campesina, vivendo, trabalhando e/ou convivendo com os territórios e sujeitos do campo.

Assim, Carvalho (2015) ressalta dois elementos dessa pesquisa: a) a utilização da TRS como aporte teórico metodológico, que une, "como uma amálgama, o pensamento, ou seja, a dimensão cognitiva do indivíduo e também as suas ações e sentimentos, trazendo a possibilidade de análise dos processos de pensar, sentir e agir dos sujeitos" (Carvalho, 2015, p. 100) e b) o papel da Licenciatura em Educação do Campo: "Percebemos que a formação no LeCampo agrega a luta dos movimentos sociais, e a intencionalidade de fortalecimento da identidade dos sujeitos do campo e do protagonismo no processo formativo" (Carvalho, 2015, p. 155); ambas de suma importância para (re)conhecer e fortalecer a identidade dos sujeitos, dos campesinos.

A partir disso ela inicia a análise dos movimentos que os sujeitos perfazem ao adentrar no LeCampo, participando das atividades acadêmicas e culturais, discussões e interações próprias do curso, dando ênfase ao papel do estágio nessas mobilizações. Carvalho (2015) então propõe que os movimentos acontecem no sentido de manter ou modificar os saberes prévios, a partir de quatro momentos verificados: Experiências Prévias, Práticas Artísticas no Tempo Escola e Estágio de Artes (p. 110). Entre manter e modificar suas RS das práticas artísticas, o que fica mais evidente é o papel da vivência, engajamento no curso e inserção nos movimentos sociais para que se ressignifique e valorize para além de uma dicotomia entre o erudito e o popular.

> Quando eu cheguei aqui no LeCampo isso foi quebrando e construindo novos conceitos. O que serviu para mim como professora e futura formadora dos alunos da escola do campo, abriu novos horizontes, uma vez que eu experienciei o que eu vou passar para os meus alunos. Eu vivi então não é uma coisa vazia, não é uma coisa só teórica (Laura, em Carvalho, 2015, p. 126).

Em relação à identidade e ao conteúdo expresso na pesquisa sobre RS das práticas artísticas, ela ressalta o papel da Mística em relação à fortificação da identidade campesina e como elemento mobilizador dos movimentos nas RS. Isso pode ser percebido em:

> [...] a sua relação com a arte popular na identidade faz-se mais evidente a partir das práticas desenvolvidas nos movimentos sociais. Quando eu conheci o Movimento Social veio a questão

> das místicas, das jornadas socialistas e dessa coisa toda que é arte. Na jornada socialista é como se fosse uma mística bem mais longa, faz a caminhada, faz a memória de alguns lutadores do povo e os intelectuais do socialismo e tal e tem toda essa coisa do trabalho com sementes de artesanato com sementes que também é arte. A noite toda sexta à noite tinha mais um encontro que era mais para jovens e adultos, aí tinha cantigas de roda, batuque, pilão e umas outras que eu não sei, ... é cantiga de roda mesmo, moda de viola e essas coisas que isso tudo é arte né (Yasmin, em Carvalho, 2015, p. 119).

Nesse sentido, as místicas não são apenas ações, mas sim um compêndio que promove uma ligação das vivências, da própria história, da participação social, do desejo de luta pela transformação social do campo e pelos anseios subjetivos de cada um. A mística, como uma das práticas artísticas com extensa marcação identitária, mostra-se, a partir do olhar de Carvalho (2015), como mobilizadora e organizadora, e muitos dos alunos do curso analisado somente têm acesso a essa prática durante o curso. Assim, se por um lado a vivência no LeCampo mobiliza mudanças nas RS, podemos inferir que ao modificarem suas RS de campesinato, de camponês e de práticas artísticas os participantes da pesquisa acabaram por movimentar inclusive as suas formas de se ver, se sentir e de agir, agora mais alinhavados com os movimentos sociais do campo e suas práticas, participando e se ressignificando como camponeses.

A pesquisa de Ribeiro (2016) trata das Representações Sociais de violência dos educandos do curso de Licenciatura em Educação do Campo da FaE-UFMG. Nesse sentido, ela analisa como a violência, que é considerada histórica e pode ser percebida nas áreas rurais brasileiras, é vista, sentida e questionada. Desse modo, analisou como o grupo de futuros professores representa a violência que é presente em seus territórios e nas suas práticas docentes.

Para tanto, o autor começa a referenciação fazendo uma busca histórica de como em cada período de desenvolvimento do país foi utilizada uma forma de reprimir e representar os sujeitos do campo. Entretanto, como indica o autor, diante da violência as populações do campo não se mantiveram inertes, passivas. Para ele há um extenso rastro histórico de como os campesinos tiveram atitudes para com as práticas violentas a eles impostas, e assim, fugir, naturalizar, agir com a mesma violência, se sindicalizar, organizar movimentos de luta pela terra e de luta pela educação são formas elencadas por esse autor a fim de demonstrar a produção de sentidos e significados a partir das tensões entre a agricultura e o agrobusiness. O apelo identitário, através dos sofrimentos e questionamentos comuns dos campesinos, já é colocado desde então, a fim de resistir diante dos avanços do capitalismo no campo através da articulação dos movimentos sociais.

A partir desses apontamentos, Ribeiro (2016) se propõe, através de sua metodologia, entender se ao longo do curso de Licenciatura em Educação do Campo os educandos conseguem pontuar os movimentos nas suas formas de representar a violência. Para isso, faz uso de questionários (foram aplicados 108) e entrevistas semiestruturadas (foram aplicadas 17); os dados foram analisados através de dois métodos, a análise de conteúdo conjugada com a análise léxica e a análise de trajetórias, que consiste no resgate através dos dados da entrevista de uma sequência de fatos na narrativa dos participantes da pesquisa. É através dessa reconstrução das narrativas que fica possível perceber os movimentos das suas RS e, em contribuição a essa pesquisa, a possibilidade de perceber que ao movimentar as RS os sujeitos acabam por também movimentar suas formas de se pensar, agir e se sentir.

A principal diferença nos diferentes casos apontados pelo autor é que, ao adentrar as atividades da Licenciatura em Educação do Campo, os sujeitos têm acesso e participam de atividades que ressaltam a identidade campesina, valorizando o campo como espaço de vida e, principalmente, um lugar em que é possível se desenvolver. Outrossim, os sujeitos passam a ter o reconhecimento dos seus direitos e deveres como cidadãos, além de participarem de mobilizações sociais e comunitárias em suas comunidades de origem. Em alguns dos casos relatados, o sujeito "passa a ver" a violência que sofria e que estava naturalizada e, a partir da elucidação, passa a agir resistindo. Dois trechos nos auxiliam a verificar tais questões:

> Ah, eu acredito que essa alienação... O pessoal do campo muitas vezes no meu entender, é alienado por que quer copiar a vida da cidade [...] Então assim, a gente para imaginar e você vê aquelas maravilhas que o campo tinha e tem, mas está sendo desperdiçado. Talvez a gente nem consiga mais olhar para o campo e ver aquilo ali como uma coisa interessante. [...] Desmerecimento e também por causa dessa alienação promovida pela mídia (Entrevistada M, 33 anos, em Ribeiro, 2016, p. 257).

> A gente via o campo como um lugar inferior, a gente não via o campo como um local de oportunidades, a gente só via oportunidade na cidade, é claro que isso é um tipo de violência (Entrevistada M, 33 anos, em Ribeiro, 2016, p. 331).

Em ambos os trechos é possível ver a identificação dos agravos de visualizar o campo como um lugar ruim e como houve uma passagem – uma "nova" representação social – do campo como um local desprivilegiado para um local de possibilidades. Também como objeto da pesquisa, os sujeitos passam a ver a violência que se expressa de diversas formas nos seus territórios. O que o autor não faz nota é que nesse movimento das RS de violência e de campo, os participantes também deslocam suas identidades para discursos diferentes: ao ver o campo como um lugar de possibilidades, encontra outras representações de si, assume outra identidade incorporando qualificações para aquilo que já lhes é comum; ao perceber que a violência é algo próximo à vida no campo e à sua vida o faz engajar em luta e resistência em prol de sua comunidade e território.

É importante ressaltar que Ribeiro (2016) corrobora com essa pesquisa indicando que, dependendo da forma como os sujeitos participantes passam a se identificar – no caso, campesinos, não campesinos ou professores –, há diferentes RS sobre a violência. A tendência verificada pelo autor é a de que, ao passarem a se identificar como campesinos, os sujeitos tendem a ter representações de que diante da violência é necessário resistir, enquanto que, ao se posicionar como não campesinos, a tendência é de terem representações de fuga ou naturalização da violência e, ainda, identificando-se como apenas professores que atuam em escolas do campo acabam por não representar a violência como algo próximo a eles e, dessa forma, algo apenas passível de ajuda.

A pesquisa de Benfica (2017) é originada de seus estudos de doutoramento em Educação, na busca por entender as RS sobre a escrita elaboradas pelos educandos do curso de Licenciatura em Educação do Campo da UFMG.[4] Ela parte do pressuposto de que, ao adentrar a universidade, os sujeitos oriundos do campo são impelidos a produzir

[4] A pesquisa de Benfica (2017) se diferencia da pesquisa de Gomes (2018) em dois pontos: em relação à seleção dos sujeitos, a primeira faz o estudo na FaE-UFMG em Belo Horizonte e a segunda o faz na UFVJM, em Diamantina/MG. Outro ponto é a vinculação epistemológica e a forma da análise de dados, com as categorias estudadas em cada um dos contextos. São textos complementares para entender como as RS de escrita permeiam o universo acadêmico.

uma escrita acadêmica. Dessa tensão surge a necessidade de representar o que é essa escrita, para que serve e qual a vinculação da mesma com a identidade campesina.

Conforme lembra a autora: "esses sujeitos estão localizados historicamente dentro de um contexto de produção da escrita permeado por práticas que emergem das suas relações de trabalho, escolares e de luta. Escreve-se na Igreja, no sindicato, em casa e na universidade" (Benfica, 2017, p. 9). A escrita acadêmica é parametrizada e tem uma funcionalidade que vai para além dos laços comunitários; ela insere o sujeito num universo letrado, entretanto, ao mesmo tempo, ela pode criar um hiato entre os saberes e formas de escrita acadêmica e a cultura e saberes populares inerentes à vida no campo. A tensão na RS está posta e repercute nas formas como o próprio sujeito se vê e suas prospecções como professor.

Assim, com essas premissas, ela propõe estudar a RS de escrita através da coleta de dados questionários e entrevistas narrativas. Foram selecionados intencionalmente 14 alunos que participavam da turma de habilitação em Língua, Arte e Literatura, que foram selecionados a partir das respostas dadas no questionário aplicado a todos os alunos frequentes e presentes naquela sala de aula (n=28). Os dados foram analisados através da análise linguístico-textual-discursiva. A apresentação da análise de dados seguiu o mesmo proposto por Ribeiro (2016), Carvalho (2017) e Gomes (2018). Essa proposta de análise de Representações Sociais facilita o entendimento das mobilizações da identidade porque analisa cada entrevista em separado, perfazendo trajetórias de vida dos sujeitos e suas correlações e RS do objeto estudado ao longo do tempo; a narrativa sobre sua vida é valorizada, assim como suas formas de pensar, sentir e agir no mundo e os impactos da Educação do Campo nas formas cognitivas, afetivas e comportamentais dos sujeitos.

Assim, ela busca entender o que o sujeito produziu representacionalmente em relação à escrita ao vivenciar as tensões aqui já elencadas. A proposta foi identificar movimentos das RS, seja de permanência, de resistência ou de uma concomitância entre as dicotomias apresentadas. A tensão foi vivenciada de formas diferentes pelos sujeitos da pesquisa. Talvez, no nosso entendimento, seja mais ou menos forte de acordo com o nível de vinculação identitária e rigidez dessa identidade, o que já nos dá indícios para correlacionar RS e Identidade, como é possível perceber em:

No confronto promissor entre oralidade e escrita, ela não hesitou em definir que considera sua escrita capaz de articular essas duas dimensões, fazendo referência a autores que articularam fala, identidade, jeitos de viver. Assim Beatriz decide:
"Eu quero escrever um livro, eu não quero escrever um livro na norma padrão, com aquelas palavras cultas não. Eu quero fazer um livro, mas eu quero assim com minhas palavras sabe? Uns livros tipo... assim, eu gostei de uns poemas de Ariano Suassuna, né? É assim né que chama? Eu gostei. Eu tava lendo uns hoje também de Guimaraes Rosa, que é um pouco confuso, mas é daquele tipo que eu quero, tipo assim eu não quero que tira minha identidade, eu quero colocar lá o que eu sou do meu jeito, da minha fala" (Beatriz, em Benfica, 2017, p. 125).

Nessa tensão, os participantes da pesquisa de Benfica (2017) percebem certo hibridismo na identidade campesina. Esse hibridismo sugere a interação e a possibilidade de existirem a oralidade e as regras de escrita em uma mesma fala, num mesmo sujeito, numa mesma identidade.

> Vamos supor então no caso dessa frase que ouvi: caráter híbrido da identidade camponesa. No caso, quer dizer, que o campo não está mais sozinho? Está sempre sofrendo a influência? Ah... então... palavras como essas, como híbrido que eu vou ouvindo, que eu não conhecia, não estava assim, às vezes se eu já tinha ouvido, mas passava a limpo, eu não tinha aquele despertar de conhecer o que que significa, o que que eu tô falando e o que eu tô escrevendo e agora na Universidade eu tenho preocupação, quando eu escrevo, às vezes eu não tenho coragem de usar certa palavra se eu não saber se ela adequa naquele contexto (Clara, em Benfica, 2017, p. 167).

Na correlação entre Identidade e RS, uma análise importante revelada pela autora é posta quando ela traz a citação de Alencar (2012 *apud* Benfica, 2017) em que a identidade do sujeito e suas representações são signatárias das posições e contextos históricos em que eles estão se constituindo. Nesse sentido, ao vivenciarem conflitos representacionais, os sujeitos são convidados a se construir identitariamente, posicionando-se, possibilitando novas formas de (se) pensar e (se) sentir ou reafirmando a sua identidade campesina e as formas de escrever dos povos do campo, conhecendo a norma e, mesmo assim, reafirmando o campesinato.

O estudo de Carvalho (2017) é complementar ao estudo realizado por Carvalho (2015). Nesse caso, a pesquisa de 2017 dá continuidade às discussões sobre o movimento das Representações Sociais sobre as práticas artísticas nos professores da Educação do Campo – ela seleciona dois atuais professores que já haviam sido entrevistados na pesquisa de mestrado e verifica como estão suas Representações Sociais como egressos da LeCampo e já com vivências como docentes das escolas do campo. No que tangencia aos estudos sobre o movimento das Representações Sociais, essa pesquisa é um avanço, já que apresenta uma perspectiva mais linear-temporal, verificando, em dois momentos distintos, os mesmos sujeitos, validando tal corrente de estudos.[5]

No que se refere aos estudos de identidade, os sujeitos selecionados para participar da pesquisa foram considerados prototípicos por serem sujeitos que representam identitária e ideologicamente os demais sujeitos da Educação do Campo – em nível macro – e os sujeitos que participaram da pesquisa de mestrado – em nível micro. Essa proposta também diz de uma inovação, pois parte de uma possível unicidade representacional e de uma representatividade identitária, ambas importantes neste trabalho.

Assim, o desenho metodológico desse estudo (Carvalho, 2017) utilizou entrevistas narrativas e observação da realidade dos sujeitos, o que possibilitou profundidade para o entendimento das questões postas. A análise foi feita no perfil de estudo de caso e foram analisadas a trajetória, as práticas artísticas e pedagógicas, a formação, a educação, a Educação do Campo executada por esse sujeito, a perspectiva da educação transformadora, o materialismo histórico dialético presente nas ações e, reforçando o estudo de 2015, o papel da Mística na consolidação das práticas artísticas e na identidade campesina. Assim, é estrutural nessa pesquisa, a seguinte consideração:

> Para José de Souza Martins, no contexto de uma publicação de 1989, as práticas artísticas dos sujeitos do Campo estão em um movimento dinâmico, por representarem, em sua essência, a resistência, a luta e a identidade dos sujeitos do Campo. Ao pensarmos em identidade, é importante para o autor, a dinamicidade dessa identidade uma vez que as mudanças no contexto do Campo trazem para os sujeitos a necessidade de reelaboração destas identidades (Carvalho, 2017, p. 45).

---

5 Para se conhecer mais sobre o tema Representações Sociais em Movimento, recomenda-se a leitura do livro *Representações sociais em movimento: pesquisas em contextos educativos geradores de mudança*, organizado por Luiz Paulo Ribeiro e Maria Isabel Antunes-Rocha.

Nesse trecho, a autora atrela a dinamicidade da identidade com as mudanças contextuais do campo e as práticas artísticas. Assim, as formas de pensar, sentir e agir sobre/com/de tais práticas está alicerçada na dinâmica social e nas formas como os sujeitos se percebem, pensam e se comportam. Nesse caminho, o sujeito começa a se perceber de outras formas, observar mais os elementos que são pertencentes ao seu campo identitário:

> E depois da licenciatura em educação do campo, muito especialmente falando da Língua, Arte e Literatura, eu considero que, falando da área e mais especificamente da educação do campo, que traz essa valorização cultural e a questão da arte como expressão. Então, assim, ver, enxergar, enxergar que o som do carro de boi que passa na rua, enxergar que a batida do marceneiro mexendo é arte, enxergar a capoeira como forma de arte, enxergar a questão das danças, das festas juninas e das cantigas de roda. Enxergar a arte que está presente. Isso a licenciatura em educação do campo ajudou muito certamente (Camila, sobre a formação e seu olhar para a cultura da região em Carvalho, 2017, p. 160).

Por outro lado, a participação em eventos culturais também é uma forma de reforçar a identidade. Isso acontece com um dos sujeitos pesquisados por Carvalho (2017, p. 200):

> Percebemos que a articulação com a cultura popular e a identidade do Campo foi fortalecida a partir da participação no festival de Folclore, evento que mobilizava a comunidade escolar bem como as instituições coletivas como associações, sindicatos e organizações do município. Para além de se pensar em um evento pedagógico, o festival assumiu contornos de evento do município sendo parte do calendário da população. Além da participação em festivais de folclore, Lucas destaca em sua fala participações em festividades populares como a Festa de São João. Para ele, acompanhar as festas organizadas por moradores das ruas, famílias, participar da dança e prestigiar todos os elementos é uma forma de estar em encontro com a sua cultura.

Como apresentado pela autora, eventos culturais mobilizam a comunidade escolar. A mobilização é uma forma de sensibilização que pode agir pelo viés da experiência; o sujeito vivencia, é tocado afetivamente por alguns elementos e passa a pensar, sentir e agir sob outros referenciais, ou ainda, reforça o que já tem e que encontrou valorizado comunitariamente.

Nesse trabalho, Carvalho (2017) também verifica a questão da formação e intensificação da identidade docente através da prática. Assim, passar a se nomear como professor e autoatribuir-se como tal perpassa também autoinclusão em uma categoria socialmente construída: a representação social do que é ser professor.

> Para apreender o movimento realizado por Camila, após sua inserção profissional na docência, consideramos a mudança em diálogo com os conhecimentos anteriores, o elemento chave de seu processo de construção das Representações Sociais. Embora notemos que, em suas práticas artísticas, ela permaneça com a intencionalidade de afirmação da identidade dos sujeitos do campo, a partir das festas populares, elemento utilizado por ela no estágio do LeCampo, notamos que tal prática agrega novos significados, quando ela começa a atuar como professora. [...] Se, no momento de estágio, Camila buscava instigar os alunos a conhecerem a cultura, como forma de reconstruir sua história de aprendizado no LeCampo e de valorização das práticas artísticas do município, agora no momento de atuação, docente, ela traz os conteúdos e discussões teóricas, apreendidos no curso de mestrado em Educação do Campo. Logo, ao falar das festas populares, ela destaca a importância do protagonismo e da auto-organização dos sujeitos, para atuarem como resistência à exploração do capital (Carvalho, 2017, p. 256).

Ao final de suas análises, Carvalho (2017) pontua novamente os movimentos que os dois sujeitos analisados perfazem na mobilização de suas Representações Sociais, estando essas intrinsecamente correlacionadas com marcações identitárias relevantes em relação à atividade docente e à apropriação territorial.

> Outro elemento percebido, na análise dos movimentos das Representações Sociais, é a experiência do sujeito como elemento crucial para a construção de práticas pedagógicas comprometidas com a Educação do Campo. Camila e Lucas, ao falarem com seus alunos sobre a importância de valorizarem a memória artística e cultural, falam da importância de os alunos darem prosseguimento ao trabalho que agora eles fazem. Notamos que a experiência do sujeito, a partir da moradia, trabalho ou relação de luta com o Campo, possibilita a construção de análises que são apropriadas pelos alunos, uma vez que se fala do olhar de dentro, de alguém que conhece os desafios do transporte escolar, das injustiças na

> exploração de trabalho do Campo e, assim, constrói uma prática que dialogue com estes sujeitos. [...] Ao pensarmos no avanço das práticas pedagógicas e artísticas de Camila e Lucas, em relação ao período em que realizaram o estágio, podemos perceber que as práticas incorporaram novos elementos reflexivos, inclusive princípios da Educação do Campo como: protagonismo, identidade e sustentabilidade (Carvalho, 2017, p. 299).

Assim, no trabalho de Carvalho (2017) há um reconhecimento explícito da correlação entre identidade e Representações Sociais. Se de um lado temos que as RS são tensionadas pelas vivências dos sujeitos e incidem na sua apropriação identitária, por outro, os demarcadores identitários vão surgindo e se fazendo presentes nas formas de pensar, sentir e agir. A partir desse texto, percebemos a troca contínua dessas duas teorias.

O texto de Gomes (2018) trata das Representações Sociais de alunos do curso de Licenciatura em Educação do Campo sobre a escrita, principalmente no que tangencia as repercussões da entrada no ambiente do ensino superior nas escritas constituídas ao longo da vida dos sujeitos entrevistados. Para tanto, ela utiliza da coleta de dados através de questionários e entrevistas narrativas e, para a análise de dados, utiliza de análise de trajetórias e análise de discurso. A autora parte de alguns pressupostos de que (a) a escrita não é algo valorizado para os sujeitos do campo, (b) a instituição escola não valoriza a escrita dos sujeitos do campo e por isso não dá ênfase nela, e (c) ao entrar na universidade esses sujeitos oriundos do campo se veem na iminência de superar estigmas – Representações Sociais negativas ou depreciativas – e se colocar em um lugar de possibilidade de escrita.

Nesse processo, comparando a todas as outras pesquisas aqui analisadas, talvez seja a pesquisa de Gomes (2018) a que mais traz elementos para discutir sobre as correlações entre identidade e Representações Sociais. Uma vez que há um lugar historicamente constituído para a escrita em relação às populações do campo, isso se torna algo caracterizado, esperado: identitário. E, ao deparar-se com a necessidade de escrita na universidade, esses alunos são demandados a rever seus processos identitários para que seja necessário "sobreviver" no universo acadêmico. Assim, a autora coloca como problemática da pesquisa: "como esses estudantes lidam com tais tensionamentos de modo a colocarem em movimento, modificando (ou não) suas formas de pensar, agir e sentir em relação ao mundo da escrita?" (Gomes, 2018, p. 16).

Gomes (2018, p. 62) traz a implicação de que todo fenômeno traz para o reconhecimento dos sujeitos, uma vez que conhecer qualquer fenômeno é também reconhecer a si próprio diante do mesmo, sendo que qualquer reconfiguração "pode afastar os indivíduos de princípios que foram solidamente construídos e que 'determinam' formas de sentir, agir e pensar desses mesmos indivíduos".

Há no referido trabalho um resgate sobre o impelimento à formação de Representações Sociais a partir do medo da perda da identidade. Para tanto, a autora se mobiliza a resgatar em Moscovici (2012 [1961]) e Jodelet (2001) tais aspectos, sendo as principais citações: "uma representação social emerge onde há risco para a identidade coletiva" (Moscovici, 2012, p. 156 *apud* Gomes, 2018, p. 75) e "à medida que surge o novo os grupos sociais não podem se manter indiferentes ao mesmo; assim mobilizam 'o medo, a atenção e uma atividade cognitiva para compreendê-lo, dominá-lo e dele se defenderem'" (Jodelet, 2001, p. 20 *apud* Gomes, 2018, p. 64). Nesse caminho, é inerente trazer à cena o que Moscovici chama de pressão à inferência, ou seja, para dar conta de algo "novo" que remete medo e questiona a identidade dos sujeitos, os sujeitos e grupos são tensionados a se posicionar afetiva, comportamental e cognitivamente.

Com esses pressupostos e embasamentos, a autora parte para a análise de 15 sujeitos alunos do curso de Licenciatura em Educação do Campo através das narrativas transpostas em trajetórias, às quais ela considera serem permeadas por provações e suportes e aos quais os sujeitos demonstram como suas Representações Sociais, assim como as suas identidades foram construídas. A partir das trajetórias é possível perceber movimentos nas Representações Sociais dos indivíduos que ora questionam a função e o uso da escrita nos contextos educacionais e campesinos, ora demonstram a mobilização dos processos identitários para essas novas configurações. Exemplo disso são dois trechos presentes na pesquisa:

> [Trecho 01] e não ganhava nada com o trabalho, nem com a escola, pelo menos em relação à escola eu pensava assim naquele tempo. (entrevista Marcelo). Evidencia-se neste trecho, a ausência de sentido de escola para esse jovem. É uma escola que em sua perspectiva (jovem) não lhe oferece nada; talvez por que distante dele, talvez por que ele sabe das dificuldades que terá que enfrentar para continuar os estudos; nesse sentido, ele reflete e ancora a sua perspectiva no discurso do pai, permitindo

> relacioná-lo à visão [identitária] de um grupo social. É do pai de Marcelo o discurso (relatado) que afirma: "tem que ter gente para capinar, para ser professor, então não precisava estudar não, porque isso é bobagem" (Gomes, 2018, p. 184).
>
> [Trecho 02] Sim, eu adoro escrever, mas e tenho certo medo, "e aí tá certo?", essa coisa de verbo... eu não sou muito boa nisso, eu admito, tem que melhorar... E, assim, foi um desafio, né? Eu adoro escrever, adoro fazer poesias, assim, de acordo com a realidade, de acordo com aquilo que está acontecendo... até montei uma apresentação, mesmo, ali na sala de aula... [...] e aí se eu chegar lá na federal e falar errado. E assim, tem esse certo medo até hoje, né? Porque, infelizmente, a sociedade padronizou a língua de uma certa forma que, assim, falar errado do jeito que a gente fala lá na comunidade, se você falar nesses lugares, assim, a gente fica meio constrangido. (pausa) Eu tenho medo, é um desafio, estou aprendendo ainda... (Gomes, 2018, p. 247-248).

Nesses trechos Gomes (2018) evidencia o que trabalha durante toda sua pesquisa: que existem Representações Sociais sobre a utilidade da escola para os sujeitos campesinos que "atingem" diretamente o papel da escrita para esses sujeitos – cabe ressaltar que esse lugar do campesino em relação à escola traz marcas e delimitações identitárias em conjunto com as RS – e que o medo é sentimento experimentado por eles ao vivenciarem a escrita na universidade, algo que questiona sua própria identidade e as Representações Sociais constituídas.

## Para continuar o debate

A partir do levantamento teórico feito, notamos que os estudos que tentam entender as correlações entre Representações Sociais e Identidade, cada um à sua forma, demarcam como as múltiplas influências acontecem com diferentes contextos, sujeitos e objetos, demonstrando como é profícua a pesquisa neste campo. Assim como para Moliner e Cohen-Scali (2008), e Cohen-Scali (2010), continuamos a afirmar a interdependência constante entre a identidade e as Representações Sociais, que, conforme esses autores, não podem ser pensadas de forma isolada. Talvez o melhor caminho, como apontado por Costalat-Founeau (1997), seja tentar entender a dimensão afetiva das representações e como as RS ressoam sobre os aspectos da identidade.

Nas pesquisas analisadas, diferentemente do que afirmam Nascimento e Gomes (2008), as marcas identitárias e demarcadores identitários não são incorporados mecanicamente pelos sujeitos. Há um intenso movimento em que o contexto, as informações e as atitudes pressionam os sujeitos a produzir sentidos (Representações Sociais de si, dos outros e do meio) e, nesse movimento, as vinculações identitárias auto e heteroatribuídas aparecem, são aceitas ou rejeitadas. Assim como os sujeitos das pesquisas analisadas sofrem influências nas suas subjetividades pelas marcas identitárias, há construções singulares nas suas formas de pensar, sentir e agir. Pode-se verificar que há processos intrapessoais, assim como há processos grupais que correlacionam identidade e Representações Sociais.

A partir dos achados de pesquisa, as afirmações de Deschamps e Moliner (2014) ficam evidentes, ao considerarem que, como produtos identitários, demarca-se que os grupos têm Representações Sociais deles mesmos e a posição que ocupam em relação aos outros grupos. Ou seja, no envolvimento com a Educação do Campo, os sujeitos vão construindo RS de si e do seu grupo em oposição a outros grupos.

Dessa forma, sobre as pesquisas analisadas, está presente uma representação de ser campesino, como sujeitos desprovidos historicamente de direitos, mas que lutam cotidianamente por reconhecimento de suas identidades. Outrossim, tais pesquisas demonstram a importância do Movimento de Luta pela Educação do Campo, como um movimento de respeito à identidade do povo campesino, como afirma Molina (2011, p. 11): "A luta dos trabalhadores para garantir o direito à escolarização e ao conhecimento faz parte das suas estratégias de resistência, construídas na perspectiva de manter seus territórios de vida, trabalho e identidade".

Como em Santos (1998), consideramos que compreender as "estratégias do sujeito e as dimensões da identidade" que têm correlações com as Representações Sociais, seu aparecimento, permanência, fortificação e suplantação faz com que fiquem mais claras as formas de partilhamento e entendimento de demais processos sociais como preconceito, violência, por exemplo. Assim, ao apontar a importância da relação entre identidade e Representações Sociais, acabamos por indicar uma necessidade para os estudos de RS: ir além da descrição de quem são os sujeitos participantes das pesquisas, evidenciando como o objeto representado atinge, colabora e engendra as identidades, como ele as transforma.

O que observamos como centralidade diz respeito ao movimento das identidades. Observa-se que os sujeitos modificam suas representações ao longo do percurso formativo procurando, nesse processo, encontrar caminhos para se aproximar de uma perspectiva mais positiva de si mesmo, dos outros e dos seus contextos. Nesse caminho, é possível verificar que tanto as Representações Sociais quanto as identidades vão se formando, se movimento, se ancorando em "novas" perspectivas de si, da prática docente, do campesinato e da Educação do Campo.

## Referências


ANTUNES-ROCHA, M. I. Formação de educadores e educadoras da Reforma Agrária no contexto do PRONERA: uma leitura a partir das práticas. In: SANTOS, C.; MOLINA, M. C.; JESUS, S. M. *Memória e história do Pronera: contribuições para a educação do campo no Brasil*. Brasília: Ministério do Desenvolvimento Agrário, 2010. p. 121-137.

ANTUNES-ROCHA, M. *et al. Territórios educativos na Educação do Campo: escola, comunidade e movimentos sociais.* Belo Horizonte: Autêntica, 2012.

AQUINO, L.V. *Representações sociais de educandos e educandas do curso de licenciatura em educação do campo sobre a leitura de textos acadêmicos.* Belo Horizonte: UFMG, 2013. Tese (Doutorado em Conhecimento e Inclusão Social) – Faculdade de Educação, Programa de Pós-Graduação em Educação, Universidade Federal de Minas Gerais, Belo Horizonte, 2013.

ARRUDA, A. Teoria das representações sociais e ciências sociais: trânsito e atravessamentos. *Sociedade e Estado*, v. 24, n. 3, p.739-766, 2009.

BENFICA, W. A. *A escrita de educandos (as) em formação para atuação nas escolas do campo na perspectiva das Representações Sociais.* Belo Horizonte: UFMG, 2017. Tese (Doutorado em Conhecimento e Inclusão Social) – Faculdade de Educação, Programa de Pós-Graduação em Educação, Universidade Federal de Minas Gerais, Belo Horizonte, 2017.

BONOMO, M. *Identidade social e Representações Sociais de rural e cidade em um contexto rural comunitário: campo de antinomias.* Vitória: UFES, 2010. Tese (Doutorado em Psicologia) – Programa de Pós-Graduação, Universidade Federal do Espírito Santo, Vitória, 2010.

CARVALHO, C.A. *Práticas artísticas dos estudantes do curso de licenciatura em educação do campo.* Belo Horizonte: UFMG, 2015. Tese (Doutorado em Conhecimento e Inclusão Social) – Faculdade de Educação, Programa de Pós-Graduação em Educação, Universidade Federal de Minas Gerais, Belo Horizonte, 2015.

CARVALHO, C.A. *Representações Sociais das práticas artísticas na atuação de professores do campo.* Belo Horizonte: UFMG, 2017. Tese (Doutorado em Conhecimento e Inclusão Social) – Faculdade de Educação, Programa de Pós-Graduação em Educação, Universidade Federal de Minas Gerais, Belo Horizonte, 2017.

CARVALHO, C. A.; RIBEIRO, L. P.; ANTUNES-ROCHA, M. I. Representações sociais em movimento: uma análise de duas pesquisas no âmbito da educação do campo da FaE-UFMG. *Educação e Cultura Contemporânea*, p. 343-366, 2017.

COHEN-SCALI, V. *Travailler et étudier.* Paris: PUF, 2010.

COSTALAT-FOUNEAU, A.-M. *Identité sociale et dynamique représentationnelle.* Rennes: Presses Universitaires de Rennes, 1997.

DESCHAMPS, J.-C.; MOLINER, P. *A identidade em Psicologia Social: dos processos identitários às Representações Sociais.* 2. ed. Petrópolis/RJ: Vozes, 2014.

DINIZ-MENEZES, L. S. *Representações sociais sobre a educação do campo construídas por educandos do curso de licenciatura em educação do campo.* Belo Horizonte: UFMG, 2013. Tese (Doutorado em Conhecimento e Inclusão Social) – Faculdade de Educação, Programa de Pós-Graduação em Educação, Universidade Federal de Minas Gerais, Belo Horizonte, 2013.

FERNANDES, B. M.; CERIOLI, P.; CALDART, R. Primeira conferência nacional por uma educação do campo: texto preparatório. In: ARROYO, M.; CALDART, R.; MOLINA, M. *Por uma educação do campo.* Petrópolis/RJ: Vozes, 2011. cap. 1, p. 19-65.

GOMES, E. M. *Escritas de estudantes da Licenciatura em Educação do Campo da UFVJM: um estudo na perspectiva das Representações Sociais.* Belo Horizonte: UFMG, 2018. Tese (Doutorado em Conhecimento e Inclusão Social) – Faculdade de Educação, Programa de Pós-Graduação em Educação, Universidade Federal de Minas Gerais, Belo Horizonte, 2018.

HENNIGEN, I.; GUARESCHI, N. M. A subjetivação na perspectiva dos estudos culturais e foucaultianos. *Psicologia da Educação*, v. 23, p. 57-74, 2006.

JACQUES, M. D. Identidade. In: JACQUES, M. *et al. Psicologia social contemporânea: livro-texto.* 15. ed. Petrópolis/RJ: Vozes, 2011. p. 158-166.

JODELET, D. Representações sociais: um domínio em expansão. In: D. Jodelet. *As Representações Sociais.* Rio de Janeiro: EdUERJ, 2011. p. 17-44.

JODELET, D. Représentation sociale: phénomènes, concept et théorie. In: MOSCOVICI, S. *Psychologie sociale.* Paris: PUF, 2014. p. 363-384.

MANSANO, S. R. Sujeito, subjetividade e modos de subjetivação na contemporaneidade. *Revista de Psicologia da UNESP*, v. 8, n. 2, p. 110-117, 2009.

MARKOVA, I. Social Identities And Social Representations: How Are They Related? In: MOLONEY, G.; WALKER, I. *Social Representations and Identity: Content, Process, and Power.* New York: Palgrave Macmillan, 2007. p. 215-236.

MOLINA, M. C. Apresentação. *Em Aberto*, v. 24, n. 85, p. 11-14, 2011.

MOLINER, P.; COHEN-SCALI, V. Représentations sociales et identité: des relations complexes et multiples. *L'Orientation scolaire et professionnelle*, v. 34, n. 4, p. 465-482, 2008.

MOLINER, P.; GUIMELLI, C. *Les représentations sociales.* Grenoble: Presses Universitaires de Grenoble, 2005.

MOSCOVICI, S. [1961]. *A psicanálise, sua imagem e seu público.* Petrópolis/RJ: Vozes, 2012.

NASCIMENTO, E.; GOMES, R. Marcas identitárias masculinas e a saúde de homens jovens. *Cadernos de Saúde Pública,* v. 24, n. 7, p. 1556-1564, 2008.

RIBEIRO, L. P. *Representações Sociais de Educandos do curso de Licenciatura em Educação do Campo sobre a violência.* Belo Horizonte: UFMG, 2016. Tese (Doutorado em Educação: Conhecimento e Inclusão Social) – Universidade Federal de Minas Gerais, Faculdade de Educação, Belo Horizonte, 2016.

RIBEIRO, L. P.; ANTUNES-ROCHA, M. I. (Orgs.). *Representações Sociais em Movimento: Pesquisas em contextos educativos geradores de mudança.* Curitiba: Appris, 2018.

SANTOS, M. F. S. Representação Social e Identidade. In: MOREIRA, A.; OLIVEIRA, D. *Estudos Interdisciplinares de Representação Social.* Goiânia: AB, 1998. p. 151-159.

SILVA, J. C.; GARCIA, E. L. Produção de subjetividades e construção do sujeito. *Barbarói,* v. 35, p. 189-198, 2011.

TAJFEL, H.; TURNER, J. An integrative Theory of Intergroup Conflict. In: AUSTIN, W. G.; WORCHEL, S. *The Social Psychology of Intergroup Relations?* Michigan: Brooks/Cole, 1979. p. 33-47.

TELAU, R. *Ensinar – incentivar – mediar: dilemas nas formas de sentir, pensar e agir dos educadores dos CEFFAS sobre os processos de ensino/aprendizagem.* Belo Horizonte: UFMG, 2015. Tese (Doutorado em Educação: Conhecimento e Inclusão Social) – Faculdade de Educação, Universidade Federal de Minas Gerais, Belo Horizonte, 2015.

WAGNER, W. Sócio-gênese e características das Representações Sociais. In: MOREIRA, A. P.; OLIVEIRA, D. C. *Estudos interdisciplinares de representação social.* Goiânia: AB, 1998. p. 306.

WILSON, V.; ALVERNAZ, S. Quando marcas identitárias aparecem no artigo científico. *Profissão docente on-line,* v. 10, n. 13-33, 2010.

ZAVALLONI, M.; LOUIS-GUÉRIN, C. *Identité sociale et conscience: introduction à l'égo-écologie.* Montréal: Presses Universitaires de Montréal, 1984.

# *"No olvidamos, no perdonamos, no nos reconciliamos"*: construções de memória nas publicações dos sites do grupo Hijos por la Identidad y la Justicia contra el Olvido y el Silencio[1]

*Janaína Campos de Freitas Breugelmans*
*Ingrid Faria Gianordoli-Nascimento*
*Flaviane da Costa Oliveira*
*Jaíza Pollyanna Dias da Cruz Rocha*

A Teoria das Representações Sociais (TRS), seus campos, vertentes e fronteiras permitem um diálogo profícuo com o campo da memória social e da identidade social, considerando que os saberes construídos socialmente alimentam-se da memória coletiva, em tempos e espaços determinados. Por outro lado, a memória social, em suas diferentes instâncias, é marcada pelas disputas intergrupais e por Representações Sociais, que ligam passado e presente dando sentido à realidade social. Assim, acreditamos que um diálogo entre essas perspectivas teóricas se faz atual e necessário.

---

1 Esta pesquisa desenvolveu-se no Núcleo de Pesquisa Memória, Representações e Práticas Sociais, do Departamento de Psicologia da UFMG desde 2014, tendo originado apresentações em eventos científicos e dois textos preliminares: GIARNORDOLI-NASCIMENTO, I.; SANTOS, M. F.; FREITAS, J.; OLIVEIRA, F.; CRUZ, J.; SANTOS, T.; MENDES, B. *Le blog comme l'espace virtuel de construction d'identités. Le cas du blog H.I.J.O.S en Amérique Latine.* In: COSTA-FERNADEZ, E.; REGNAULT, E. *L'Interculturel aujourd'hui. Perspectives et enjeux.* Paris: L'Harmattan, 2016, p. 317-332; e a dissertação de Mestrado em Psicologia pelo Programa de Pós-Graduação em Psicologia da Universidade Federal de Minas Gerais, intitulada *Guardiões da memória, herdeiros da luta: identidade e memória nas publicações dos websites do grupo Hijos por la Identidad y la Justicia contra el Olvido y el Silencio*, de autoria de Janaína Campos de Freitas Breugelmans, defendida em 2017. Agradecemos aos coautores dos trabalhos mencionados e à equipe de trabalho e colaboradores do núcleo de pesquisa, cujas reflexões foram essenciais para a composição desta produção.

Tendo em vista a importância do contexto na construção de Representações Sociais, memórias e identidades, neste trabalho enfocamos a construção da memória social no ciberespaço, a partir da atuação em países latino-americanos do movimento social organizado sob o nome de HIJOS: Hijos e Hijas por la Identidad y la Justicia contra el Olvido y el Silencio, na luta social pela construção da identidade, como filhos de militantes políticos de oposição às ditaduras, contra o esquecimento, o silêncio, e por justiça.

Na América Latina, a segunda metade do século XX foi marcada por rupturas institucionais nos processos democráticos instaurando regimes autoritários em diferentes países da região e, consequentemente, por sucessivas violações dos direitos humanos. Diferentes características podem ser observadas quanto aos contextos históricos, sociais e políticos que levaram aos golpes, à atuação das forças repressivas, à duração de tais períodos e aos processos de redemocratização vivenciados. Contudo, uma análise conjunta do cenário da região pode ser feita a partir de elementos, tais como o desaparecimento das liberdades democráticas, de direitos individuais, e práticas repressivas sistematicamente utilizadas em todos esses Estados (Padrós, 2009).

Em meados dos anos 1950, no contexto da Guerra Fria, a América Latina sofreu dois processos que viriam modificá-la completamente: uma crise estrutural, sem precedentes, resultante do esgotamento de modelos econômicos e a vitoriosa jornada revolucionária de Fidel Castro, Che Guevara e Camilo Cienfuegos na construção de um poder popular e socialista em Cuba (Funari; Zarankin; Reis, 2008; Padrós, 2009). Os efeitos da ruína econômica sobre os setores populares, em conjunto com a agitação decorrente de mobilizações internas, assim como as demandas por mudanças, radicalização política, endurecimentos de setores conservadores e efervescência estudantil desenharam um cenário favorável aos ideários golpistas nesses diferentes países (Padrós, 2009).

No contexto do Cone Sul,[2] todas as nações passaram por golpes civil-militares, geralmente reformulando as relações internas de poder e a forma do exercício da política no interior dos países. Apesar de guardarem certas especificidades, como o papel político da Igreja Católica durante

---

[2] Os países que compõem o Cone Sul são: Brasil, Bolívia, Argentina, Paraguai, Uruguai e Chile. O termo é usualmente utilizado no campo da Geografia (DORFMAN; CARDIN, 2014) e das Relações Internacionais (OVANDO SANTANA, 2012).

os regimes autoritários (KLAIBER, 1998), tais governos mantiveram em comum um intenso discurso anticomunista, respaldando sua legitimidade na ideologia da segurança nacional (PENNA FILHO, 2009). Sob a tutela norte-americana, passaram a implementar a Doutrina de Segurança Nacional (DSN), ancorados no entendimento de que qualquer incitação comunista na América Latina poderia ser sinal da ofensiva imperialista soviética nesses territórios (PADRÓS, 2009).

Comblin (1978), em estudo precursor sobre as origens, a história e as implicações da ideologia de segurança nacional, relata que a DSN mantinha a estrutura e a coerência de cada regime. Para o autor, a DSN está ligada a um determinado projeto político, em que são concebidos os conceitos de nação unificada e forte, pressupondo a divisão do mundo em dois poderes antagônicos: de um lado, estariam os blocos comunistas, e de outro, o bloco anticomunista. Essa seria a grande tese geopolítica da ideologia de segurança nacional, que em conjunto com o conceito de guerra total ao comunismo justificariam as ações de repressão aos movimentos políticos de contestação. Assim, as consequências da adoção de princípios da DSN à realidade da América Latina potencializaram a "repressão político-ideológica [...] a manipulação midiática, supressão de direitos individuais, tortura e desaparecimentos, democracia aparente (mas não de fato), atraso cultural, educacional, jurídico e tecnológico" (STHEFAN, 2015, p. 14).

No Brasil, o golpe de Estado contra o governo João Goulart entre março e abril de 1964 deu início à expansão da onda contra insurgente por todo o continente, tornando o país um dos principais laboratórios de práticas e aparatos repressivos e foco disseminador de tais ações (ALMEIDA; WEIS, 1997; PADRÓS, 2009).

Os governos estabelecidos no Paraguai[3] (1954), Argentina (1966 e 1976), Bolívia (1964, 1971, 1979 e 1980), Uruguai e Chile (1973) tinham como eixos norteadores o anticomunismo, a identificação do inimigo interno (os subversivos), a execução da guerra interna contra esse inimigo, a imposição do papel político das Forças Armadas e a definição de fronteiras ideológicas (OLIVIER, 2003; NOVATO; PALERMO, 2007; PADRÓS, 2009).

---

[3] No Paraguai o golpe militar não representou uma interrupção abrupta de um regime democrático. O país vinha de um histórico de regimes autoritários sucessivos. Em maio de 1954, Alfredo Stroessner se colocou no poder e governou até o golpe de Estado que o destituiu em 1989 (PA, 2008).

Conforme aponta Padrós (2009), cada país teve especificidades quanto às suas estruturas político-sociais, assim como na definição do inimigo a ser combatido e na organização das estratégias de repressão. Todavia, como marco geral, os regimes autoritários operaram tendo como objetivo a desmobilização e a despolitização da sociedade, além da imposição de programas de desnacionalização econômica, privatizações e concentração de riquezas. O mesmo autor observa que a consolidação dos regimes gerou "[...] um novo modelo social construído a partir de uma política de terror exercida desde o Estado e de uma cultura de medo projetada sobre o conjunto da sociedade, procurando atingir até os comportamentos mais cotidianos de convivência" (Padrós, 2009, p. 18).

Em relação ao regime militar no Brasil, convém destacar que os militares implantaram medidas de caráter modernizador, promovendo reformas, tal como a universitária, estimulando investimentos em infraestrutura e avanços nos campos industrial e agrário; ao passo que se agravava a repressão e tortura de indivíduos e grupos opositores. Além disso, defendia simultaneamente medidas nacionalistas e a favor do livre mercado, entre outros aspectos paradoxais nomeados por Motta (2014), como uma "modernização autoritária-conservadora" (p. 48).

Em todos os países da região, após a redemocratização ocorreram diferentes dinâmicas sociais que impulsionaram, invisibilizaram ou elegeram uma versão oficial de memória (Pollak, 1989) para os períodos. De forma ampla, esses regimes resultaram em perseguição política a determinados grupos sociais, gerando prisões, mortes e desaparecimentos de militantes políticos e de pessoas que de alguma maneira eram consideradas opositoras ao governo vigente.

Nesse contexto, é importante destacar o papel dos familiares de presos e desaparecidos por motivos políticos, ao longo dos regimes autoritários e durante os processos transicionais. A atuação de familiares foi fundamental nas ações de denúncia e combate às arbitrariedades dos regimes de exceção em toda a América Latina. Autores como Jelin (2007) apontam que as principais motivações para a criação e a manutenção de grupos com essa finalidade eram os laços de sangue com os diretamente atingidos pelo aparato repressor. Sendo assim, o afeto foi força motriz

> [...] na busca por justiça de muitas mulheres e homens que, durante as ditaduras [...] colocaram suas vidas em risco para

> denunciar as violações aos Direitos Humanos, as torturas e desaparecimentos de seus filhos e filhas, companheiros e amigos (Wolff; Silva, 2013, p. 191).

Ao longo dos anos, diversos grupos de familiares se organizaram e criaram diferentes ações com a finalidade de promover a justiça e a (re)construção da memória do período. Talvez o mais célebre deles seja o movimento preconizado pelas Madres de Plaza de Mayo, conhecido na atualidade "como pioneras de la democracia y de los derechos humanos, las Madres se reunieron por primera vez en 1977 [...] (su) activismo las ha convertido en el movimiento femenino más estudiado y comentado en América Latina durante los últimos treinta años"[4] (Borland, 2006, p. 130).

Contudo, há inúmeras outras organizações, como a boliviana Asociación de Familiares de Detenidos Desaparecidos y Mártires por la Liberación Nacional, movimento político-social iniciado também na década de 1970 (Asociación De Familiares De Detenidos Desaparecidos Y Mártires Por La Liberación Nacional, 2007), e a Agrupación de Familiares de Detenidos Desaparecidos, criada no Chile e formada fundamentalmente por mulheres (Agrupación De Familiares De Detenidos Desaparecidos, 1997).

Como sinaliza Teles (2010), os familiares são atores sociais que provocam, interrogam e redimensionam o presente, e como sobreviventes de um tempo difícil de ser rememorado, colecionam fragmentos que fazem lembrar os seus, assumindo-se como herdeiros da memória. Sendo os familiares atores principais por traçar as fronteiras entre memória, história e justiça nos dias atuais, destacamos, neste trabalho, um movimento social específico de filhos de militantes políticos: H.I.J.O.S: Hijos e Hijas por la Identidad y la Justicia Contra el Olvido y El Silencio.

Tal movimento teve início na Argentina, em 1994, passando a abranger outros países que sofreram com regimes autoritários, tais como: Chile, Uruguai, Paraguai, Colômbia, Guatemala, Peru e México. Cabe mencionar que, dentro dos países, podem-se encontrar agrupamentos

[4] "como pioneiras da democracia e dos direitos humanos, as Madres se reuniram pela primeira vez em 1977 [...] (seu) ativismo fez delas o movimento feminino mais estudado e comentado na América Latina durante os últimos trinta anos" (BORLAND, 2006, p. 130, tradução nossa).

regionais, numa estrutura não padronizada. O objetivo comum dos grupos é a construção de um espaço de compartilhamento, apoio mútuo e possibilidade de expressão da luta política em busca da preservação de suas histórias, pela memória e justiça. Conforme aponta Cueto Rúa (2010) sobre o agrupamento argentino HIJOS-La Plata, ele também pode ser expandido para o cenário geral, cuja organização "Se conformó en más de una decena de ciudades del país (y) en el exterior [...] Se trata más bien de diferentes agrupaciones cuyo núcleo común es un nombre y una serie de reivindicaciones ligadas a la defensa de los derechos humanos"[5] (Cueto Rúa, 2010, p. 138).

Ainda que a literatura aponte a existência de divergências internas nas estratégias de ação e de legitimidade quanto a quem poderia reivindicar a participação no agrupamento, neste trabalho nós nos interessamos pelo discurso difundido pelo movimento de forma ampliada. Tomamos como argumento a noção de pertencimento psicossocial (Tajfel, 1983), que não se trata estritamente da pertença física, mas da vinculação psicológica/ideológica ao grupo. Nesse sentido, ainda é importante notar a adesão ao movimento denominado H.I.J.O.S por meio das comunicações em conjunto, documentadas na Declaração final do encontro da Rede Internacional de Hijos. Esse encontro, realizado em 2010, na Cidade do México, detalhou tanto os pertencentes ao grupo, quanto os princípios em comum da organização.

Um dos instrumentos de divulgação e articulação do movimento HIJOS[6] são os diretórios virtuais alimentados pela organização dos grupos em cada país. A proposta do site é resgatar parte da história e da memória histórica (Sá, 2012) de cada nação, promovendo o conhecimento por parte dos filhos de militantes de sua própria história, reafirmando identidades e valorizando as experiências vivenciadas. Neste trabalho, portanto, são explorados os documentos divulgados nessas páginas da internet, a fim de compreendermos a construção e a preservação da memória no ambiente virtual.

---

5 "Foi formada em mais de uma dezena de cidades no país (e) no exterior [...] Tratam-se de diferentes grupos cujo núcleo comum é um nome e uma série de reivindicações ligadas à defesa dos direitos humanos" (CUETO RÚA, 2010, p. 138, tradução nossa).

6 Adotamos a grafia HIJOS seguida pelo país a qual se refere a citação, contudo, não desconsideramos as vicissitudes de cada organização, assim como as divergências internas presentes nas dinâmicas intergrupais locais.

## Memória e ciberespaço

A discussão sobre a preservação da memória, sobretudo, da memória social como patrimônio dos grupos sociais é própria do final do século XX, dado o caráter caótico e instável da contemporaneidade (Dodebei; Gouveia, 2008). Nesse cenário, no qual a transformação, a velocidade e a virtualidade são aspectos inerentes, contrasta-se a necessidade de preservação de registros materiais de fatos sociais importantes em acervos, museus, bibliotecas e monumentos.

A era da Nova Tecnologia da Informação e da Comunicação iniciada nos anos 1970, fortalecida pelo avanço tecnológico a partir dos anos 1990, trouxe à tona a necessidade de elaboração de um novo espaço de comunicação, de trocas e de novas relações sociais (Lopes; Santos; Duarte, 2010). A noção de virtual torna-se imprescindível para compreender esse novo espaço de sociabilidade. Conforme Lévy (1999), o virtual apresenta-se como "[...] toda entidade 'desterritorializada', capaz de gerar diversas manifestações concretas em diferentes momentos e locais em particular" (Lévy, 1999, p. 47). Contudo, o mesmo autor afirma que, mesmo não fixando o virtual em nenhuma coordenada espaço-temporal, o virtual é real, visto que existe independentemente da presença.

Nesse sentido, o conceito de ciberespaço definido por autores como o próprio Lévy (1999); Monteiro, Carelli e Pickler (2006) se delineia como um meio virtual e comunicacional heterogêneo, veloz, marcado pela instabilidade e pela desterritorialização, no qual não está contemplada a ideia de preservação em si, já que as informações neste espaço de relações se diluem e não permanecem armazenadas perpetuamente. Logo, o ambiente *online* altera a crença na essência da memória, ou seja, a ideia de memória como permanência, pois, sua base é a transformação e a velocidade de mudança das informações (Monteiro; Carelli; Pickler, 2006, 2008).

Segundo Lemos (2007, 2013), a cibercultura caracterizada como a era das redes telemáticas globais nos provoca a reflexão sobre os inúmeros problemas de dissolução das fronteiras, sobre as crises de controle e de acesso, e, portanto, sobre as formas de desterritorializações contemporâneas.

> A desterritorialização informacional afeta a política, a economia, o sujeito, os vínculos identitários, o corpo, a arte. A internet é,

> efetivamente, máquina desterritorializante [...] Estão em marcha processos de desencaixe e de compressão espaço-tempo na cibercultura (Lemos, 2007, p. 6).

Contudo, não se pode perder de vista que "[...] todo espaço, físico ou simbólico, apropriado por forças políticas, econômicas, culturais ou subjetivas, se transforma em território" (Lemos, 2007, p. 5). Desse modo, o ciberespaço possibilita a desterritorialização, mas também proporciona "reterritorializações" (Lemos, 2007, p. 7), a partir dos usos e apropriações desse ambiente pelos usuários, criando novas composições das relações interpessoais, novos sentidos de lugar e controle informacional (Lemos, 2013).

Os sites HIJOS surgem, portanto, como possível território de construção de memórias de filhos de militantes políticos de oposição às ditaduras militares em diferentes países da América Latina. Dessa maneira, a utilização do ciberespaço por esse grupo, a partir da tentativa de armazenamento, de materialização e de topografar tanto as memórias dos membros do grupo quanto as de seus familiares, pode indicar uma "vontade de memória" (Nora, 1993, p. 22). Tal desejo estaria marcado por uma intencionalidade de discutir, provocar e informar aos possíveis leitores, questões ainda obscuras acerca desses períodos políticos, marcados pela violência de regimes totalitários. Assim, como salientam Dodebei e Gouveia (2008), os ambientes virtuais são marcados pela preocupação social em preservar, registrar e manter os fatos presentes. As páginas desse grupo surgem como possível *lócus* de luta e de fortalecimento de um movimento social mais amplo de denúncia e de mobilização por memória, verdade e justiça.

Discorrer sobre memória nesse meio informidiático marcado pela instabilidade pode nos levar a retratar também o esquecimento. As memórias dos regimes ditatoriais nos diversos países mencionados têm ainda aspectos obscurecidos e velados, pois estão ligadas a uma batalha inerente ao campo da memória: a disputa entre o que deve ser lembrado e o que deve ser esquecido. Batalha que reflete a dinâmica dos processos intergrupais, deflagrando a soberania de determinados grupos sobre os outros. O espaço virtual, não obstante, aparece também como um campo de infinitos interesses, assim, a criação, estabilidade e atividade de uma rede on-line internacional, mantida por um movimento social, demarca o esforço do grupo em revelar "memórias subterrâneas" (Pollak, 1989, p. 4).

Sobre a utilização da internet por grupos organizados, Araújo (2011) aponta que o advento da internet e os recursos colaborativos da *web* modificam significativamente as formas de os grupos sociais se expressarem e oferecem novos contornos às manifestações coletivas, que passam a ir além das antigas fronteiras espaço-temporais e alcançam potenciais expressivos de organização social. "Nessa perspectiva histórica é fundamental destacar a importância de uma consciência política proporcionada pelos movimentos sociais na construção da memória, que pode ser vista como uma verdadeira luta contra o esquecimento" (Araújo, 2011, p. 2).

Além de um espaço de resistência, as plataformas alimentadas pelo agrupamento HIJOS parecem funcionar como espaços virtuais de construção de memórias sobre o período das ditaduras na América Latina. Ou seja, os conteúdos compartilhados on-line pelos HIJOS acabam por fomentar matérias que alimentam a memória histórica (Sá, 2007, 2012, 2015).

Segundo Sá (2015), nos "termos de uma Psicologia Social da memória" (p. 269), as memórias históricas são compreendidas como "memórias da história", ou seja, "[...] memórias construídas por populações que viveram ou estiveram implicadas em fatos que vieram a se tornar 'históricos'" (p. 269).

As memórias históricas são compostas por memórias coletivas, comuns e pessoais, pela vivência da história ou por conhecimento de testemunho de quem viveu (Sá, 2012). A partir da abordagem psicossocial (Sá 2007, 2012) compreendemos as memórias pessoais como aquelas que se referem ao passado das próprias pessoas que se lembram; porém, relacionam-se também aos fatos sociais, potencialmente históricos, de que tenham participado. Já as memórias comuns são aquelas formadas por pessoas que, não estando em interação, são expostas aos mesmos fatos e informações e deles guardam as mesmas lembranças, embora não cheguem a elaborá-las coletivamente (Sá, 2012).

A memória histórica teria duas vertentes, oral e/ou documental, tendo como suporte acervos orais e escritos, respectivamente (Sá, 2012). Nesse sentido, acreditamos que os sites podem ser uma forma documental de registrar a memória de determinados grupos, tendo em vista que a memória histórica documental também se constrói "[...] tanto (por) documentos históricos *stricto sensu* quanto (por) produções didáticas, midiáticas e artísticas posteriores (aos acontecimentos)" (p. 97). Esses documentos podem ser considerados como suportes da memória histórica tendo em vista a mobilização social em torno deles, isto é, pelo fato de serem lidos, acessados. É essa mobilização que, de acordo com Nora (1993), tem potencial de transformar lugares de história em "lugares de memória" (p. 21), pois há nesse movimento uma intenção, a "vontade de memória" (p. 22), tanto por parte do grupo que divulga quanto por aqueles que acessam o conteúdo.

A difusão e a manipulação desses documentos, nesse espaço virtual de produção de memória, pode possibilitar um compartilhamento de sentido entre aqueles que nunca tiveram acesso a tal conteúdo, ou seja, indivíduos que não viveram no contexto das ditaduras militares nos países latino-americanos, pertencentes a gerações diferentes, considerando que "[...] educação, comunicação e arte têm demonstrado grande capacidade em transformar fatos não vividos pelas pessoas em memórias comuns e mesmo coletivas" (Sá, 2012, p. 98).

A partir do estudo psicossocial da memória, especificamente da memória histórica documental, consideramos que o acesso aos espaços midiáticos, por meio da educação e mídia, faz com que os grupos sociais construam o que Sá (2012, p. 100) denomina "memórias apropriadas". Sendo assim, discutimos a contribuição dos sites HIJOS como possível ferramenta promotora de circulação de versões de memória sobre as ditaduras militares na América Latina, mesclando memórias de diferentes gerações.

## Mapeando conteúdos dos *websites* HIJOS

Para compreender a composição de memórias a partir dos sites HIJOS, selecionamos produções textuais (comunicados, postagens, documentos, manifestos, textos e informes) entre os meses de abril e junho de 2014, através do acesso às páginas de Argentina, Chile, Uruguai, Paraguai, Colômbia, Guatemala, Peru e México. Para análise dos conteúdos, utilizou-se a análise lexical, por meio do software ALCESTE PLUS® (2014). Esse programa baseia-se no pressuposto de que "[...] pontos diferentes de referência produzem diferentes maneiras de falar, isto é, o uso de um vocabulário específico é visto como uma fonte para detectar maneiras de pensar sobre um objeto" (Kronberger; Wagner, 2008, p. 427).

## Tabela 1: Dendrograma de Classificação Hierárquica Descendente (dados totais da Rede Internacional HIJOS)

| classe 1 | 36% | classe 2 | 23% | classe 3 | 27% | classe 4 | 14% |
|---|---|---|---|---|---|---|---|
| variáveis | X² | variáveis | X² | variáveis | X² | variáveis | X² |
| *pais_7 | 652,1 | *temp_1 | 233,11 | *pais_6 | 1038,98 | *pais_1 | 845,8 |
| *id_447 | 90,52 | *id_384 | 210,08 | *id_377 | 132,8 | *temp_2 | 81,27 |
| *cont_2 | 87,72 | *cont_1 | 189,02 | *id_383 | 74,12 | *cont_2 | 75,98 |
| *id_449 | 71,02 | *pais_2 | 155,58 | *id_426 | 58,3 | *id_281 | 36,07 |
| Formas | X² | classe 2 | X² | classe3 | X² | classe 4 | X² |
| estado | 105,88 | me | 211,37 | nuestro_organismo | 239,55 | plaza | 305,87 |
| crimen+ | 81,83 | mi | 195,89 | paraguay+ | 230,66 | mayo | 208,83 |
| lesa | 77,45 | ten+ | 93,43 | argentin+ | 130,28 | juicio | 204,07 |
| humanidad | 74,56 | no | 89,04 | adrian martinez mor | 109,36 | genocid+ | 148,83 |
| proces+ | 65,84 | mundo+ | 78,56 | nuestr+ | 87,52 | esma | 143,99 |
| judicial+ | 63,43 | hombre+ | 77,21 | herman+ | 74,75 | repesor+ | 137,52 |
| del+ | 56,5 | era | 63,61 | operacion_condor | 74,48 | perpetu+ | 135,98 |
| extrajudicial+ | 52,86 | mujer+ | 59,11 | companer+ | 73,95 | clandest+ | 133,09 |
| ejecution+ | 47,64 | gente | 58,94 | herm+ | 72,14 | extermin+ | 106,97 |
| gobierno+ | 47,36 | mis+ | 52,46 | asuncion | 62,65 | hora+ | 95,15 |
| reparacion+ | 45,65 | siempre | 52,31 | organ+ | 60,8 | detencion+ | 90,02 |
| caso | 41,83 | teng+ | 48,38 | stronismo | 48,53 | jueves | 82,27 |
| TC | 40,42 | mano+ | 44,84 | partido_colorado | 48,4 | castig+ | 82,16 |
| hechos | 39,62 | yo | 44,84 | famili+ | 45,41 | comun+ | 80,19 |
| avance+ | 36,88 | habl+ | 44,35 | nuestros | 44,94 | tortur+ | 77,55 |
| matanza+ | 35,34 | pens+ | 43,97 | secuestr+ | 43,02 | march+ | 74,85 |
| chavin_de_huantar | 35,11 | sueno+ | 43,97 | desaparecid+ | 41,91 | carcel+ | 73,33 |
| terror+ | 35,07 | justo | 42,87 | repudi+ | 41,91 | federal+ | 72,77 |
| indic+ | 31,85 | grand+ | 40,64 | maria_ santa_moreira | 39,92 | lun+ | 71,56 |
| procesados | 31,57 | otr+ | 39,58 | detenid+ | 39,89 | aparicion | 71,04 |
| museo | 29,8 | histor+ | 38,77 | erp | 38,27 | fundadora | 70,93 |
| ley+ | 29,5 | nosotros | 37,44 | nieto+ | 37,7 | oral+ | 68,31 |
| absence[b] | X² | absence | X² | absence | X² | absence | X² |
| paraguay | -61 | del | -81,00 | sin | -33 | nuestr | -27 |
| mi | -47 | nuestro_org | -26,00 | pero | -28 | paraguay | -19 |
| companer | -47 | ex | -24,00 | lesa | -26 | sus | -18 |
| comparneros | -47 | lesa | -24,00 | crimen | -25 | asi | -17 |
| nuestro_org | -45 | humanidad | -23,00 | humanidad | -25 | pod | -17 |
| dimensão pública da causa | | dimensão privada da causa | | dinâmicas paraguaias | | dinâmicas argentinas | |
| luta pela memória e justiça | | | | memórias em negociação: reconhecimento e diferenciação | | | |

*Nota[a]: Descrição das variáveis: Número de Identificação do trecho de texto (id); País (pais_1: Argentina, pais_2: Chile, pais_3: Colômbia, pais_4: Guatemala, pais_5: México, pais_6: Paraguai, pais_7: Peru, pais_8: Uruguai); Conteúdo (cont_1: texto exclusivamente sobre o HIJOS, cont_2: texto sobre o HIJOS, juntamente com outros temas); Tempo ·temp_1: texto relativo ao contexto passado, temp_2: texto relativo ao contexto atual).*
*Nota[b]: Refere-se à palavras ausentes na classe.*

Neste ensaio, priorizamos os resultados do procedimento estatístico de Classificação Hierárquica Descendente (CHD), apresentada a partir de um dendrograma de classes (Fig. 1).

O dendrograma de classes apresentou quatro classes organizadas em dois grandes grupos que se opõem e se complementam. A nomeação das classes e das suas relações se desenvolveu a partir da consideração das palavras plenas (as principais estão dispostas nas classes presentes na Fig. 1), das UCEs de maior qui-quadrado (apresentadas ao longo do texto), e a partir do conhecimento do campo e de elementos teóricos da abordagem psicossocial da memória.

A Classe 1, "Dimensão pública da causa" (36%), possui o maior percentual no *corpus*, revelando um conteúdo volumoso e coeso. Notamos que as narrativas são majoritariamente relacionadas ao Peru (pais_7), e seus conteúdos apresentam algumas características que têm afinidade com a luta travada pelo agrupamento HIJOS no âmbito da esfera pública, da batalha judicial, extrajudicial e política frente aos crimes de lesa-humanidade. O léxico é marcado por elementos da realidade peruana, situando casos específicos em que Justiça e Governo confluem, como no Caso Chavín de Huántar, episódio de uma conversa de áudio entre a juíza de um caso de "terrorismo" e um ministro do governo peruano, divulgada na imprensa. Nessa ocasião, ainda que a partir das provas do caso, a juíza tenha concluído que houve a execução de "terroristas" durante a intervenção militar no sequestro da embaixada japonesa entre 1996 e 1997, os militares envolvidos foram absolvidos, partindo-se do argumento de que teriam obedecido a ordens superiores. O contato da juíza com políticos, na época do julgamento, e seu afastamento posterior de suas funções, fazem crer que ela sofreu pressões durante o processo judicial. Tais dinâmicas são ilustradas na UCE transcrita abaixo:

> Unidade textual n° 2580 X2 = 27 *pais_7 *cont_2 *temp_2
> en (la) que declara que (este) (evento) delictivo no (tiene) (la) (condicion) (de) (crimen) (de) (lesa) (humanidad). (las) razones (de) (la) (sentencia) (cuales) son (las) razones por (las) (cuales) (el) (TC) (ha) (emitido) (esta) (resolucion) en (la) (cual) (se) aparta (de) (las) mas elementales consideraciones (del) (derecho) (penal) (interno) y (del) (derecho) (penal) (internacional)?

A Classe 2, "Dimensão privada da causa" (23%), apresenta um léxico marcado pela pessoalidade, repleto de narrativas de memórias pessoais, sendo majoritária a presença de referências ao próprio grupo e o uso de pronomes possessivos *meu, me, eu, nós*. Trata-se de um mundo de cada um, contado por cada homem e mulher, e capaz de mobilizar outros em nome dessas histórias. A narrativa é própria do tempo passado, revelando lembranças e acontecimentos anteriores. As dinâmicas do Chile são essenciais para a composição da classe, contudo, notamos a presença de experiências de outros países como Paraguai e Peru, que compartilham o aspecto pessoal dos relatos. Algumas das palavras ausentes na classe (conforme indicado no dendrograma) ajudam-nos a compreender a lógica pessoal mencionada, uma vez que pautas como "tratar de crimes de lesa-humanidade" ou de "ações do organismo" não são lutas apenas "nossas" (coletiva), e sim "minha" ou de cada um (pessoal).

> Unidade textual n° 1679 X2 = 35 *pais_6 *cont_1 *temp_1
> (un) (oficial) (me) (tenia) a (mi) (con) rastros de (sangre), (no) (sabemos) (si) (era) mia o de (ella). el (tipo) (le) (dice:) (lo) voy a (hacer) mierda a (tu) hijo, y (ella) (le) (dice) (que) (si) (era) por (ella), (que) (nos) hiciera mierda a (mi) y a (ella) de (una) (vez).

As classes 1 e 2 em conjunto caracterizam a "Luta pela Memória e Justiça", uma vez que ambas trazem modos diferenciados de tratar as questões essenciais para o agrupamento HIJOS, passando da esfera privada à pública, negociando a preservação da memória, mas também a luta pelos direitos humanos na atualidade.

A Classe 3, "Dinâmicas paraguaias", apresenta elementos maciçamente relacionados ao contexto desse país. A identidade do grupo é exaltada com a referência aos feitos do "nosso organismo", diferenciando-se e destacando-se. Várias palavras plenas fazem referência ao país, tais como *Paraguay*, *Assunción*, *Stronismo* e *Partido Colorado*. Também são mencionados nomes de companheiros do agrupamento, sendo sempre reforçada a atuação coletiva.

> Unidade textual n° 1914 X2 = 38 *pais_6 *cont_2 *temp_2
> el proyecto (impulsado) (en) (conjunto) por el (colectivo_la_igualdad) (y) (nuestro_organismo) sobre la (creacion) de una biblioteca_popular (en) el multiespacio_pasco; lugar donde (ambas)

(organizaciones) funcionan, (llevara) el (nombre) de (nuestro) (companero) pablo_fernando_zanotti, muerto (en) la (denominada) (tragedia_de_once) (ocurrida) el 22 de (octubre) de 2012 (en) la capital federal_de_argentina.

A Classe 4, "Dinâmicas argentinas", corresponde a 14% do *corpus*. Apresenta, predominantemente, narrativa do grupo argentino, sendo diversos os elementos do contexto do país, como a *Praça de Maio, Esma* e *(línea) Fundadora*. Ainda que o número de UCEs referentes à classe represente a minoria do *corpus*, o discurso apresentado no texto é bastante consensual, sendo múltiplas as palavras com qui-quadrado elevado. Inclusive a palavra plena de maior valor do *corpus*, *Plaza* (x2=305,87). Há uma clara filiação junto às *madres* fundadoras da Praça de Maio, e nesse ponto, os grupos funcionam fortalecendo-se mutuamente. Há palavras de conteúdo-chave como genocídio, repressor, clandestinidade, extermínio, detenção, castigo e tortura. Como se trata do grupo mais antigo, de maior convívio entre os pares, o discurso parece ser mais homogêneo, e, portanto, não revela contrastes.

> Unidade textual n° 476 X2 = 93 *pais_1 *cont_2 *temp_2
> (juicio) y (carcel) (comun) (a) todos los (genocidas) (aparicion) con vida de (jorge_julio_lopez) ya! treinta_mil companeros (detenidos_desaparecidos) presentes! convocan: (abuelas) de (plaza) de (mayo) (familiares) de (desaparecidos) y (detenidos) (por) (razones) politicas h. i. j. o. s. regional (capital) (federal) (madres) de (plaza) de mayo_ (linea) (fundadora)

Assim como na Classe 3, "Dinâmicas paraguaias", a Classe 4, "Dinâmicas argentinas", narra dinâmicas personalizadas a partir dos atores argentinos. Nesse caso, o discurso sobre os direitos humanos e a luta pela memória e justiça parecem ser os mais coesos. No Paraguai também se exalta, a todo momento, a atuação em grupo, embora não haja um conteúdo ideológico consistente.

Em conjunto, as classes 3 e 4 referem-se a "Memórias em negociação: reconhecimento e diferenciação". Em ambos os grupos, argentino e paraguaio, são trazidos à tona conteúdos que remetem à valorização das histórias, relatos e experiências regionais, assim, cada agrupamento mostra formas complementares de atuação do HIJOS.

## Memórias da luta de familiares em defesa da memória e da justiça na América Latina: negociando passado e presente

Os conteúdos dos sites referem-se a importantes aspectos do campo dos direitos humanos nos países latino-americanos, sobretudo àqueles que se referem aos períodos ditatoriais e aos processos de redemocratização.

Especialmente os crimes de lesa-humanidade, apresentados na Classe 1, "Dimensão pública da causa" – designados a partir dos princípios dos julgamentos de Nuremberg, em 1950, como atos desumanos contra a população civil, que se dariam em ambientes de situações hostis e de conflitos generalizados –, permanecem como dimensão de destaque na discussão sobre direitos humanos. A definição desses crimes foi aprovada pela Organização das Nações Unidas (ONU) no mesmo ano, e aceita por praticamente todos os tribunais penais internacionais, assim como a Corte Interamericana de Direitos Humanos. Segundo tais acordos e instituições, esses crimes devem ser investigados e punidos sem prescrição criminal (Piovesan, 2012; Ceia, 2013).

A partir da anuência do Pacto Internacional de Direitos Civis e Políticos de 1966 e da Convenção Americana sobre Direitos Humanos de 1969, os Estados se comprometeram a investigar e a punir as situações de crimes ocorridas em seus territórios. Contudo, nos casos de ditaduras civil-militares na América Latina, tais pactos não foram cumpridos em sua totalidade, sendo os processos jurídicos alongados, devido a atravessamentos das dinâmicas sociais e identitárias que favorecem ou dificultam a revisão de tais crimes, provocando a manutenção de memórias subterrâneas e de medo (Pollak, 1989) acerca de tais eventos.

Nos países latino-americanos, a fragmentação dos organismos políticos democráticos durante os regimes de exceção e a urgência da luta por direitos e justiça acabaram possibilitando a emergência de diferentes movimentos de denúncia às arbitrariedades dos governos. No momento inicial, a reivindicação se concentrou nas pautas de denúncia sobre as violações de direitos humanos, cenário que gradativamente foi se modificando para as demandas por "verdade e justiça". No entanto, cabe ressaltar que essa dinâmica vem se desenvolvendo de maneira distinta nos diferentes países latino-americanos. Alonso (2006) sinaliza que no caso argentino "es evidente que la tardía movilización partidaria y las inconsistencias de las respuestas dictatoriales permitieron a sus agrupaciones (dos familiares) una ocupación privilegiada del espacio publico"[7] (p. 1). Os organismos de direitos humanos que nasceram nesse contexto contribuíram para a agenda de debate, tornando-se espaços legitimados para a discussão pública, política e judicial dos crimes ditatoriais (Alonso, 2006).

Segundo Catela (1999), os familiares foram os primeiros a denunciar e internacionalizar a problemática dos desaparecidos na Argentina. Situação semelhante se desenvolveu em outros países latino-americanos, nos quais "[...] las metáforas de sangre (fueran) utilizadas, actualizadas y resignificadas una y otra vez, cuando es necesario hacerse escuchar, narrar el horror, expresar para un público hechos tan inexplicables"[8] (Catela, 1999).

Para Jelin (2007) a condição de familiares sustentou um lugar diferenciado no conjunto de movimentos sociais em prol dos direitos humanos, no qual o dado genético garantiria, na esfera pública argentina, a legitimidade da luta dos "afectados/as directos/as" (p. 39) pelos efeitos da perseguição, prisão e exílio.

A centralidade do conteúdo humanitário das denúncias, assim como a necessidade de distanciar-se da militância revolucionária, situou o discurso dos direitos humanos em um ponto distinto dos protagonistas das lutas dos anos de 1970 (Cueto Rúa, 2010).

Em análise do contexto argentino, Jelin (2007) aponta que o "familismo" foi duplamente utilizado do período dos anos 1970, tanto pelo governo quanto pelos movimentos dos direitos humanos. A família era apontada pelo governo ditatorial argentino como a célula básica da nação que deveria ser protegida contra os perigos da subversão. Já os grupos de luta pelos direitos humanos, associados aos familiares de militantes, se alicerçaram na imagem das violações de seus entes queridos, e, portanto, na violência do Estado contra a imagem da "família de bem" que ele prometera proteger. Por conseguinte, a esses grupos coube a tarefa de figurar como herdeiros das memórias de seus entes e da história a ser contada sobre tal período, já que eles foram os responsáveis pela "[...]

---

7 "é evidente que a mobilização partidária tardia e as inconsistências das respostas ditatoriais permitiram a seus agrupamentos (dos familiares) uma ocupação privilegiada do espaço público" (ALONSO, 2006, p. 1, tradução nossa).

8 "[...] as metáforas de sangue (foram) utilizadas, atualizadas e ressignificadas repetidamente, quando é necessário fazer-se ouvido, narrar o horror, expressar ao público um fato tão inexplicável" (CATELA, 1999, s/n, tradução nossa).

centralidad de la demanda por justicia [y] la hegemonía de la noción de derechos humanos"[9] (CUETO RÚA, 2010, p. 128).

Ainda que o parentesco tenha sido um importante elemento inicial para legitimar a defesa dos direitos humanos, a busca pela preservação da memória de seus familiares acarretou, em alguns casos, uma desagregação entre os grupos de direitos humanos nesses países. Jelin (2007) problematiza essa questão ao tratar da esfera pública do debate no contexto argentino, "[...] la participación no (fue) igualitaria sino estratificada de acuerdo a la exposición pública del lazo familiar; un proceso que puede paradójicamente implicar nuevos conflictos y tensiones"[10] (JELIN, 2007, p. 45).

Somado a esse contexto, durante os processos de redemocratização a necessidade de novos arranjos políticos conciliatórios barraram os avanços das demandas por justiça. Em consequência disso, os organismos de direitos humanos viveram progressivos abalos na receptividade e interesse social frente às suas reivindicações (ALONSO, 2006). Diante de tal cenário, em que novos movimentos argentinos surgiram, ancorados nas experiências dos já consagrados movimentos dos familiares, contudo, diferenciando-se, como no caso do grupo HIJOS, uma

> [...] organización juvenil que recuperaba no sólo las banderas del movimiento sino que además reivindicaba los objetivos de transformación social que habían inspirado la lucha de sus padres desaparecidos, asesinados, presos o exiliados. Se iniciaba así una nueva fase de movilización[11] (ALONSO, 2010, p. 77).

A rede nacional de HIJOS foi formada a partir de contatos pessoais, encontros em ambiente universitário e pela inserção desses jovens em outras organizações de familiares, como as Madres y Abuelas de la Plaza de Mayo. Através da identificação e do reconhecimento mútuo, os *hijos* começaram a recordar coletivamente as trajetórias de seus pais, a relacio-

---

9 "[...] centralidade da demanda por justiça [e] a hegemonia da noção de direitos humanos" (CUETO RÚA, 2010, p. 128, tradução nossa).

10 "[...] a participação não (foi) igualitária, mas sim estratificada de acordo com a exposição pública do vínculo familiar; um processo que pôde paradoxalmente envolver novos conflitos e tensões" (JELIN, 2007, p. 45, tradução nossa).

11 [...] organização juvenil que recuperava não apenas as bandeiras do movimento, mas também reivindicava os objetivos de transformação social que inspiraram a luta de seus pais desaparecidos, assassinados, presos ou exilados. Iniciava-se, assim, uma nova fase de mobilização (ALONSO, 2010, p. 77, tradução nossa).

nar-se com outros grupos sociais e a se conformarem como organização. Considerando-se herdeiros das lutas travadas anteriormente pelas *madres* e *abuelas*, a filiação e a parceria do grupamento são inegáveis, ficando evidente na análise de trechos de texto que se encontram associados à Classe 4, "Dinâmicas argentinas":

> "Justicia legal, jamás justicia por mano propia", nos dijeron nuestras Madres mil veces, como una promesa, un mandato, como una plataforma política. Porque estas mujeres, que nos formaron y marcaron el camino, entendieron mejor que nadie que la revancha es siempre una mala decisión personal, que nunca puede contener a todos los que cabemos dentro del reclamo genuino y sostenido por el pueblo argentino[12] (HIJOS/Argentina).

Em sua fundação, o agrupamento HIJOS encontrou grande capilaridade entre os movimentos sociais à época e ganhou legitimidade frente à sociedade (Alonso, 2010; Cueto Rúa, 2010). As renovações apresentadas pelos agrupamentos quanto à mobilização da sociedade civil para as suas causas, e a maneira de se denunciar os crimes cometidos pelos Estados, "[...] incluyeron aspectos políticos (formas de acción como los escraches, concepción de la justicia social) y estéticos tanto en su forma de organización interna como en el proceso de identificación que los condujo a determinadas acciones colectivas"[13] (Raina, 2012, p. 9).

Inúmeros exemplos da atuação pública atual do HIJOS são apresentados na Classe 4, "Dinâmicas argentinas". São comuns os comunicados e convocatórias, assinados conjuntamente por outros grupos de direitos humanos, vinculados à causa de familiares de ex-militantes, publicados nos sites HIJOS. Em algumas ocasiões são organizadas ações em conjunto:

> Se realizará el lunes 5 de septiembre a las 18:30 horas en el Auditorio de UTE. [...] Panelistas: Madres de Plaza de Mayo Línea Fundadora [...] Familiares de Desaparecidos y Detenidos

12 "Justiça legal, nunca justiça pelas próprias mãos", nos disseram nossas Madres mil vezes, como uma promessa, um preceito, como uma plataforma política. Porque essas mulheres, que nos formaram e marcaram o caminho, entenderam melhor do que ninguém que a revanche é sempre uma má decisão pessoal, que nunca pode abarcar a todos nós que nos enquadramos na reivindicação genuína e sustentada pelo povo argentino (HIJOS/Argentina, tradução nossa).

13 "[...] incluíram aspectos políticos (formas de ação como os escraches, concepção de justiça social) e aspectos estéticos, tanto em sua forma de organização interna quanto no processo de identificação, que os conduziu a determinadas ações coletivas" (RAINA, 2012, p. 9, tradução nossa).

por Razones Políticas, [...] Abuelas de Plaza de Mayo [...] Moderador: H.I.J.O.S[14] (HIJOS/Argentina).

Conforme apontam os estudos sobre o agrupamento HIJOS, no primeiro momento, seus encontros serviam para coletivizar a dor, para transmitir experiências e memórias, de tal maneira que o grupo tornou-se um lugar de contenção emocional ao sofrimento (Catela, 1999; Cueto Rúa, 2010. Ainda que tal aspecto seja marca do início do movimento, notamos a continuidade de tais características nas publicações vinculadas pelas plataformas virtuais, cujo espaço também é usado como divulgador das memórias pessoais de seus membros.

> Año 89' fue el año del regreso [...] Eran demasiadas las emociones que sentía, recuerdo que ver la cordillera me causo una emoción muy grande [...] Al fin nos bajamos del avión y la música que sonaba era "Vuelvo" de Illapu, canción que hasta el día de hoy me emociona[15] (HIJOS/Colombia).

Nos conteúdos preponderantes na Classe 2, "Dimensão privada da causa", são evidenciados elementos referentes às memórias pessoais, fortemente marcadas pelo caráter emocional, tal como o trecho mencionado acima, sobre o regresso à pátria após o exílio involuntário para acompanhar os pais. Se para Lowenthal (1998), a memória "[...] transforma acontecimento públicos em experiências pessoais idiossincráticas" (p. 79), ao publicarem os relatos pessoais, esses sujeitos, que tiveram suas vidas atravessadas por determinados processos históricos, mobilizam lembranças que contribuem para o fortalecimento da identificação entre os pares, e para a construção de uma imagem comum do grupo. Cabe mencionar que os elementos textuais reunidos nesta classe são originados de publicações de praticamente todos os países representados na coleta, o que reforça a possibilidade de uma análise ampliada das publicações do grupamento HIJOS.

---

14 O evento será realizado na segunda-feira, 5 de setembro, às 18h30, no Auditório da UTE. Painelistas: Madres de Plaza de Mayo Linha Fundadora [...] Familiares de Desaparecidos y Detenidos por Razones Políticas, [...] Abuelas de Plaza de Mayo [...] Moderador: H.I.J.O.S (HIJOS/Argentina, tradução nossa).

15 O ano de 89 foi o ano do retorno [...] Eram muitas as emoções que eu sentia, lembro que ver a cordilheira me causou uma emoção muito grande [...] Enfim saímos do avião e a música que tocava era "Vuelvo" de Illapu, uma música que me emociona até os dias de hoje (HIJOS/Colombia, tradução nossa).

A abordagem psicossocial da memória, empregada neste trabalho, busca romper com a tradição que exterioriza os fenômenos de memória frente aos indivíduos, ao afirmar que "[...] são as pessoas que se lembram, embora a forma e boa parte do conteúdo das suas memórias sejam socialmente determinadas, pelos grupos, pelas instituições, pelos marcos mais amplos da sociedade" (SÁ, 2007, p. 291). Desse modo, as diferentes construções de memória são balizadas pelo impacto dos cenários, micro e macrossocial.

Quanto às diferentes instâncias da memória social (SÁ, 2007), as "memórias pessoais" e "memórias comuns" parecem ser cruciais para essa análise, tendo em vista que o conjunto de textos revelou, de forma ampla, lembranças de uma sociedade e de um tempo que se sustentam nas recordações de cada membro do grupo.

Ainda em referência à Classe 2, "Dimensão privada da causa", os relatos dão conta do grande sofrimento e do sentimento de confusão em relação à própria identidade que marca as experiências dos HIJOS. Há inúmeras narrativas em que se destacam referências diretas às pertenças grupais, às experiências familiares e às vivências, sobretudo, durante o exílio.

> Es difícil vivir con ese sentimiento muchas veces de no saber adonde uno pertenece, si se es holandesa o chilena [...] fue una gran alegría (estar con HIJOS) al fin estaba con personas que compartían la misma historia que nos vinculaba con esta dictadura de dolor[16] (HIJOS/Chile).

A identidade desses sujeitos foi marcada pelas experiências de distanciamento dos pais – com a criação sendo delegada aos parentes ou a desconhecidos –, assim como pelo rompimento abrupto das relações estabelecidas com suas comunidades locais, tendo sido lançados ao desconhecido do exílio. Os impactos dessa experiência sobre a identidade de filhos de militantes também foram analisados por Pinto Luna (2013), em pesquisa relativa às experiências de filhos de militantes chilenos que viveram no exílio na França:

[16] É difícil conviver com esse sentimento de muitas vezes não saber a qual lugar você pertence, se você é holandesa ou chilena [...] foi uma grande alegria (estar com HIJOS), finalmente estava com pessoas que compartilhavam a mesma história que nos vinculava a esta ditadura de dor (HIJOS/Chile, tradução nossa).

> La identidad del exiliado así como la del retornado fue criminalizada, demonizada, fue sinónimo de delincuente, terrorista, subversivo, y sus proyectos políticos e ideológicos fueron presentados ante la sociedad como los causantes de todos los problemas que había vivido el país, justificando así al golpe de Estado como el remedio salvador. Esto fue para los hijos una carga adicional de sufrimiento, aun cuando tienen conciencia que ese discurso negativo estaba dirigido a sus padres[17] (PINTO LUNA, 2013, p. 171).

Assim, de acordo com a autora, muitos daqueles que vivenciaram essas experiências buscaram espaços e relações sociais que não colocassem em conflito sua identidade e história pessoal. Outros passaram a racionalizar uma imagem positiva do exílio, a fim de tentar eliminar o conflito interno, pois, ao longo da vida, teriam a tarefa de compreender sua relação com o outro e consigo mesmos, nessa relação com a dupla identidade a que estão ligados (PINTO LUNA, 2013).

Uma vez que "la identidad, da cuenta de un origen, una historia a través de la cual somos lo que somos en el presente y proyectamos en un futuro"[18] (PINTO LUNA, 2013, p. 171), a formação do grupo HIJOS nos países que sofreram as sevícias de um regime autoritário inaugura a possibilidade de esses atores contarem suas histórias e romperem o silêncio e o esquecimento.

A formação e a mobilização do grupo HIJOS parece revelar uma dinâmica de atualização da memória diante da publicização de relatos pessoais, concomitantemente aos desdobramentos de julgamentos e processos que caminham no âmbito jurídico. Tal atualização ocorre, no entanto, a partir de dinâmicas identitárias que visam à proteção do próprio grupo, tencionando as batalhas entre aquilo que pode ser revelado ou deve ser silenciado. Os textos apresentados nas classes 1 (Dimensão Pública da Causa) e 2 (Dimensão Privada da Causa) evidenciam, portanto,

---

17 A identidade do exilado, assim como a do regressado, foi criminalizada, demonizada; foi sinônimo de delinquente, terrorista, subversivo, e seus projetos políticos e ideológicos foram apresentados à sociedade como os causadores de todos os problemas que o país havia vivido, justificando assim o golpe de Estado como remédio salvador. Isso foi para os filhos uma carga adicional de sofrimento, mesmo quando tinham a consciência de que esse discurso negativo estava direcionado aos seus pais (PINTO LUNA, 2013, p. 171, tradução nossa).

18 "a identidade relata uma origem, uma história pela qual somos o que somos no presente e projetamos no futuro" (PINTO LUNA, 2013, p. 171, tradução nossa).

aspectos da esfera pública relativos aos movimentos sociais, e em especial, ao agrupamento HIJOS, em uma dupla tarefa de defesa da memória e da justiça, por crimes passados cometidos pelo Estado, mas atuando em constante negociação com a realidade presente.

Ao longo de sua história, o grupo HIJOS foi passando por transformações em dinâmicas de proximidade ou de diferenciação. Há ainda aspectos mais amplos desses vínculos de irmandade latino-americana devido às ações que atingiram amplamente o grupo, tais como a Operação Condor e a perseguição à militância ocorrida em mais de um país.

Tal dinâmica de negociação entre elementos atuais e passados marca os fenômenos de memória social, como afirma Sá (2007): "[...] o que é lembrado do passado está sempre mesclado com aquilo que se sabe sobre ele" (p. 291). Dessa maneira, pode-se entender o lema principal do agrupamento HIJOS – *No olvidamos, no perdonamos, no nos reconciliamos* – dentro desse processo de (re)atualização da memória, em que elementos do passado estão vivos no cotidiano dos sujeitos, gerando ações e posicionamentos específicos.

Na Classe 3, "Dinâmicas paraguaias", os elementos encontrados relacionam-se majoritariamente ao HIJOS/Paraguai. A imagem do grupo é positivada a partir da evocação de uma memória comum do agrupamento, na qual estão incluídas as realizações, encontros e causas daquele coletivo. No caso dos relatos bibliográficos, as histórias de violações referentes à infância, como o sequestro de crianças, são os mais frequentes. Delata-se, portanto, uma das principais estratégias das forças armadas paraguaias, em parceria com outros organismos durante a Operação Condor: "El 16 de Septiembre [...] se debatió el accionar represivo de la Dictadura Argentina en conjunto con la Dictadura Cívico-Militar de Alfredo Stroessner Matiauda que asoló nuestro pueblo entre 1954 y 1989; en el marco de la denominada 'Operación Cóndor'"[19] (HIJOS/Paraguai). Neste ponto, notamos que ocorre uma aproximação entre os agrupamentos HIJOS dos diversos países que sofreram conjuntamente as consequências da operação.

A dinâmica identitária expressa nos relatos na Classe 3, "Dinâmicas paraguaias", marca a necessidade do HIJOS/Paraguai diferenciar-se como

[19] "Em 16 de setembro [...] iniciaram as ações repressivas da ditadura argentina em conjunto com a ditadura cívico-militar de Alfredo Stroessner Matiauda, que devastou nosso povo entre 1954 e 1989, no âmbito da denominada 'Operação Condor'" (HIJOS/Paraguai, tradução nossa).

organização, sendo constantes elementos referentes à valorização do seu próprio grupo (Tajfel, 1983), como a citação sempre presente "dictadura stronista" e da menção ao grupo HIJOS/Paraguai como organismo de direitos humanos autônomo. Em alguns textos o coletivo paraguaio referencia a Argentina como parceira na tentativa de intermediar as medidas austeras tomadas pelo governo paraguaio:

> Desde H.I.J.O.S Paraguay en 2013 realizó un pedido judicial a la Justicia Argentina para que se expida de inmediato sobre las propiedades y tierras robadas a decenas de víctimas de la dictadura stronista, demorado por los tiempos de la Juzgado que entiende en la causa[20] (HIJOS/Paraguai).

Em algumas publicações são mencionados os paraguaios que estavam na Argentina no momento de prisão ou desaparecimento, fazendo, assim, referências diretas à Operação Condor. Parece haver uma dinâmica identitária que aproxima os sujeitos do grupo com outros latino-americanos, mas que se destaca em relação aos argentinos, seja como ponto de configuração,[21] mas sempre se evidenciado pelo seu

---

[20] Em 2013, o H.I.J.O.S Paraguai realizou um pedido judicial à Justiça Argentina para que se pronunciem, imediatamente, os autos sobre as propriedades e terras roubadas de dezenas de vítimas da ditadura stronista, há muito tempo inertes no juizado competente à causa (HIJOS/Paraguai, tradução nossa).

[21] Conforme apontam Raina (2012), Alonso (2010) e Cueto Rúa (2008), desde sua fundação, o agrupamento HIJOS foi cercado por tensões políticas, debates sobre quem poderia requerer a participação no grupo, ocasionando a desmobilização de alguns integrantes e rupturas: "algunas regionales desembocaron en una ruptura en Capital Federal y La Plata – las más importantes por su envergadura y trascendencia político-social. [...] La ruptura se expresó en la formación de una agrupación más cercana a la izquierda marxista tradicional, vinculada con Madres de Plaza de Mayo – línea de Hebe de Bonafini e identificada como HIJOS ('sin puntitos') que compite por el reconocimiento social y político con H.I.J.O.S. ('con puntitos')... La confusión entre ambos grupos es particularmente visible en las páginas de la Internet o en los registros periodísticos de sus actividades, pero en la práctica sólo la agrupación original mantuvo una red nacional en funcionamiento, asociada a Madres de Plaza de Mayo – Línea Fundadora" (ALONSO, 2010, p. 123). ["algumas regionais resultaram em uma ruptura entre Capital Federal e La Plata – as mais importantes devido a sua envergadura e significado político-social. [...] A ruptura foi expressa na formação de um grupo mais próximo da esquerda marxista tradicional, vinculado às Madres de Plaza de Mayo – linha de Hebe de Bonafini e identificada como HIJOS ('sem pontinhos'), competindo pelo reconhecimento social e político com H.I.J.O.S. ('com pontinhos')... A confusão entre os dois grupos é particularmente visível nas páginas da Internet ou nos registros jornalísticos de suas atividades, contudo, na

caráter de assembleia e estrutura horizontal, marca registrada do grupo, encontrada em praticamente todos os informes das seções "quem somos nós" dos sites.

Alonso (2010) destaca que o agrupamento HIJOS, além das reivindicações por justiça e penalização aos responsáveis pelas violações de direitos humanos, buscou conjugar uma ação política e social voltada também para a atualidade, configurando-os como representantes de um novo sujeito político na cena pública de seus países. Dessa forma, as ações dos agrupamentos HIJOS estão direcionadas para apontar as continuidades e consequências sociais das ditaduras, e as mudanças reais nos cenários atuais (como observadas na Classe 1, "Dimensão pública da causa"), assim como delinear os impactos pessoais que o terrorismo de Estado trouxe à vida dos envolvidos (como salientado na Classe 2).

As classes 1 e 2, embora destaquem as dimensões públicas e privadas da luta pela memória e pela justiça, reúnem também as estratégias identitárias dos sujeitos em um movimento de integração e diferenciação. Assim, na Classe 2, ainda que as memórias pessoais sejam o elemento de suporte a partir do qual outros elementos factuais são associados, notamos que diferentes extratos de texto de distintos países possuem aspectos semelhantes, sinalizando a presença de memórias comuns, pertencentes à pessoas que foram expostas ou tiveram acesso aos fatos acontecidos, ainda que elas não tenham tido qualquer tipo de contato. Tais memórias se propõem a enriquecer e sustentar a atuação do grupo na esfera pública na busca por verdade e justiça.

Os relatos da Classe 1 apresentam de forma bastante coesa a atuação pública do grupo HIJOS/Peru no que tange às violações aos direitos humanos. A classe apresenta pautas para além das questões relacionadas ao desaparecimento ou assassinato de opositores da ditadura de Fujimori. Vê-se demandas atuais de outros grupos afetados pela violência/negligência do Estado, chamando atenção, sobretudo, para a questão indígena, que é crucial para a dinâmica identitária daquele país "[...] actualmente existen serios cuestionamientos a la ampliación del proyecto de gas [...] en la reserva territorial Kugapakori, Nahua, Nanti por amenazar la

---

prática, apenas o grupo original manteve uma rede nacional em funcionamento, associada às Madres de Plaza de Mayo – Linha Fundadora" (ALONSO, 2010, p. 123, tradução nossa).]

supervivencia física y cultural de los pueblos indígenas en aislamiento voluntario que allí habitan"[22] (HIJOS/Peru).

No caso da Classe 4, "Dinâmicas argentinas", o contexto daquele país é evocado, demonstrando a importância da experiência precursora dos grupos organizados argentinos, e a agenda atual de políticas de memórias, verdade, reparação e justiça. O discurso encontrado nessa classe traz aspectos relacionados ao fomento dado pelo governo nacional argentino na busca pela reconstituição da memória, pela verdade e a necessidade de justiça, figurando, dessa maneira, como um exemplo a ser seguido pelos demais países latino-americanos, seja no discurso do agrupamento do país, "Argentina da ejemplo ante el mundo de una política de Estado para terminar con la impunidad y desarrollar los juicios históricos a genocidas por delitos de lesa humanidad desde hace 8 años" (HIJOS/Argentina);[23] seja na perspectiva de grupos externos: "Mañana en Buenos Aires inicia el Segundo Tramo de la Mega Causa que investiga los delitos de Lesa Humanidad [...] Alegría porque la Justicia Universal, en particular en la Argentina, llega" (HIJOS/Paraguai).[24]

O governo nacional da Argentina aparece como instância combativa e asseguradora das políticas de reparação e punição. Além disso, a experiência com processos de justiça e reparação serve como celeiro de organismos sociais, grupos de direitos humanos e até mesmo profissionais aptos a colaborar com os processos judiciários em outros países latino-americanos. Como podemos observar nos textos publicados pelo HIJOS/Guatemala "[...] más aún cuando se ha insistido en el apoyo de peritajes externos a los de la PGR, como el Equipo Argentino de Antropología Forense y el equipo de expertos de la Comisión Interamericana de Derechos Humanos"[25] (HIJOS/Guatemala), e também presentes nos sites do HIJOS/Uruguai:

[22] "[...] atualmente existem sérios questionamentos sobre a ampliação do projeto de gás [...] na reserva territorial de Kugapakori, Nahua, Nanti por ameaçar a sobrevivência física e cultural dos povos indígenas em isolamento voluntário que ali habitam" (HIJOS/Peru, tradução nossa).

[23] "A Argentina dá exemplo perante o mundo de uma política de Estado para acabar com a impunidade e desenvolver, há 8 anos, julgamentos históricos contra os genocidas por delitos de Lesa Humanidade" (HIJOS/Argentina, tradução nossa);

[24] "Amanhã, em Buenos Aires, inicia a Segunda Etapa da Mega Causa que investiga os crimes de Lesa Humanidade [...] Alegria porque a Justiça Universal, particularmente na Argentina, chega" (HIJOS/Paraguai, tradução nossa).

[25] "[...] ainda mais quando se tem insistido no apoio de peritos externos aos da PGR (Procuradoria-Geral da República da Guatemala), como a Equipe Argentina de

> Sara Méndez tenía un nombre falso. La secuestraron el 13 de julio de 1976 ... en un operativo en el que le sacaron a su hijo. Recuperó a Simón en 2002, después de la búsqueda de las Abuelas de Plaza de Mayo. Sara, que es uruguaya, fue llevada al centro clandestino Automotores Orletti, durante una operación conjunta del denominado Plan Cóndor[26] (HIJOS/Uruguai).

Desse modo, a Argentina é considerada uma referência na América Latina, "[...] em razão do processo de julgamento das violações de direitos humanos cometidas durante a ditadura e da participação ativa de vítimas, familiares e organismos de direitos humanos na luta por verdade, justiça e na promoção da memória" (Duque; Carvalho, 2016, p. 17), servindo como espelho para balizar as ações dos outros países que compõem a rede HIJOS.

Ainda que a identificação de memórias comuns, sobretudo no que se refere às classes 1 e 2, possa sugerir uma forte homogeneidade do *corpus,* cabe situar que as dinâmicas identitárias tensionam o processo de diferenciação entre os agrupamentos de países diversos, ou ainda, os localizados no mesmo país. Visto que as memórias funcionam "[...] como esteio [de] um grupo ao qual elas se relacionam" (Nascimento, 2004, p. 26), são um dos principais elementos constituintes do sentimento de identidade, tanto individual quanto coletiva, pois proporcionam a noção continuidade e coerência de uma pessoa ou de um grupo em sua reconstrução de si (Pollak, 1992). Assim, a negociação entre as lembranças do sujeito ou grupo, e as dos outros grupos está na base do processo rememoração. Conforme sinaliza Halbwachs (1990):

> Para que nossa memória se auxilie com a dos outros, não basta que eles nos tragam seus depoimentos: é necessário ainda que ela não tenha cessado de concordar com suas memórias e que haja bastante pontos de contato entre uma e as outras para que a lembrança que nos recordam possa ser reconstruída sobre um fundamento comum. Não é suficiente reconstruir peça por

Antropologia Forense e a equipe de especialistas da Comissão Interamericana de Direitos Humanos" (HIJOS/Guatemala, tradução nossa).

26 Sara Méndez tinha um nome falso. Ela foi sequestrada em 13 de julho de 1976 ... em uma operação em que lhe tomaram o seu filho. Simón foi recuperado em 2002, após as buscas realizadas pelas Abuelas de Plaza de Mayo. Sara, que é uruguaia, foi levada ao centro clandestino Automotores Orletti, durante uma operação conjunta do chamado Plano Condor (HIJOS/Uruguai, tradução nossa).

> peça a imagem de um acontecimento do passado para se obter uma lembrança. É necessário que esta reconstrução se opere a partir de dados ou de noções comuns que se encontram tanto no nosso espírito como no dos outros, porque elas passam incessantemente desses para aquele, e reciprocamente, o que só é possível se fizeram e continuam a fazer parte de uma mesma sociedade (Halbwachs, 1990, p. 34).

Nesse sentido, a Classe 3, "Dinâmicas paraguaias", e a Classe 4, "Dinâmicas argentinas", refletem o jogo identitário coletivo entre movimentos de dois países. Por um lado, ressalta-se a coesão interna do grupo, ao mesmo tempo em que se salientam as diferenças e as complementaridades entre os grupos. Assim, ainda que o agrupamento HIJOS apresente uma rede internacional, como salientamos, a experiência do agrupamento argentino serve de referência para os demais países devido a seu papel inaugurador de práticas e de organização.

A oposição entre o conjunto 1 e 2, "Luta pela memória e justiça", e o conjunto 3 e 4, "Memórias em negociação: reconhecimento e diferenciação", parece explicar-se pela força que as dinâmicas pessoal, grupal e coletiva exercem sobre o agrupamento HIJOS. A organização do dendrograma parece revelar cada uma dessas instâncias: Classe 1 (pública/política), Classe 2 (privada/pessoal), classes 3 e 4 (grupal). A construção de memória do grupo parece se desenvolver nesse embate entre as esferas, ora fortalecendo-se na atuação pública, ora construindo um saber sobre si e sobre o outro, a partir das lembranças pessoais.

Cabe salientar que a apreensão dessas dinâmicas sociais somente foi possível devido à visibilidade proporcionada pelos espaços virtuais à difusão dessas construções grupais e, nesse sentido, o ciberespaço, em sua magnitude de conteúdos e movimentos de atualização, surge como cenário efervescente de relações sociais. Ainda que fuja aos objetivos desse estudo dimensionar o impacto das novas tecnologias como promotoras da memória social do grupo HIJOS, podemos concluir que esse espaço vem sendo constantemente alimentado e apropriado pelo agrupamento como uma extensão de suas produções e ações na sociedade.

A análise do material textual presente nos sites HIJOS evidenciou que as publicações e produções escolhidas pelos grupos para serem postadas em suas páginas on-line são a forma de se "mostrar ao mundo". Assim, podemos problematizar a questão da seletividade da memória no ciberespaço, visto que os conteúdos publicados pela Rede Internacional

HIJOS constituem apenas uma versão da memória histórica sobre os períodos ditatoriais. Como sugere Ribeiro (2005), "a memória é sempre seletiva, o que não é diferente com as novas tecnologias da informação; [...] é marcada pela heterogeneidade e diversificação nas seleções, mediadas pelas mais diferentes naturezas" (p. 4).

Os documentos encontrados nos sites HIJOS são necessariamente delimitados pelos interesses e perspectivas do grupo, uma vez que "a memória virtualizada não deve ser entendida como neutra, ou que não possua intencionalidade por quem a produziu [...] (a memória no virtual é a) representação pela qual o grupo se quer fazer reconhecer" (Rios, 2007, p. 8).

## Considerações finais

Neste trabalho consideramos que as publicações textuais atuam como suporte para a memória social no ciberespaço, e mais especificamente, para mobilização de documentos na construção de memórias históricas. Salienta-se que isso não significa a desconsideração das inúmeras outras formas de manifestação e interação de que dispõe o agrupamento HIJOS, tais como as ações públicas do grupo e o contato pessoal entre seus membros, sendo, portanto, um recorte das comunicações produzidas. Assim, este ensaio não encerra as possibilidades analíticas que podem, sem dúvida, revelar novas nuances do fenômeno.

Compreendemos o processo pelo qual a publicação de narrativas pessoais – compartilhadas como vivências coletivas do agrupamento – em suporte virtualizado leva a uma mobilização que coloca o grupo em movimento na construção de novos saberes sobre o passado, como também em ações que modificam sua realidade atual. Se para Sá (2013) o estudo da memória coletiva dedica-se à compreensão de elaborações simbólicas e práticas nascidas da interação entre os membros do grupo social, os sites HIJOS parecem revelar-se um meio profícuo para a construção de tais memórias, fornecendo também elementos diferenciados para a construção de uma memória histórica sobre os regimes ditatoriais na América Latina.

Os textos divulgados revelam a arena de "[...] conflictos y consensos entre los distintos sectores de la sociedad; campo en el que se (constituye) un relato coherente, donde imaginación, acontecimientos y olvidos se entrecruzan, teniendo más en cuenta las necesidades del presente que la fidelidad del pasado"[27] (Souroujon, 2011, p. 253). Sendo assim, trata-se da deflagração de outras versões de memórias e funciona como suporte de processos identitários (Pollak, 1992).

As plataformas virtuais criadas e alimentadas por esses grupos representam ricas fontes para apreensão das dinâmicas identitárias vivenciadas por seus membros, principalmente no que se refere às regras de composição do grupo, às agendas político-sociais de luta e ao engajamento com as causas locais. A própria contraposição HIJOS/Argentina *versus* HIJOS/Paraguai encontrada neste trabalho dá indícios de que a cada país-membro da rede HIJOS, necessita ser pesquisada como grupo social, com uma história de constituição distinta, com diferentes filiações e objetivos.

A partir da análise dos textos divulgados em cada plataforma virtual, foi possível notar a emergência da própria identidade de ser "*Hijo*", no sentido de pertencimento grupal, através da qual estão ancoradas as estratégias tanto de aproximação com a rede internacional HIJOS quanto com a especificação das particularidades de cada agrupamento. Assim, as memórias pessoais encontradas nas publicações dos diferentes grupos HIJOS são alçadas ao status de memórias coletivas, no íntimo de cada agrupamento, uma vez que há negociações, concessões e impedimentos entre aquilo que deve ou não ser divulgado em seus sites. Na totalidade do *corpus*, podemos notar a emergência de uma versão de memória histórica na rede internacional HIJOS, a respeito das ditaduras e das violações de direitos humanos na América Latina.

Ainda que o Brasil não integre essa rede internacional articulada em torno da sigla HIJOS, em dezembro de 2014, em uma atividade da Comissão da Verdade do Rio de Janeiro, foi criado o Grupo Filhos e Netos por Memória, Verdade e Justiça, pensado a partir do acompanhamento psicológico ofertado pelo projeto Clínicas do Testemunho da Comissão da Anistia do Ministério da Justiça. A formação do grupo brasileiro,[28] aos moldes dos agrupamentos HIJOS, assim como a veiculação

---

27 "[...] conflitos e consenso entre os diferentes setores da sociedade; campo no qual se (constitui) um relato coerente, onde imaginação, acontecimentos e esquecimentos se entrecruzam, levando mais em conta as necessidades do presente do que a fidelidade do passado" (SOUROUJON, 2011, p. 253, tradução nossa).

28 A notícia sobre a criação oficial do grupo pode ser acessada na Agência Brasil. Disponível em: <http://agenciabrasil.ebc.com.br/direitos-humanos/noticia/2014-12/filhos-e-netos-de-perseguidos-politicos-debatem-violencia-do-

na rede social Facebook, dos conteúdos por eles produzidos proporciona o enriquecimento do processo de elaboração da memória da ditadura militar no Brasil, principalmente no que se refere às segundas e terceiras gerações de atingidos. Dessa forma, esperamos que, em um futuro próximo, a análise das memórias de filhos de militantes que sofreram as sevícias das diferentes ditaduras na América Latina possa abarcar elementos brasileiros, ainda que por ora este trabalho não possa elucidar tais construções.

## Referências


ALMEIDA, H. M. T.; WEIS, A. Carro-Zero e Pau-de-Arara: o cotidiano da oposição de classe média ao regime militar. In: SCHWARCZ, L. M. (Org.). *História da vida privada no Brasil: contrastes da intimidade contemporânea.* São Paulo: Companhia das Letras, 1997. p. 320-408.

ALONSO, L. *Defensa de los derechos humanos y cultura política: entre Argentina y Madrid, 1975-2005.* Sevilla: UNIA, 2010. Tese (Doutorado em História) – Universidad Internacional de Andalucía Santa María de La Rábida, Sevilla, 2010. Disponível em: <http://dspace.unia.es/handle/10334/187>. Acesso em: 7 jun. 2015.

ALONSO, L. La crisis del movimiento por los derechos humanos en la restauración republicana argentina: Un enfoque situado. *Anuario de la Escuela de Historia: Facultad de Humanidades y Artes,* Rosario, n. 21, 2006.

ARAÚJO, R. F. Tecnologia Social da Memória: (Des)Caminhos do Movimento Afro-Alagoano no Ciberespaço. In: ANAIS DA CONFERENCE ON TECHNOLOGY, CULTURE, AND MEMORY – CTCM, 2011, Recife. Disponível em: <http://www.liber.ufpe.br/ctcm/anais/anais_ctcm/22_tecn_of_memory>. Acesso em: 28 jul. 2014.

ASOCIACIÓN DE FAMILIARES DE DETENIDOS DESAPARECIDOS Y MÁRTIRES POR LA LIBERACIÓN NACIONAL (ASOFAMD). Informe sobre las desapariciones forzadas en Bolivia. La Paz: Garza Azul, 2007.

BORLAND, E. Las madres de plaza de mayo en la era neoliberal: ampliando objetivos para unir el pasado, el presente y el futuro. *Colombia Internacional,* n. 63, p. 128-147, 2006. Disponível em: < http://www.scielo.org.co/pdf/rci/n63/n63a07.pdf>. Acesso em: 21 abr. 2016.

CATELA, L. S. *Hijos de desaparecidos, hilo de memoria para el futuro.* Rio de Janeiro: PPGS-IFCS-UFRJ, 1999.

CEIA, E. M. A jurisprudência da Corte Interamericana de Direitos Humanos


regime>. Acesso em: 28 jul. 2019. O endereço eletrônico na rede social Facebook é: <https://www.facebook.com/groups/hijosbrasil/?fref=ts>.

e o desenvolvimento da proteção de Direitos Humanos no Brasil. *R. EMERJ*, v. 16, n. 61, p. 113-152, 2013.

COMBLIN, J. *A ideologia da Segurança Nacional: O poder militar na América Latina*. 2. ed. Rio de Janeiro: Civilização Brasileira, 1978.

CORPORACIÓN AGRUPACIÓN DE FAMILIARES DE DETENIDOS DESAPARECIDOS. *20 años de historia de la Agrupación de Familiares Detenidos Desaparecidos de Chile: Un Camino de Imágenes que Revelan y Se Rebelan Contra una Historia No Contada*. Santiago, 1997.

CUETO RÚA, S. *Nacimos en su lucha, viven en la nuestra Identidad, justicia y memoria en la agrupación HIJOS-La Plata*. Buenos Aires: Unlp, 2011. Tese (Doutorado em Letras) – Universidad Nacional de La Plata Facultad de Humanidades y Ciencias de la Educación, Buenos Aires, 2011. Disponível em: <http://www.memoria.fahce.unlp.edu.ar/tesis/te.426/te.426.pdf>. Acesso em: 6 jun. 2015. CUETO RÚA, S. Nacimos en su lucha, viven en la nuestra. Identidad, justicia y memoria en la agrupación HIJOS-La Plata. *Revista Aletheia*, v. 1, n. 1, p. 1-11, 2010. Disponível em: <http://www.aletheia.fahce.unlp.edu.ar/numeros/numero-1/santiago-cueto-rua.-201cnacimos-en-su-lucha-viven-en-la-nuestra201d.-identidad-justicia-y-memoria-en-la-agrupacion-hijos-la-plata>. Acesso em: 6 jun. 2015.

DESCHAMPS, J. C.; MOLINER, P. *A identidade em Psicologia Social: dos processos identitários às Representações Sociais*. Petrópolis: Vozes, 2009.

DODEBEI, V.; GOUVEIA, I. Memória do futuro no ciberespaço: entre lembrar e esquecer. *Revista de Ciência da Informação*, v. 9, n. 5, p. 1-13, 2008.

DORFMAN, A.; CARDIN, E. G. Estratégias espaciais do ativismo em condição fronteiriça no Cone Sul. *Cuadernos de Geografía – Revista Colombiana de Geografía*, v. 23, n. 2, p. 31-44, 2014. Disponível em: <http://www.scielo.org.co/pdf/rcdg/v23n2/v23n2a03.pdf>. Acesso em: 13 maio 2015.

DUQUE, A. P. D.V.; CARVALHO, C. P. Argentina: panorama da justiça de transição em 2015. In: CARVALHO, C. P.; GUIMARÃES, J. O. N.; GUERRA, M. P. (Orgs.). *Justicia de transición en América Latina: panorama 2015*. Ministério da Justiça, Comissão de Anistia, Rede Latino-Americana de Justiça de Transição (RLAJT). Brasília, 2016.

FUNARI, P. P. A; ZARANKIN, A.; REIS, J. A. *Arqueologia da Repressão e da Resistência: América Latina na era das ditaduras (1960-1980)*. São Paulo: Annablume; Fapesp, 2008.

HALBWACHS, M. [1950] *A memória coletiva*. São Paulo: Vértice, 1990.

JELIN, E. Víctimas, familiares y ciudadanos/as: las luchas por la legitimidad de la palabra. *Cadernos Pagu*, v. 29, 2007.

JODELET, D. Conflits entre histoire mémorielle et histoire historienne. *Psicologia e Saber Social*, v. 1, n. 2, p. 151-162, 2012. Disponível em: <http://www.e-publicacoes.uerj.br/index.php/psisabersocial/article/view/4896/3619>. Acesso em: 13 maio 2015.

KLAIBER, J. *The Church, Dictatorships and Democracy in Latin America.* New York: Orbis Books, 1998. Disponível em: <https://books.google.com.br/books?id=rElMAwAAQBAJ&lpg=PA6&ots=05eoNzgWg&dq=The%20Church%2C%20Dictatorships%20and%20Democracy%20in%20Latin%20America.&hl=nl&pg=PA1#v=onepage&q=The%20Church,%20Dictatorships%20and%20Democracy%20in%20Latin%20America.&f=false>. Acesso em: 13 jan. 2013.

KRONBERGUER, N.; WAGNER, W. Palavras-chave em contexto: análise estatística de textos. In: BAUER, M.; GASKELL, G. (Orgs.). *Pesquisa qualitativa com texto, imagem e som: um manual prático.* Petrópolis: Vozes, 2008.

LEMOS, A. Ciberespaço e tecnologias móveis: processos de territorialização e desterritorialização na cibercultura. In: MÉDOLA, A. S.; ARAÚJO, D.; BRUNO, F. (Orgs.). *Imagem, Visibilidade e Cultura Midiática.* Porto Alegre: Sulina, 2007.

LEMOS, A. Espaço, mídia locativa e teoria ator-rede. *Galaxia,* n. 25, p. 52-65, 2013.

LÉVY, P. *Cibercultura.* Tradução de Carlos Irineu da Costa. São Paulo: Ed. 34, 1999.

LOPES, A. M.; SANTOS, M. A. C.; DUARTE, M. L. R. Preservação da memória no ciberespaço. In: ENCONTRO REGIONAL DE BIBLIOTECONOMIA E DOCUMENTAÇÃO, 13., 2010, Belém. *Anais...* Belém: UFAL, 2010. Disponível em: <http://www.ichca.ufal.br/graduacao/biblioteconomia/v1/wpcontent/uploads/preservacao-da-memoria-no-cibrespaco-erebd-2010.pdf>. Acesso em: 30 fev. 2014.

LOWENTHAL, D. Como conhecemos o passado. *Projeto História,* v. 17, p. 28-46, 1998.

MONTEIRO, S.; CARELLI, A.; PICKLER, M. E. A Ciência da Informação, Memória e Esquecimento. *Revista de Ciência da Informação,* v. 9, n. 6, p. 1-18, 2008.

MONTEIRO, S.; CARELLI, A.; PICKLER, M. E. Representação e memória no ciberespaço. *Ci. Inf,* Brasília, v. 35, n. 3, p. 115-123, 2006. Disponível em: <http://www.scielo.br/pdf/ci/v35n3/v35n3a11.pdf>. Acesso em: 27 jul. 2014.

MOTTA, R. P. S. A modernização autoritário-conservadora nas universidades e a influência da cultura política. In: REIS FILHO, D. A.; RIDENTI, M.; MOTTA, R. P. S. (Orgs.). *A ditadura que mudou o Brasil: 50 anos do golpe de 1964.* Rio de Janeiro: Zahar, 2014. cap. 1, p. 11-29.

NASCIMENTO, A. R. A. *Memória dos Verdes Anos: saudade da infância na música popular brasileira – uma investigação e uma proposta de análise de dados.* Vitória: UFES, 2004. Tese (Doutorado em Psicologia) – Programa de Pós-Graduação em Psicologia, Universidade Federal do Espírito Santo: Vitória, 2004.

NORA, P. Entre memória e história: a problemática dos lugares. *Projeto História,* v. 10, p. 7-21, 1993.

NOVATO, M.; PALERMO, V. *A ditadura militar argentina 1976-1983: do golpe de Estado à restauração da democracia.* Tradução de A. M. Silva. São Paulo: Ed. da USP, 2007.

OLIVIER, D. *América Latina no século XX.* Tradução de M. I. Mallmann. Porto Alegre: EDPUCRS, 2003.

OVANDO SANTANA, C. La seguridad internacional en la proyección de chile hacia el cono sur: ¿desde la doctrina de la seguridad nacional hacia la construcción de comunidades de seguridad o la emergencia de la securitización? *Revista de Relaciones Internacionales, Estrategia y Seguridad,* v. 7, n. 2, 2012. Disponível em: <http://www.scielo.org.co/pdf/ries/v7n2/v7n2a09.pdf>. Acesso em: 13 maio 2015.

PA, A. Los "archivos del horror" del Paraguay: los papeles que resignificaron la memoria del stronismo. In: FICO, C.; FERREIRA, M.; ARAÚJO, M.; QUADRAT, S. (Orgs.). *Ditadura e democracia na América Latina.* Rio de Janeiro: FGV, 2008. p. 27-50.

PADRÓS, E. S. A Operação Condor e a conexão repressiva no Cone Sul: a luta pela verdade e pela justiça. *Revista Organon,* v. 23, n. 47, p. 15-35, 2009. Disponível em: <https://seer.ufrgs.br/organon/article/view/29506>. Acesso em: 13 maio 2013.

PENNA FILHO, P. O Itamaraty nos anos de chumbo: o Centro de Informações do Exterior (CIEX) e a repressão no Cone Sul (1966-1979). *Revista Brasileira de Política Internacional,* v. 52, n. 2, p. 43-62, 2009.

PINTO LUNA, C. C. *Los hijos de los exiliados vuelven a Chile: Dilemas y desafíos para la integración memoria e identidad [en línea].* Buenos Aires: Unlp, 2013. Tese (Doutorado em Educação) – Universidad Nacional de La Plata, Facultad de Humanidades y Ciencias de la Educación, Buenos Aires, 2013. Disponível em: <http://www.memoria.fahce.unlp.edu.ar/tesis/te.883/te.883.pdf>. Acesso em: 13 maio 2015.

PIOVESAN, F. Direitos Humanos e diálogos entre jurisdições. *Revista Brasileira de Direito Constitucional,* v. 19, 2012.

POLLAK, M. Memória e identidade social. Tradução de M. Augras. *Revista Estudos Históricos,* v. 5, n. 10, p. 200-212, 1992.

POLLAK, M. Memória, esquecimento e silêncio. Tradução de D. R. Flaksman. *Estudos Históricos,* v. 2, n. 3, p. 3-15, 1989.

RAINA, A. Memorias e identidades al interior del grupo de familiares afectados por la última dictadura militar argentina. El caso de hijos de detenidos-desaparecidos en Santa Fe. *Revista Aletheia,* v. 2, n. 4, p. 1-13, 2012.

RIBEIRO, R. D. P. Cultura histórica e as novas tecnologias da informação. Algumas reflexões acerca da Memória. In: SIMPÓSIO NACIONAL DE HISTÓRIA, 23., 2005. Londrina. *Anais...* Londrina: ANPUH, 2005. p. 1-8.

RIOS, D. F. Lugares de memória e o ciberespaço. In: ENCONTRO ESTADUAL

DE HISTÓRIA, 3., Caetité. *Anais*... Caetité: UNEB, 2007. p. 1-9.

SÁ, C. P. A Memória Histórica numa perspectiva psicossocial. *Morpheus – Revista Eletrônica em Ciências Humanas*, v. 14, n. 9, p. 94-103, 2012.

SÁ, C. P. A Psicologia Social da memória: uma sistematização teórico-conceitual. In: SÁ, C. P.; MENANDRO, P. R.; NAIFF, L. A. M. (Orgs.). *Psicologia Social e o Estudo da Memória Histórica: o Caso dos Anos Dourados no Brasil*. Curitiba: Appris, 2013. p. 13-26.

SÁ, C. P. Between History and Memory: The Psychosocial Study of Historical Memories. *Cadernos de Pesquisa*, v. 45, n. 156, p. 260-274, 2015. Disponível em: <https://dx.doi.org/10.1590/198053143133>. Acesso em: 1 abr. 2015.

SÁ, C. P. Sobre o campo de estudo da memória social: uma perspectiva psicossocial. *Psicologia: Reflexão e Crítica*, v. 20, n. 2, p. 290-295, 2007.

SOUROUJON, G. Reflexiones en torno a la relación entre memoria, identidad e imaginación. *Andamios Revista de Investigación Social*, v. 8, n. 17, p. 233-257, 2011. Disponível em: <http://www.scielo.org.mx/pdf/anda/v8n17/v8n17a11.pdf>. Acesso em: 13 maio 2015.

STEPHAN, C. A Ideologia da Bipolaridade: a Introdução da Doutrina de Segurança Nacional DSN e as Implicações para a Democracia no Brasil. In: SEMINÁRIO INTERNACIONAL DE CIÊNCIA POLÍTICA: ESTADO E DEMOCRACIA EM MUDANÇA NO SÉCULO XXI, 1., 2015, Porto Alegre, RS. Porto Alegre, RS: UFRGS, 2015.

TAJFEL, H. *Grupos humanos e categorias sociais*. Tradução de Lígia Amâncio. Lisboa: Livros Horizonte, 1983. v. 2. (Col. Horizonte de Psicologia).

TELES, J. A. Os familiares de mortos e desaparecidos políticos e a luta por verdade e justiça no Brasil. In: TELES, E.; SAFATLE, V. (Orgs.). *O que resta da ditadura: a exceção brasileira*. São Paulo: Boitempo, 2010. p. 299-318.

WOLFF, C.; SILVA, T. Movidas pelo afeto: três mulheres na resistência à ditadura no Brasil, Paraguai e Bolívia (1954-1989). *Revista Internacional Interdisciplinar INTERthesis*, v. 10, n. 1, p. 190-221, 2013.

## Sobre as/os autoras/es

**Adriano Roberto Afonso do Nascimento**
Doutor em Psicologia pela Universidade Federal do Espírito Santo. Professor Associado do Departamento de Psicologia da Universidade Federal de Minas Gerais.

**Alberto Mesaque Martins**
Doutor em Psicologia pela Universidade Federal de Minas Gerais.

**Ana Raquel Rosas Torres**
Doutora em Psicologia pela University of Kent, em Canterbury. Professora Associada do Departamento de Psicologia da Universidade Federal da Paraíba.

**Beatriz Baptista Tesche Rossow**
Doutora em Psicologia pela Universidade Federal do Espírito Santo.

**Brigido Vizeu Camargo**
Doutor em Psicologia Social pela École des Hautes Études en Sciences Sociales. Professor Titular do Departamento de Psicologia da Universidade Federal de Santa Catarina. Bolsista de Produtividade em Pesquisa do CNPq.

**Denise Jodelet**
Doutora de Estado pela École des Hautes Études en Sciences Sociales. Professora Emérita da École des Hautes Études en Sciences Sociales.

**Flaviane da Costa Oliveira**
Doutora em Psicologia pela Universidade Federal de Minas Gerais. Foi bolsista de doutorado pela Coordenação de Aperfeiçoamento de Pessoal de Nível Superior (CAPES).

**Hévilla Rodrigues de Freitas**
Mestre em Psicologia Social pela Universidade Federal da Paraíba.

**Ingrid Faria Gianordoli-Nascimento**
Doutora em Psicologia pela Universidade Federal do Espírito Santo. Professora Associada do Departamento de Psicologia da Universidade Federal de Minas Gerais. Recebe apoio da FAPEMIG desde 2016.

**Jaíza Pollyanna Dias da Cruz Rocha**
Mestre e doutoranda em Psicologia pela Universidade Federal de Minas Gerais. Bolsista de doutorado pela Coordenação de Aperfeiçoamento de Pessoal de Nível Superior (CAPES – 2018 – atual) e FAPEMIG (2016-2018).

**Janaína Campos de Freitas Breugelmans**
Mestre em Psicologia pela Universidade Federal de Minas Gerais.

**Jorge Correia Jesuíno**
Doutor em Sociologia pela Universidade Técnica de Lisboa. Professor Emérito pelo Instituto Superior de Ciências do Trabalho e da Empresa (ISCTE-IUL) de Lisboa.

**Larissa dos Santos Alves**
Mestre em Psicologia pela Universidade Federal do Espírito Santo.

**Layanne Vieira Linhares**
Mestre e doutoranda em Psicologia Social pela Universidade Federal da Paraíba.

**Luiz Paulo Ribeiro**
Doutor em Educação pela Universidade Federal de Minas Gerais. Professor Adjunto no Departamento de Ciências Aplicadas à Educação da Faculdade de Educação da Universidade Federal de Minas Gerais.

**Maria Isabel Antunes-Rocha**
Doutora em Educação pela Universidade Federal de Minas Gerais. Professora Associada da Faculdade de Educação, Universidade Federal de Minas Gerais.

**Paulo Rogério Meira Menandro**
Doutor em Psicologia pela Universidade de São Paulo. Professor Titular do Departamento de Psicologia da Universidade Federal do Espírito Santo. Bolsista de Produtividade em Pesquisa do CNPq.

Este livro foi composto com tipografia Bembo Std e impresso
em papel Pólen Bold 70 g/m² na gráfica Rede.